고려대 공공정책연구소 SSK연구단 연구총서 Ⅳ

유 호 열

전환기 북한체제의 운명

발행일 2018년 5월 20일
저 자 유호열
발행인 남광규
발행처 도서출판 매봉
등 록 제6-479호
주 소 서울시 영등포구 국회대로 800
ISBN 978-89-92799-14-0 93340
정 가 15,000원

전환기
북한체제의 운명

도서출판 매봉
2018

발 간 사

지난 30년간 북한은 지구상 다른 어떤 국가나 체제 못지않게 격동의 시기를 보냈다. 1945년 해방과 동시에 한반도 북쪽에 진주한 소련군대를 따라 입북한 소련군 장교였던 김일성이 세운 조선민주주의인민공화국은 냉전기 중소의 이념분쟁 속에서도 주체를 명분삼아 오히려 체제를 공고히 유지할 수 있었다. 6.25 전쟁이후 최대 위기였던 탈냉전기 혼란상을 남북 관계 개선과 핵개발을 통한 체제 결속으로 극복한 북한은 최고지도자 김일성의 사망 이후 그의 장남인 김정일이 정권을 안정적으로 세습하고 그의 사망 이후 또다시 그의 3남인 김정은으로의 3대 권력 세습체제를 유지하고 있다.

북한의 정치체제의 특징은 수령중심의 1인 독재체제이며 소위 백두혈통이라는 김 씨 혈족세습을 제도화한 봉건왕조국가이며 노동당이 국가 기구를 지도 통제하는 전통적인 당국가체제이다. 공화국 수립이후 당중심의 계획경제를 유지하다 공산주의 몰락의 대전환과 고난의 행군 시기를 거치면서 국가배급체제가 붕괴되고 대신 장마당이 대부분의 유통망을 대체하고 공정 환율 대신 백 배 정도 차이가 나는 시장가격이 지배하는 이중구조의 모순 속에 개혁개방을 통해 경제 번영을 구가하는 중국을 상대로 국가나 민간부문의 경제가 유지되는 파행적인 그러나 현실적인 변화를 급속히 겪고 있는 체제이기도 하다.

2011년 12월 김정일의 갑작스런 사망으로 20대 후반의 김정은이 최고 지도자로 등장했을 때 그는 아버지 김정일의 정치적 후광과 함께 파탄직전의 북한체제를 유산으로 넘겨받았다. 이 같은 위기상황을 우려한 김정일은 선군정치시대의 군과 당의 핵심 엘리트들을 후견그룹으로 선정하여 나이어린 김정은을 보좌하게 하였으며 핵과 미사일 개발에 총력을 기울이기도 하였다. 그럼에도 집권 초기 김정은은 선대의 유훈을 넘어 후견그룹을 숙청하고 당국가체제로의 전환을 통해 친정체제를 신속히 강화하는 동시에 핵경제병진로선 등 도발적이고 과감한 지도력을 과시하였다. 시장경제에 대한 탄력적 수용과 대중교역의 확산을 통해 국정 전반에 걸쳐 자신만의 스타일로 체제를 공고히 하는 리더십을 보여주었다.

2017년 6차 핵실험을 통해 핵무력을 완성하고 대륙간탄도미사일 기술을 확보하여 사실상 핵무력 국가를 선언한 이후 김정은은 2018년 신년사를 통해 새로운 대내외 정책 변화를 예고하였다. 이후 북한은 평창동계올림픽을 계기로 적극적인 남북대화를 수용하고 판문점 남북정상회담과 함께 북중정상회담을 연이어 개최하고 6월 12일 역사적인 미북정상회담을 앞두고 있을 만큼 정세가 급변하고 있다.

이처럼 새로운 전환기를 맞이하는 북한 김정은 체제를 과거 김일성, 김정일의 북한체제와 비교하는 것은 향후 변화 전망과 문제점들을 제시하고 대응책을 마련하는 데 매우 도움이 될 것으로 생각된다. 북한체제의 격변기라 할 수 있는 지난 20년 동안 각종 학술회의에서 발표한 논문들과 저널에 기고했던 논문들을 모아 한 권의 책으로 묶어보니 북한체제를 중심으로 당대의 역사적 흐름과 시대적 관심사를 파악하는 데도 다소나마 도움이 되리라고 생각이 된다.

제1부 〈수령체제와 지도자 세습〉 편에서는 북한체제를 구성하는 핵심 요소인 수령제와 수령의 권력세습을 둘러싼 권력구조와 특징들을 집중적으로 살펴보았다. “김정일 시대의 북한과 김정일 이후의 북한”에

서는 사실 김정일의 건강 이상 징후가 포착되면서 후계체제의 형성에 관심이 집중되었으나 구체적으로 누가 후계자인지 공개되지 않은 상태에서 후계구도의 방향을 분석 전망해 보았다. 김정은 시대의 선군정치가 후계구도 등장과 새 시대로의 전환과정에서 실리 사회주의와의 충돌 가능성에 대해서도 검토해 보았다. "김정은 세습정권과 권력구조 변화 전망"은 3남인 김정은으로의 권력 세습이 확정된 이후 신속하게 전개되는 권력 개편의 모습을 통해 향후 북한체제의 안정화 여부에 초점을 두고 분석 전망하였다. 세습정권은 동서고금을 통해 가장 전통적인 권력 이양 방식이었으나 세습체제의 등장과 구축과정에서 구조적 문제가 발생하고 노선갈등 역시 불가피한 현상이었다는 점에서 북한체제의 3대세습의 문제점과 체제변화 가능성을 예측해보았다. "탈북민 의식을 통해 본 북한 정치사회화의 특징"에서는 체제 전환기의 북한 주민들의 정치의식, 정치사회화 수준을 가늠하기 위해 최근 남한 사회에 정착한 탈북민들을 설문 조사를 통해 역으로 당시 상황을 재구성해 보려고 노력하였다. 북한의 3대째 세습 통치가 정착되고 일반화 되는 과정에서 과거 사회주의권의 대변혁을 염두에 두고 북한체제의 차이점과 특수성을 비교사회주의관점에서 도출해 보았다. "사회주의국가 체제전화 사례 비교분석"에서 대다수 사회주의, 공산주의 국가들이 체제 변혁기를 겪으면서 체제와 정권이 교체되는 상황에서 북한은 과도기를 세습을 통해 안정적으로 유지하는 모습을 통해 결국 김정은 체제로 권력이 이양되면서 혈통에 의한 세습을 공식화 법제화한 것을 이해할 수 있게 되었다.

제2부 〈북한 정세변화와 남북 관계〉 편에서는 김정일 이후 등장한 북한체제에서 남북 관계가 어떻게 전개될 것인지를 전망하고, 한반도에 긴장이 완화되고 새로운 대화협력이 가능할 수 있는 조건과 환경을 제시해 보았다. 김정일 시대 남북한은 두 차례 정상회담을 개최한 바 있

다. 햇볕정책을 적극 추진했던 김대중 대통령과 평화번영의 시대로 햇볕정책을 계승한 노무현 대통령과 정상회담을 통해 남북한 간 새로운 교류협력의 시대를 열었던 김정일에 이어 김정은은 남북 관계에 관심을 보이기보다 핵경제병진노선을 적극 추진하여 오히려 힘을 통한 대외관계, 남북 관계의 주도권을 장악하려고 함으로써 대남 도발과 긴장을 지속하였다. 반면 이 시기 남한은 이명박 정부와 박근혜 정부의 대북입장과 남북 관계 로드맵은 햇볕정책과는 상이하게 비핵개방 3000 또는 한반도신뢰프로세스 등 북핵문제 우선 해결에 중점을 둔 대북정책이나 남북 관계 구상이어서 금강산 관광 및 개성공단 사업도 전면 중단되는 상황을 피할 수 없었다. 그럼에도 제2부에서는 "포스트 김정일 시대 북한정권의 생존전략과 남북 관계 개선전망", "북한후계체제와 향후 남북 관계 전망", "북한 정세변화와 향후 남북 관계 추진 방향" 등 논문을 통해 북한체제의 선택의 폭을 넓혀줄 수 있는 대안들을 제시하고 이를 감안한 접근 방안들을 검토해 보았다. "북 당 대표자회 이후 남북 관계"에서도 결국 세습에 따른 불안정성과 불투명한 북한 정세가 언제 어떻게 안정화될 것인지, 아니면 불안정성이 지속되거나 증폭될 경우 급변사태 발생에 대비한 플랜B를 어떻게 체계적으로 준비할 것인지에 대해서도 검토해 보았다. 김정은 3대 세습체제는 선대 김정일 선군정치 시대에 비정상적으로 비대화한 군부의 세력과 형해화한 당체제를 어떻게 재구성할 것인지가 관심의 초점이었던바 북한 정체 변화 차원에서 당국가체제로의 전환이 갖는 대내적 질서의 변화가 남북 관계에 미치는 영향을 집중적으로 분석하여 이에 대한 대책들을 제시하였다. 마지막으로 "북한체제 특성과 남북 관계 추진 방향"은 이명박 정부의 대북정책 수립과 추진에 있어 북한체제의 특성과 지향점을 토대로 실리와 명분을 조화롭게 추진할 것 등을 제안했지만 북한체제의 과도기적 상황에서 남북 관계의 유연한 접근은 사실상 기대하기가 어려웠던 점도 역사의 교훈으로 남길 부분이다.

제3부 〈변화하는 북한의 대외관계〉 편에서는 전환기 북한체제의 대외적 목표와 입장을 분석하여 이에 대한 국제사회와의 공조를 통한 체계적 대응을 적극 제시하였다. “북한체제 변화의 환경적 요인과 관점” 에서는 2000년대 초반 김정일 시대의 정점에서 북한의 전방위 외교와 내부 변화 요인에 대해 살펴보았다. 2000년 6월 남북정상회담에도 불구하고 북한의 대외관계는 일정한 제약과 한계를 벗어나지 못했다. “북한의 외교 전략과 남북 관계 전망” 에서도 남북 관계 및 한반도 주변정세의 긍정적 변화에도 불구하고 결국 북미 관계 개선으로 연결되지 못한 이유와 배경에 대해 살펴보았다. 당시 김정일 위원장의 신사고 외교와 북중, 북러, 북EU 등 새로운 외교 지평을 개척하였으나 그 같은 전방위 외교가 북핵문제의 벽을 넘지 못한 채 6자회담의 틀 속에 묶이게 되는 상황을 북한체제의 딜레마 규정할 수밖에 없었다. “미국의 대북정책 변화와 미북 관계”에서 미국의 부시행정부의 대북정책을 토대로 북핵문제의 다자적 해법인 6자회담에서의 9.19 공동성명과 2.13 합의 등의 출현 배경과 의의 그리고 한계를 지적함으로써 북한체제의 고민과 딜레마를 설명하였다. “변화하는 해외동포사회와 북한의 정책”에서는 북핵문제가 북한의 대외관계를 좌우하는 상황에서 북한의 대외적 정통성과 남북 관계에서의 헤게모니 장악을 위해 벌이는 2000년대 북한의 해외동포정책에 대해 분석해 보았다. 북한은 냉전시기 사회주의 형제애와 생존전략 차원에서 추진하던 해외동포정책을 탈냉전과 남북 관계 활성화시기에는 지역과 이슈별로 더욱 체계화하고 조직화하는 모습을 연방제와 통일전선구축차원에서 분석하고 예측하였다. 북한의 내부역량과 외부혁명역량을 강화, 배합하는 전략은 과도기 북한체제에서 결코 포기하거나 약화시킬 수 없는 중요한 전략적 목표이기 때문에 이러한 분야에서 남북 관계 경색기에는 물론 해빙기와 활성화 시기에도 결코 방심하거나 오판해서는 안 되는 이유에 대해서도 경각심을 제고하였다.

북한체제에 대한 연구는 폐쇄적이고 사상통제 속에 묶인 내부동원 체제와 대외적 선전매체를 통한 의도적 교란으로 정확한 사실 파악과 실증적 분석이 매우 어렵다는 특성이 있다. 매일 반복되는 일상 속에 조그만 변화를 통해서도 전체를 파악하려는 소위 냉전시대 공산권 연구 방법인 크렘린롤로지가 아직도 북한에는 유효한 연구 방식임은 북한체제의 그러한 속성 때문이다. 그러나 체제 전환기, 특히 수령인 최고 지도자의 사망에 따른 후계구도의 등장은 그러한 북한에게 잠재적인 변화 요인들이 동시다발적으로 폭발하는 북한식 대변혁의 시기라고 할 수 있다. 북한의 3대 세습정권인 김정은 체제가 등장한지 이미 7년차에 접어들었다. 짧은 기간 북한에서는 새로운 리더십 등장에 따라 권력구조의 근본적인 변화와 최고 핵심 권력 엘리트의 교체가 이루어지고 이에 따라 새로운 주요 정책들이 줄줄이 발표되고 있다. 1인 독재체제의 즉흥적이고 자의적인 판단과 결정에 따른 부분도 있지만 제한된 자원의 우선순위가 바뀜에 따라 연쇄적으로 의미 있는 변화가 이어지는 경우도 두드러진 특징이라고 할 수 있다. 유산으로 물려받은 핵무력 국가 완성을 유산이란 이름으로 비핵화를 약속하는 모순이 북한체제의 본질이고 가장 적대적이고 위협적인 미국 트럼프 행정부와 역사적인 통 큰 합의를 기대하고 있는 것도 현 김정은 체제이다. 전환기 북한체제의 운명을 예측하기는 쉽지 않지만 역사에서 그 단서를 찾는 것은 현명하고 현실적인 수순이다. 이에 과거에 정리했던 분석 자료와 대응책들을 현재시점에서 반추하는 것은 역사로부터의 교훈과 경험을 찾고자 하는 구도의 일환이라고 생각된다. 필자 스스로도 과거의 경험에서 새롭게 배우고 겸허히 반성할 수 있는 계기가 된다는 점에서 감히 강호제현 앞에 졸문들을 펼치게 되었다.

본 저서가 햇빛을 보게 된 데에는 오랫동안 학술연구 출판에 노고를 아끼지 않은 매봉출판사 남광규 사장님과 미발표 논문을 포함해 많은 글들 중에서 주제에 적합한 글들을 추려 편집한 고려대 박은주 박사의 헌신적인 노력이 있었기 때문이다. 자료 정리와 구성을 맡아 수고해준 고려대 대학원생인 김에스라 군의 노고에도 감사드린다. 아무쪼록 북한 체제의 운명이 우리 민족과 세계사 발전에 건설적인 기여를 할 수 있기를 기원한다.

2018. 5. 20

고려대 세종캠퍼스 연구실에서 유호열

목차

발간사 ······ i

제1부 수령체제와 지도자 세습 / 1

김정일 시대의 북한과 김정일 이후의 북한 ······ 3

김정은 세습정권과 권력구조 변화 전망 ······ 24

탈북민 의식을 통해 본 북한 정치사회화의 특징 ······ 35

사회주의 국가 체제전환 사례 비교분석 ······ 56

제2부 북한 정세변화와 남북 관계 / 79

▌포스트 김정일시대 북한정권의 생존전략과 남북 관계 개선전망 ……… 81

▌북한 후계체제와 향후 남북 관계 전망 ……… 97

▌북한 정세변화와 향후 남북 관계 추진 방향 ……… 115

▌북 당 대표자회 이후 남북 관계 ……… 127

▌북한체제 특성과 남북 관계 추진 방향 ……… 140

제3부 변화하는 북한의 대외관계 / 175

▌북한체제 변화의 환경적 요인과 관점 ……… 177

▌북한의 외교 전략과 남북 관계 전망 ……… 210

▌미국의 대북정책 변화와 미북 관계 ……… 228

▌변화하는 해외동포사회와 북한의 정책 ……… 244

저자 소개 ……… 273

제 1 부

수령체제와 지도자 세습

김정일 시대의 북한과 김정일 이후의 북한

2007년 북한은 김일성 탄생 95주년, 김정일 65세 생일을 기념하고 있다. 정권 수립 60주년을 앞둔 북한이지만 이제껏 단 2명의 지도자만이 대를 이어 통치해 오고 있다. 지난 90년대 사회주의권의 연쇄 붕괴 과정에서 북한의 장래에 대한 관심이 증대했었고, 핵문제와 식량난 등 위급 상황이 발생했을 때에도 북한체제의 붕괴 가능성에 대해 국내는 물론 해외 각국의 관심이 증폭되곤 하였다.

현재 65세인 김정일이 생존하는 동안 북한체제가 현 상태를 그대로 유지할지, 아니면 김정일 자신이 일대 결단을 하여 북한체제를 근본적으로 개혁할지 아직은 알 수 없다. 김정일 정권이 그럭저럭 안정적으로 지속되다가 미래의 어느 시점에서 내외 환경이 급변함에 따라 갑자기 붕괴할 수도 있고, 비록 단기적인 난관은 극복하더라도 장기적으로 서서히 와해될 수도 있다. 이 같이 북한의 장래에 대한 다양한 시각과 전망의 중심에 김정일이 있다. 김정일이 살아 있는 한 북한체제의 근본적인 변화는 불가능하다는 시각에서부터 김정일이 살아 있는 동안 정책 변화를 서둘러야 한다는 시각까지 극과 극이다. 김정일을 둘러싼 권력 투쟁이 북한체제를 변화시킬 동력으로 간주하는 시각부터 김정일 사후 후계체제의 성격 여부에 촉각을 곤두세우는 시각까지 김정일은 북한체제 변화 논란의 핵심 요인으로 자리 잡고 있다.

지난 60년 동안 분단 된 북한은 김일성, 김정일 부자가 통치하는 독재체제를 유지하고 있다. 처음에는 마르크스 이념에 따라 공산사회를 건설하려다 김일성의 주체사상을 중심으로 수령 독재체제로 전환하였다. 장남인 김정일은 주체사상과 함께 김일성의 항일 빨치산 전통을 북한역사의 정통성으로 확립하면서 80년 6차 당 대회를 계기로 후계자로서의 지위를 굳힌 후 94년 7월 김일성 주석의 사망 이후 북한을 통치하고 있다.

반세기 동안 북한은 중앙집권적 계획경제를 근간으로 군사부문에 과도한 자원을 배분하는 사회주의 경제체제를 유지하였다. 4대 군사노선을 추진한 이래 과도한 재래식 군사력을 보유했을 뿐만 아니라 핵무기와 미사일 등 대량살상무기를 개발하는 위험한 군사국가, 병영국가였다. 소련과 중국과 군사동맹을 체결하고 공산권과의 배타적 외교관계에 의존하는 폐쇄체제였다. 인민들은 출신 배경 등을 기준으로 철저히 구분되고 그에 따른 사회적 차별이 일반화되었다. 탈북자들이 증가하고 개인의 자유는 극도로 통제되고 억압되었으며 인권에 관한한 세계 최하위 국가로 분류되었다.

북한의 만성적인 경제난은 지난 2002년 시장기능을 일부 허용하면서 경제의 활성화를 꾀하였으나 공급이 절대 부족한 상황에서 악성 인플레의 발생으로 오히려 사회주의 북한에서 빈부의 격차만 심화되는 상황이다. 더구나 탈북자의 대량 발생으로 체제 충성도가 약화되고 외부로부터의 정보와 새로운 사고의 유입은 북한 내부, 일반 주민들은 물론 가장 믿을만한 핵심 엘리트 계층에서조차 체제 정당성에 대한 의구심이 증폭되는 등 체제 이완의 조짐마저 나타나고 있다.

분단 이후 수십 년 동안 한반도는 남북한의 군사 정치적 첨예한 대립으로 점철되어 왔다. 비록 2000년 6월 남북정상회담 이후 남북 관계는 새로운 국면에 접어들었으나 북한체제의 근본적 변화가 이루어지지 않고 있어 진정한 의미의 남북화해나 교류협력은 이루어지지 않고 있다. 개성공단과 금강산관광 사업 등 일부 시범적 단위의 경제교류협력과 대북 쌀, 비료 지원 등 일방적 지원 사업을 제외하고는 진정한 의미에서의 남북 관계의 개선은 실현되지 못하고 있다.

분단 60주년은 북한과 남북 관계의 역사에서 한 시대가 종식되었음을 의미하는 동시에 새로운 변화의 시작이다. 북한 변화의 원인은 대내적 요인도 있고 대외적 요인도 있다. 그러나 북한의 향후 정책 변화를 가늠할 주요 지표로서 김정일의 존재 여부를 상정할 때 김정일 이후의 북한이 어떠한 모습으로 나타날 것인지 예상해 보는 것은 나름대로 의미가 있을 것이다. 김정일 이후 북한사회 변화의 양상과 추이를 전망하는 것은 북한사회에 대한 우리의 인식을 제고할 뿐만 아니라 효과적인 대응전략을 수립하고 나아가 통일을 준비한다는 측면에서 의미 있는 작업이다.

북한체제의 특수성

지난 80년대 말부터 전개되기 시작한 구소련, 동유럽, 중국, 베트남 등 당시 사회주의 체제의 변화 과정들을 볼 때 북한은 아직까지 사회주의 체제의 골격을 유지하고 있다. 대부분의 사회주의 국가들에서 의미 있는 체제 변화가 일어나던 시기 북한도 경제난의 가중, 대외관계의 급격한 축소, 주민들의 이탈 등 대내외적 갈등이 증폭되는 양상을 보였다.

그러나 소련의 점령과 지원 하에 정권을 수립한 북한은 동유럽에서와 같은 소련에 의한 일방적 이식에 의한 것이 아니었다. 김일성 정권은 부르주아 계급이 남쪽으로 월남한 북한 지역에서 일본 식민지체제를 청산하는 세력으로 정권을 장악함으로써 인민들의 지지를 획득하여 중국이나 베트남에서와 유사한 자생적 기반을 어느 정도 구축하였다. 동유럽 지역에서 반소운동이 전개되고 소련 내에서도 스탈린주의에 대한 비판과 수정주의 대두할 때 북한에서는 이 같은 외부사조의 유입을 차단하고 김일성의 주체사상으로 체제 이데올로기를 더욱 강화해 왔다. 특히 북한 정권은 분단과 한국전쟁을 통해 미국과 남한을 비롯한 서방 자본주의국가들에 대한 적개심과 대항의식이 고조된 상태에서 주체사상을 제창함으로써 지배 엘리트와 인민들 사이에서 정당성을 확보하고

자 하였다. 더욱이 이데올로기를 창출하고 전파하는 노동당의 막대한 조직과 광범위한 영향력으로 체제 이데올로기인 주체사상은 지배 엘리트와 인민들 속에 침투하여 체제유지와 강화에 기여하였다.

특히 사회주의권의 붕괴이후 북한은 이데올로기의 변질과 신심의 이반이 결정적인 붕괴요인으로 파악하고 사상의 순결성 고수에 역점을 두고 있다. 즉 사회주의권의 연쇄적인 몰락을 목격하면서 김정일은 "여러 나라에서 사회주의 집권당과 사회주의 제도가 붕괴된 역사적 교훈은 사회주의 위업을 끝까지 완성하자면 사회주의 사상의 순결성을 확고히 고수하여야 한다는 점이다."라고 주장하면서 사상체계의 순수성 고수를 역설한 바 있다. 특히 김일성 사후 김정일은 본인 명의의 논문을 수차례 발표하면서 체제통합과 사상교양을 강조하였다.

북한에 대한 소련의 영향력은 한국전쟁에서의 소극적인 지원과 56년도 소련파의 숙청 그리고 이어 중·소 관계의 악화에 따른 북한의 등거리외교 시행 등으로 인해 동유럽에 비해 상당히 제한적이었다. 경제부문에 있어 소련은 90년대 초까지 북한의 최대 무역상대국으로서 석유를 비롯한 원자재의 최대 공급 국가였다. 그러나 소련 내부의 변화에 따라 북한에 대한 지원을 지속할 수 없게 된 상황에서 북한경제에는 적지 않은 손실을 주었지만 일찍부터 자급자족 경제기반을 구축한 북한에 대해서는 결정적인 영향력으로는 활용될 수 없는 상황이었다. 더구나 소련과 한국의 수교는 북한의 대소 적대감만을 증폭시키는 결과를 초래해 동유럽 사례에서 보듯이 소련의 개혁·개방의 압력이 북한에는 적용되지 않았다. 이러한 외부의 영향이나 압력은 중국에 대해서도 대동소이하며 정치, 경제적으로 긴밀한 관계를 유지하고 있는 중국도 북한 변화에 대한 영향력은 일정한 한계가 있다. 그럼에도 불구하고 북한은 「조-러 우호협력 및 상호 원조에 관한 조약」 폐기에 대신하여 러시아와 보다 우호적인 수준의 새로운 조약을 체결하고 중국과의 관계에서도 당과 군을 중심으로 우호 협력관계를 더욱 강화함으로써 냉전이후시대의 변화된 국제정세 하에서 이들 국가들과의 관계를 유지 발전시키고자 노력을 경주하였다.

북한은 동유럽 국가들에서 보듯이 시민사회가 형성되지 못하였다. 부르주아 계급, 종교인, 지주 등 사회주의 체제에 반발하는 인사들은 분단과 한국전쟁 기간 동안 대부분 남한으로 월남하였으며 이들의 토대는 북한에서 철저하게 분쇄 되었다. 대내외적 정보는 철저히 차단되고 공개적인 정보의 교류는 사실상 불가능하며 인적 교류도 철저한 통제 하에서만 가능할 뿐이다. 사회주의 체제가 성립되기 이전 사회는 봉건사회나 식민지 통치사회여서 인민들의 의식은 절대군주에 복종하는 신하의 위치에 머물러 있는 상태이다. 따라서 북한사회는 시민사회와는 거리가 먼 신민(臣民)사회를 유지하고 있다.

이러한 북한도 사회주의권 붕괴를 전후하여 외부정보의 유입과 경제난과 계급차별 정책에 대한 주민들의 불만 증대, 그리고 관료와 인민들의 일탈행위 등으로 사회기강이 이완되는 등 사회변화 양상이 나타났다. 북한은 인민들의 불만을 해소하고 사회적 일탈행위를 방지하기 위하여 새로운 사회통합 지침을 마련하여 일탈행위를 단속하고 사회통제를 강화하고자 하였다. 일례로 92년에서 93년에 걸쳐 「비사회주의 그루빠」를 통해 암거래, 범죄, 매춘 등 각종 사회비리를 대대적으로 단속하였으며 김정일의 각종 논문 학습을 통해 사상교양을 강화하였다. 동시에 북한은 정치지도자가 계급출신별 차별 없이 인민을 믿음과 사랑으로 포용한다는 김정일의 '인덕정치'를 새로운 사회통합의 정치구호로 제시하였다. 인민들은 그들이 비록 복잡군중에 속하더라도 사상교양에 의해 개조될 수 있으며 모든 인민들은 그들의 사상과 행동 양식에 따라 평가되어야 한다는 새로운 통합 방식이었다.

북한사회의 또 다른 특징은 김일성이 이끄는 소수 항일 빨치산들이 주축이 되어 정권을 창출하였다는 점이다. 출발부터 무력에 의한 강력한 통치기반을 구축한 북한은 한국전쟁과 분단, 남한과의 군사적 대치

상태, 중·소로부터의 자주노선 채택 등으로 자체 강력한 무력을 육성하고 유지하였다. 국가 자체가 군에 의해 유지되는 동시에 군은 수령에 의해 철저히 통제되고 있으며 기타 유사 군사기구 역시 지도자에 의해 일사불란하게 통제되고 있는 상황에서 군은 정권을 유지하는 가장 강력한 기구로 기능하고 있다.

특히 김정일은 군 최고사령관으로서 김일성사후 각급 군부대를 집중적으로 방문하며 현지지도를 실시하고 군의 각종 행사에도 가장 많이 참석하였다. 지난 95년 10월 8일 김정일은 김일성 사후 최초로 대대적인 군부 인사를 단행하였는데 이를 통해 김정일은 군부 원로들의 서열을 상위조절하고 인사권에 대한 확고한 통제력을 과시하였다. 또한 당 창건 기념일 등 주요 행사에서 대규모의 군사 퍼레이드를 벌임으로써 막강한 무력을 과시하고 이를 통해 흐트러진 민심을 수습하는 동시에 정권 유지의 핵심인 군의 지지를 확보하고자 하였다. 김정일은 나아가 당내 군사 조직, 국가안전보위부, 사회 안전성 등 유사 군 기관에 대한 장악을 통해 지배 엘리트와 인민들을 효율적으로 관리 통제하고 있어 체제 위기 시 군은 가장 강력한 버팀목으로서 기능하고 있다.

소련을 비롯한 대다수의 사회주의 체제 국가들은 지도자의 사망이나 교체로 인한 파벌형성이나 노선갈등을 경험하였다. 이에 비해 북한은 국가건설이후 김일성 1인의 철저한 권력체제 구축으로 지도력에 대한 반발이나 지도 노선에 대한 갈등이 없었다. 56년 8월의 종파사건과 72년 사회주의 헌법의 개정 등을 통해 철저한 일인지배체제를 시행해온 북한에서 지배 엘리트들은 지도자를 중심으로 철저하게 통제되어 왔다. 지도자의 교체로 인한 변화 가능성을 염두에 둔 북한은 이미 김일성이 사망하기 20년 전부터 김정일을 후계자로 선정하여 권력승계를 준비해 왔으므로 김일성의 갑작스런 사망에도 불구하고 김정일으로의 안정된 권력이양을 완료할 수 있었다. 부자세습이라는 권력이양 방식을 택한 북한은 전임자에 대한 비판과 노선수정으로 변화를 추진했던 여타 사회주의권 국가들과 달리 김일성의 정책과 노선의 변화 없이 기존의 사회주의 체제를 유지하고 있는 것이다.

북한체제의 부문별 현황을 구사회주의권 국가들과 비교사회주의적 관점에서 비교해 볼 때 경제난과 권력구조의 불안정성, 잠재적인 인민들의 불만과 부분적인 일탈행위, 사회주의권의 붕괴 등으로 북한의 상황이 과거 사회주의권 국가들처럼 위기에 처했던 것은 사실이다. 그러나 북한은 부분적인 경제개방을 통해 경제난을 해소하고 대외관계를 다변화하고 군부를 통한 김정일 선군정치체제를 공고함으로써 여타 사회주의권 국가들처럼 급진적인 체제전환이나 광범위한 변화는 사회주의권 대변혁 이후 십 수 년이 경과한 2007년 초반 현재 일어나지 않고 있다.

김정일의 선군정치

북한사회는 유례가 없이 철저한 1인 독재체제이며 권력 승계 방식도 과거 어떤 사회주의 국가에서도 볼 수 없던 부자세습체제이다. 공산주의 국가들의 변화과정을 역사적으로 비교 연구할 때 체제 변화의 핵심 동인 중의 하나는 최고 지도자의 교체와 최고 지도자 교체에 따른 정책의 변화였다. 체제의 문제점을 교정하고 정당성을 확보하기 위해서 후임자는 전임자를 비판하고 그 과정에서 자연스런 체제 변화, 체제 이완을 경험하고 1990년을 전후하여 사회주의 대변혁으로 대부분의 사회주의 체제는 붕괴되었다. 그러나 북한은 일찍부터 김정일이 후계자로서 권력을 승계함으로써 김일성 주석이 사망한 이후에도 근본적인 체제 변화 없이 순조롭게 권력이양을 완료하였다.

김정일 위원장은 김일성 사망 이후의 과도기적 상황을 선군정치를 통해 극복하는 한편 1998년 헌법 개정을 통해 강성대국을 목표로 한 선군정치를 새로운 통치구조로 정착시켰다. 선군정치는 북한의 전통적인 수령제와 당국가체제의 근간을 바꾸는 정치 형태로 볼 수는 없으나 군을 중심으로 또는 군을 전면에 내세우는 방식으로 그 자체 새로운 형태의 통치 방식이라고 할 수 있다. 선군정치와 관련하여 당과 군의 위상을 중심으로 다양한 분석이 제기되기도 하였으나 지난 10년간 김정일 시대의 정치 전개과정을 살펴볼 때 당과 군, 그리고 내각이 김정일의 절대 권력 하에서 각자 자신의 역할을 분담하여 처리하고 있다고 보는 것이 타당할 것이다.

지난 10년간 선군정치는 북한 대내외적 위기에 대응하여 김정일 체제를 수호하고 변화에 수반하는 갈등과 동요로부터 정치적 안정을 유지하는데 효과적인 장치로 작동하였다. 군부는 조직성과 헌신성, 일사불란한 명령 계통을 통해 산적한 난제들을 어느 기관보다 효율적으로 해결함으로써 군의 위상을 높이고 타 부문의 모범이 되었다. 반면 군에 대한 자원의 집중과 정책 선택의 우위를 점함으로써 체제의 경직성과 일원화에 따른 정책적 비효율도 동시에 불가피한 선군정치의 결과이다. 이러한 경직된 조직체계는 각종 정책결정과정에서 비탄력적으로 작용함으로써 신속한 대응을 요하는 변화의 시대에 능동적으로 적응하지 못하고 있는 문제점도 야기하였다.

김일성 사후 김정일 정권은 선군정치를 전면에 내세우면서 정권수립 이후 최대의 정치적 시련기를 안정적으로 극복하였다. 선군정치의 핵심은 기존의 당을 중심으로 이루어지는 당국가 체제를 국방위원회를 정권의 최상위 기구로 격상하여 군을 중시하는 군사국가체제로 개편하는 것이었다. 수령유일지배체제하의 독재체제를 지탱하는 당과 군의 병렬적 구조에서 군이 앞서고 당이 이를 뒷받침하는 체제로 구조 조정을 함으로써 이념과 관료조직에 의한 통제에서 무력과 일사불란한 명령체제 하에서 효율적으로 국가를 통제하는 방식으로 전환된 것이다.

일각에서는 당국가체제의 근간은 유지하되 임시방편 식 과도기적 위기관리형태로서의 군중시체제로도 예상하였으나 이 같은 선군정치는 이미 10년이 넘게 유지되어 왔으며 선군정치는 북한의 김정일 정권의 통치방식으로 정착되었다고 보는 것이 타당할 것이다.[1] 선군정치 하에서도 당이 정책결정과정에서 배제되거나 현실적으로 그 역할이 무력화되었다고는 할 수 없지만 북한이 당면한 과제의 성격이나 김정일의 통치방식으로 볼 때 향후에도 김정일 생존 시에는 군을 중심으로 한 선군정치는 지속될 것으로 보인다.

김정일이 군을 중시하는 선군정치를 자신의 통치방식으로 설정한 이유는 첫째, 80년대 말 대부분의 사회주의권 국가들이 연쇄적으로 붕괴한 충격 때문이다. 더구나 같은 분단국가였던 동독이 급작스레 서독에 흡수통일 되는 과정에서 군의 역할의 중요성을 새삼 절감하기도 하였다. 동유럽 국가들은 물론 공산권에서 가장 선진화되고 경제적으로 넉넉하던 동독이 무너지게 된 결정적인 이유가 구소련의 군사력에만 의존하였던 배경에 주목한 것이다. 당시 바르샤바조약기구로 결속되었던 동구 사회주의 국가들은 고르바초프의 신사고정책에 따라 소련이 이들 국가들에 대한 무력간섭을 포기하자 바로 붕괴되었다. 결국 자체 무력이 취약한 공산주의 국가들은 내부의 혼란과 민주화의 확산을 공산당 자체 힘만으로써는 감당할 수 없다는 것이 증명된 셈이었다. 김정일은 당시의 충격을 자신 명의로 발표한 일련의 논문들에서 수차 강조하였으며 결국 군대를 통한 체제 안보가 당에 의한 이념적 통제보다 훨씬 현실적이란 점을 굳게 인식하게 되었다.

둘째, 수십 년 김일성의 일인독재체제 하에서 유지되던 북한에서 그 체제의 근간인 당 역시 관료화되고 노쇠하였다. 이미 96년 김정일은 당의 노쇠화를 질타하고 군의 노고를 극찬했었다. 북한에서도 관료화의

1) 정영태, "김정일 정권 하 정치군사체제 특성과 변화전망," 『김정일 정권 10년: 변화와 전망』 (서울: 통일연구원, 2004).

병폐를 타파하기 위한 사상적 정책적 캠페인을 벌이긴 했으나 전일체적으로 유지되어 온 당 중심의 구조를 스스로 타파하기에는 역부족이었다. 김정일으로서는 당의 무능과 관료화를 전면적으로 개선하기 보다는 당의 역할을 대체하는 세력으로서 군대조직에 기대를 걸게 되었다. 군을 중심으로 정치를 전개하면서 군의 작풍을 노쇠한 당에까지 파급시킴으로써 당의 체질 개선을 도모하기 위해서도 선군정치는 유용한 정치 방식인 것이다.

셋째, 선군정치의 결과이자 원인이 될 수도 있는 북한의 핵개발 계획은 김정일 정권이 가장 믿을만한 체제 안전판이자 향후 외부로부터의 막대한 지원을 유도할 수 있는 확실한 거래선이었다. 핵실험을 성사시킨 북한이 핵무기를 완전 폐기하기까지는 상당한 시일이 소요될 것이며 그 과정에서 예상치 못한 돌출변수들도 다수 발생할 것이다. 자칫 걷잡을 수 없을 정도로 큰 파국도 예상되는 중대한 사안으로 북한으로서는 국가적 총력을 집중해야 하는 일이다. 군사적 위협과 군사적 대결을 전제로 한 핵문제를 끝까지 밀고 갈 수 있는 세력은 군밖에는 없는 상황에서 선군정치는 핵문제와 끝까지 궤를 같이할 수밖에 없을 것이다.

김정일은 자신의 왕성한 대외활동의 상당 부분을 군부대 시찰이나 군관련 행사에 할애하였다. 비상시국에서 선군정치의 핵심인 군관련 현지지도를 강화하는 것은 당연한 일이나 그만큼 김정일으로서는 군을 의지하고 신뢰한다는 표현일 수도 있다. 빈번한 군부대 방문이 군의 충성심이 의심되거나 직접 통제를 목적으로 한다는 것은 설득력이 부족하다. 김정일 시대의 가장 믿을만하고 가장 선호하는 집단으로서 군에 대한 격려와 관심의 표현이라고 봐야 할 것이다. 2007년 공동사설에서도 2006년의 성공 비결을 선군정치라고 강조했듯이 2007년에도 김정일이 창출했다는 선군정치를 지속적으로 추진해 나갈 것이다.[2)]

---

2) 통일연구원, 『2007년 북한 신년 공동사설 분석』(2007.1).

사상통제와 실리 사회주의

김정일이 지난 10여 년 동안 선군정치를 시행해오면서 단순히 무력에 의한 통제, 군 중심의 정치질서만을 강조한 것은 아니다. 이미 북한은 선군정치를 선군사상에 따른 북한식 정치제도로 정당화하는 노력을 기울여왔다. 김일성은 50년대 종파투쟁을 겪으면서 외부의 압력과 내부의 분열상을 극복하는 최상의 방식으로 주체사상을 내세웠고 이를 토대로 수령유일지배체제를 확립하였다. 마르크스, 레닌이즘에 기반을 둔 노동당 규약을 개정하면서까지 주체사상을 체제 이념으로 격상시키면서 수령 독재를 합리화하였다. 주체사상은 사회 각 분야의 지도원리로서 작동하면서 시대의 변화와 현안 해결을 위해 조선민족제일주의 등 각종 실천 이데올로기들을 생산해냈는데 그 과정에서 주체사상은 결국 김정일 후계체제를 확립하는데 결정적인 기여를 하였다. 김정일 스스로 주체사상에 대한 해석권을 장악함으로써 부자세습의 비판을 극복하고 후계자로서의 지위를 공고히 할 수 있었다.

사상의 역할과 중요성을 누구보다 잘 알고 있는 김정일은 자신이 내세운 선군정치를 정당화하기 위한 이론적, 사상적 검토 작업을 병행하였다. 90년대 후반 극심한 식량난 등 소위 고난의 행군시기 김정일은 '붉은 기 사상' 등 실천 이데올로기들을 제창하면서 김일성시대의 주체사상을 이데올로기차원에서 보완하는 한편 자신의 선군정치를 직접적으로 합리화할 수 있는 사상적 기반을 구축하기 위한 노력을 기울였다.[3)]

김정일의 선군정치를 합리화하는 선군사상의 그 뿌리는 김일성의 항일유격대 정신으로까지 확대되지만 결국 김정일의 통치방식을 정당화하는 통치 이데올로기라고 할 수 있다. 선군사상은 철학적 이론으로서

---

3) 정성장, 백학순, 『김정일 정권의 생존전략』(성남: 세종연구소, 2003), 13~15.

의 사상이라기보다는 어떤 난관에도 불구하고 김일성이 설립한 북한정권, 북한체제를 안정적으로 유지 계승한다는 것이다. 소위 혁명의 수뇌부를 결사옹위하거나 총폭탄 정신이나 혁명적 수령관으로 표현되는 선군사상은 그 핵심이 김일성, 김정일의 생명과 권력을 무력으로 끝까지 보위한다는 것이다.

사회전체를 선군사상으로 무장하기 위해서는 군대 내에서 만의 사상교육이 아니라 전당, 전인민 차원에서 사상적 강화 노력이 요구된다. 선군정치를 시행할 당시의 분위기는 김일성 사망과 극심한 식량난, 대외적으로 고립무원이던 상황이었다. 이러한 상황에서 엘리트들의 패배주의적 신심이반이 노출되고 탈북자 등 일반주민들의 체제이탈 현상이 속출하게 되었다. 선군정치는 엘리트들에게 체제에 대한 믿음과 확신을 심어주고 주민들에게는 보다 강력한 통제기제로서 작용하였다. 지난 10년간 안팎에서 가해지는 위협에 대해 핵개발 등으로 위기의식을 고조시키면서 주민들을 결속시키는 동시에 외부에서 유입되는 각종 정보와 사상에 대해 선군정치의 기치 하에 각종 캠페인과 사상재교육을 통해 방지하는 노력을 기울여왔다.

그러나 재교육을 통한 사상적 통제에는 한계가 있어 실질적인 사상통제를 위한 각종 방안들을 시행하고 있다. 2004년도 룡천역 사고를 통해 확인된 외부와의 무분별한 교류접촉을 차단하고 인권문제에 대한 국제적 압력에 대처하는 차원에서 핸드폰 사용을 규제하는 외에 각종 통신 정보나 인적 왕래를 통한 정보 유입과 전파를 차단하고 있다. 최근까지 북한 지역에서 발견된 김정일 비판 벽보나 삐라, 또는 즉결처형 등 인권 유린 현장에 관한 동영상 등의 유포를 적극 차단하기 위한 통제도 강화되었다. 북한에서 김정일의 선군정치가 유지되는 한 선군사상을 통해 지도부의 정통성을 확립하고 비판세력의 존재를 발본색원하기 위해 군과 당 조직은 물론 각종 보안조직과 외곽 단체들은 사상적 통제를 지속할 것이다.

선군사상에 의한 사상적 통제는 김일성, 김정일의 권위를 유지하고 체제를 지속하기 위한 수단인 동시에 북한이 처한 경제적, 외교적 난제를 해결해나가는 데 있어서도 필수적이다. 북한은 이미 2002년 7.1 경제개선조치를 통해 부분적으로 경제적 유통망을 가동시키면서 소위 실리 사회주의를 도입하였다. 실리 사회주의를 통해 경제적 효율성을 제고하고 생산성을 증대시키는 효과는 어느 정도 입증되었으나 반면 새로운 빈부격차의 발생 등 사회내부의 갈등현상이 표출되고 동시에 근본적인 개혁이 수반되지 않는 부분적 개선으로는 한계에 봉착할 수밖에 없다.[4)]

2005년 하반기 북한 당국이 시행하기 시작한 배급제 부분 환원조치는 실리 사회주의에 수반되는 사회적 갈등을 해소하는 동시에 추락한 국가 위신을 배급제 부활을 통해 회복하려는 조치로 보인다. 그러나 이미 실시되기 시작한 시장기제 등 실리 사회주의적 요소는 포기하기에는 너무도 많은 문제점을 내포하고 있어 결국 북한으로서는 농업에 중점을 두어 식량문제를 해결하는 동시에 중국식 개방모델을 도입하지 않을 수 없을 것이다.

또한 남북경협이 초기 시범단계를 거쳐 2006년부터는 개성공단의 본격적인 가동에 맞춰 규모나 성격이 훨씬 커지고 활성화될 것이다. 개성의 특정지역에서의 경협실험은 실험단계에서 본격 실시단계로 전환될 경우 그 파급효과는 북한 전역에 걸쳐 이루어질 것이므로 이에 대한 긍정적 효과 못지않게 부정적 요인을 차단하는 데도 주력을 하게 될 것이다. 이미 1백 만 명이 넘는 남한 관광객이 방문한 금강산을 비롯하여 평양, 백두산 지역을 남한 관광객에 본격 개방할 경우 이로 인해 유입되는 정보나 접촉 증대에 대한 대비책이 강구되지 않을 수 없을 것이다.

4) 스티븐 해거드, 마커스 놀란드, 하태경 옮김, 『기아와 인권: 북한 기아의 정치학』 (서울: 시대정신, 2006).

2006년 초 김정일 위원장은 측근들을 대동하고 중국의 경제개방의 신호탄이 되었던 광저우와 선전 지역을 방문하였다. 비록 공식 방문은 아니었으나 대규모 방문단을 인솔하고 중국 최남단 지역까지 열차로 횡단하면서 중국의 실상을 목격하고 중국식 개방모델인 특구개발에 대한 현지 실사는 북한 지도부로서는 결단이자 모험이 아닐 수 없다. 시급한 현안인 6자회담의 재개와 위조지폐문제로 인한 미국의 경제제재를 중국 지도부와 협의할 필요가 컸지만 경제개방에 대한 감각과 중국의 적극적 지원과 협력을 담보하기 위한 행보였다고 평가할 수 있다. 이러한 개방의 노력이 가시화되기 위해서는 중국식 사회주의의 경험을 살려 북한에 맞는 통제장치를 마련해 두어야 하는데 김정일의 판단으로선 선군정치, 선군사상이 가장 효과적인 방식일 것이다. 따라서 향후 실리 사회주의에 입각한 체제 정비가 이루어질 것이며 선군사상, 선군정치에 기초한 내부결집과 사상통제 역시 지속적으로 추진될 것이다.

선군정치와 후계구도

김정일 시대 북한에서는 선군정치와 함께 권력 엘리트들의 대대적인 교체 작업이 추진되었다. 북한의 정치체제를 지탱해온 혁명 1세대가 퇴진하고 2, 3세대가 당, 정, 군의 주요 핵심 요직에 등용되었다. 북한에서는 김일성의 빨치산 집단이 각 분야를 총괄 지휘해 왔으나 이들 원로세대가 사망 또는 은퇴하는 과정에서 새로운 신진 세력으로 지배 엘리트들이 교체되어 왔다. 과도기간에 1.5세대의 등용이 있긴 했으나 21세기 신사고, 실리 사회주의를 구현하기 위해 당과 내각에 40대 전후, 군부에는 50대가 주류를 형성할 정도로 대대적으로 엘리트 교체가 이루어졌다.

2000년 남북정상회담을 전후하여 김정일 위원장은 중국 및 러시아를 방문하면서 신진 세력이 수행케 함으로써 엘리트 세대교체를 예고하였으며 2003년 최고인민회의를 새로 구성하면서 본격적인 엘리트 교체를 단행하였다. 신진 엘리트들은 대부분 김일성 종합대학을 비롯하여 최고 학부 출신들이며 대외활동의 경험들도 갖고 있어 유연하고 실용적인 태도를 갖추고 있다. 신진 엘리트들은 초기 대남관계, 경제부문, 대외관계 등 특정 분야에 국한되어 교체되다가 최근에는 군부와 치안 담당 부서에도 집중적으로 배치되고 있다.

선군정치를 실시하고 있는 북한에서 군 주요 간부들이 북한을 통치하는 주요 인물들이란 점은 의심의 여지가 없다. 국방위원회가 최고위 권력기관이기 때문이기도 하지만 현재 북한을 주도하는 엘리트는 군부 인사들이 다수를 점하고 있어 향후 이들의 향배가 북한의 전략적 선택의 관건이 될 것이다. 2006년 초 김정일의 중국 방문에도 군부 지도층 상당수가 수행했다는 보도도 이를 뒷받침하고 있다.

김정일은 자신의 통치 구상을 실현하는데 있어 혁명의 선배를 존중한다고 하면서도 실질적으로 당, 정, 군 등 요직을 3,4세대로 대폭 교체하는 작업을 진행해왔다. 이미 경제부분을 총괄하는 내각에서는 30대, 40대의 인물들이 주요 직책을 담당하고 있으며 대남사업에서도 이미 40대가 주축이 되어 각종 회담과 현안 실무를 맡고 있다. 2005년도 가장 보수적이라고 할 수 있는 치안과 보안부문에서도 세대교체를 단행하였고 군부 인사들도 최상층부의 원로 장성들을 제외하고는 일선 지휘관들을 젊은 층으로 교체하였다.[5)]

김정일의 적극적이고 대폭적인 세대교체 작업은 본인이 구상하는 개혁 모델을 담당하기에는 기존 혁명 1, 2세대로서는 불가능함을 인식하고 새로운 교육과 사고를 가진 젊은 세대에게 주요 직책을 맡겨왔다. 중국의 개혁 모델도 참고했을 부분이다. 신사고를 실현하기 위한 신세

---

5) "북을 움직이는 100인," 『민족 21』 2007년 2월호.

대의 등장은 북한을 내부적으로 변화시키는 주요 동력으로 작용하고 있다.

또한 김정일이 세대교체를 추진하는 배경에는 자신의 후계구도와도 무관하지 않다. 김정일은 이미 30대 초반 김일성의 후계자로서 공식 업무를 담당했고 김일성 생존 시 30년을 당 사업을 총괄하기도 하였다. 현재 65세인 김정일은 본인의 건강에는 문제가 없으나 북한체제의 속성상 후계구도를 마련하지 않고는 후일을 장담할 수 없는 입장이다. 따라서 김일성 사후 북한에서는 후계구도와 관련한 움직임도 일부 포착되었고 실제 2000년대 초반 김정일의 차남인 김정철을 후계자로 옹립하는 문제가 적극 검토되고 일부 시행에 옮겨졌다는 분석도 대두되었다. 그러나 2005년 말 김정일은 자신의 후계구도에 대한 공식, 비공식 언급을 일절 금지하는 조치를 내림으로써 현재까지 후계자 선정이 이루어지지 않았거나 이루어졌더라도 초보적 검증 단계일 것이란 추측을 낳고 있다.[6)]

김정일의 후계자는 김정일의 직계 자손일 가능성이 높으나 그 대상이 되는 김정철의 나이가 아직 어린 관계로 설혹 김정철로 지명하더라도 후계자로 공식화되기까지는 시일이 걸릴 것이다. 또한 공식화되더라도 부자세습의 명분은 선군정치에서 도출할 수밖에 없어 후계자의 군부관련 업적이나 경험을 부각하는 노력이 있을 것이다. 만약 후계자 선정이 이루어지면 그 후견인으로 가장 강력한 군부의 전폭적인 지지와 후원이 불가피할 것이기 때문이다.

김정일이 자신의 생전에 후계구도를 완성하되 3대 세습을 중단코자 한다면 군부에서 특출한 인물을 발탁하여 후계자로 지명하거나 군부 중심의 집단지도체제로의 전환도 구상할 수 있다.[7)] 김일성, 김정일의

---

6) 김정일은 김기남, 박재경 등 당, 군의 핵심 간부들에게 후계구도와 관련한 언급을 일절 하지 말도록 지시하였다고 한다. 한겨레신문, 12월 12일자.

7) 국회 정보위원회 연구보고서, 『북한의 위기관리체제와 우리의 대응방안』(2006.11).

혁명전통에 충실하면서 북한체제가 직면한 난제들을 해결하는 동시에 가장 강력한 후원국가인 중국의 지지를 받을 수 있는 인물이나 집단지도체제로서의 군부중심후계구도가 선정될 것이다. 따라서 직계나 측근을 망라하여 어느 누가 후계자로 선정되더라도 선군정치, 선군사상은 매우 효율적인 정권 승계 정당화 논리가 될 것이다.

김정일 이후의 북한

김정일 이후의 북한을 전망함에 있어 김정일 신상 변화에 따른 북한 변화에 관한 다양한 시나리오를 상정할 수 있다. 김정일의 신상 변화의 속도와 내용에 따라 중장기 또는 급변사태로 나누어질 수 있고, 개혁 또는 반 개혁의 상황 전개를 예상할 수 있다.[8] 그러나 현실적으로 김정일의 신상에 돌발적인 급변사태가 발생하지 않는 한 북한체제는 김정일의 예상 자연 수명과 함께 상당 기간 존속할 가능성이 높을 것으로 보인다. 그 이유로는 북한체제의 특수성과 함께 지난 10년 동안 김정일 주도의 선군정치가 그 본연의 정책적 평가와는 무관하게 북한의 대내외적 정세변화와 맞물려 체제보존의 성과를 상당 부분 거두었기 때문이다.[9]

김정일 이후 북한의 향방은 김정일의 퇴장 상황과 밀접히 연관되어 있다. 현재로서 가장 가능성이 높은 경우는 김정일이 향후 10년 동안 후계구도를 완성하여 새로운 지도부에 의해 안정적으로 북한체제가 유지되는 것이다. 2.13합의에 따라 북핵문제의 평화적 해결과 북미, 북일 관계의 개선, 남북 관계의 지속 등 북한체제가 안정화되는데 유리한 조

8) 박관용 외, 『북한의 급변사태와 우리의 대응』(서울: 한울 아카데미, 2007).
9) 전현준 외, 『북한체제의 내구력 평가』(서울: 통일연구원, 2007).

건들을 감안한다면 김정일 이후의 북한은 김일성, 김정일의 이념과 역사적 정통성을 기반으로 부분적인 개방과 개혁을 도입한 중국이나 베트남식의 사회주의-시장경제 체제로 전환될 가능성이 높다.

그러나 김정일 이후 북한체제가 선군정치를 고수하면서 실리주의를 넘어 시장경제체제로의 전환이 가능할 것인지는 속단할 수 없다. 김정일 이후 북한에서 실리주의가 확대될 경우 간부들의 재량권 확대와 경쟁의 논리 도입은 기관별 개인별 실리주의와 충돌될 가능성이 매우 높기 때문이다. 2002년 이후 실리주의를 표방한 북한에서 공장, 기업소, 협동농장, 병원, 학교 등 대부분의 비군사적 기관에서 새로운 관리자, 지배인들의 성향은 자신이 맡고 있는 기관의 이익 제고를 우선시하고 있어 중앙 및 지방 행정기관의 분권화가 진행되고 간부들의 전문성이 중시되는 상황에서 개인 또는 기관본위주의의 행태가 나타났는데 김정일 없는 북한에서 이 같은 갈등이 해결될 수 있을지 아직은 미지수이다.

김정일 시대 선군정치하의 북한체제는 군대식 중앙집권적 집단주의 방식의 개발정책을 선호했지만 김정일 이후 일반 기관에서 기관중심의 집단주의 또는 개별 단위 차원의 실리주의를 모색함으로써 실적 위주의 정책구도가 확산될 경우 새로운 이념 갈등도 예상되고 있다. 어느 기관, 어느 단위에서도 김정일 위원장의 절대 권위에 역행하는 인식이나 행동 조짐은 드러나지 않았으나 김정일 이후 북한에서 개인 차원에서의 구조의 모순에 대한 인식 변화는 불가피할 것으로 보인다. 이러한 상황에서 선군정치를 주도했던 김정일의 신임을 받았던 군부 엘리트들이 급변하는 국제정세와 경제사회적 실리주의에 대한 인식과 대응이 향후 정책방향 및 선군정치 그 자체의 성패를 결정하게 될 것이다.

김정일 이후 북한의 대내적 정치체제의 변화와 함께 대외관계 부분에 있어서의 변화도 주목해야 한다. 김정일 이후의 북한에서도 핵문제의 평화적 해결 없이는 북한사회가 올바른 방향으로 변화할 수 없을 것이다. 북한은 핵문제를 생존권과 자주권의 차원에서 접근하고 있어 완전한 핵무기 폐기와 북미, 북일 관계정상화가 이루어지기까지는 숱한 난관이 예상되고 있다. 북한 핵문제는 한반도에서의 남북 군사적 대치 상황과도 연관이 있다. 북한이 느끼는 체제위협은 미국 부시 행정부가 북한을 테러지원국이며 불량국가이자 악의 축으로 규정하여 북한 정권의 교체나 근본적인 정책전환을 요구하는데서 비롯되기도 하지만 한반도에서의 남북 간, 한미연합군으로부터의 군사적 위협에도 어느 정도 기인한다고 볼 수 있다. 김정일 이후 북한 정권 담당자들이 남침이나 통일전선전략을 완전히 포기할지는 알 수 없지만 현실적으로 김정일 이후 북한은 북핵문제해결과 동시에 남한에서의 전작권 전환과 한미연합사의 해체를 체제 보존의 긍정적 요소로 받아들일 수 있을 것이다. 그런 측면에서 남북 군사당국 간 회담을 통해 군사적 신뢰구축의 초보적 단계를 넘어 보다 본격적인 군사적 긴장완화를 위한 노력도 가능할 것이다.

김정일은 끊임없이 군사와 이념에 의한 체제 정당성 제고에 노력하고 있다. 그럼에도 2002년 이후 실리 사회주의의 등장으로 북한 내부에서는 혁명적 이념성이 퇴조하고 있다. 특히 일반 사회는 물론 선군정치의 주체세력 내부에 대한 단속이 필요할 정도로 외부사조의 유입은 지속되고 그 파급 효과의 의미가 적지 않다. 탈북자의 증가 및 성격 변화도 북한체제에 의미 있는 영향을 주고 있으며 이에 따른 일반 인민들의 민심 이탈 조짐은 선군정치의 추동력을 약화시키면서 북한사회 내 전반적인 인식 변화를 초래할 가능성도 제기되고 있다. 탈북자들이 장기 체류하는 중국 동북지역의 급속한 발전상은 북한을 더욱 이질적인 사회로 인식케 하고 이 같은 탈북자들의 사회문화, 심리적 괴리감은 탈북자의 재북 가족과 친지를 통해 북한사회 내부로까지 파급되고 있다. 가족단위의 탈북 등 새로운 형태의 탈북자 문제의 발생은 인민들의 혁명성을 약화시키고 이들과 직간접적으로 연결된 체제 중심세력에게까지 영향을 주고 있다. 경제난의 지속과 기관 및 개인 차원에서의 경쟁을 유발시키는 실리 사회주의의 도입으로 부정과 부패가 수반될 것이고 이를 계기로 사회주의 대가족의 혁명적 동지애로 구축된 체제 구속원리를 밑으로부터 해체시킬 가능성이 커지고 있다. 김정일 이후 북한에서는 이러한 현상이 더욱 가속화될 것이고 김정일 없는 북한체제가 이를 효과적으로 관리할 수 있을지 의문이다.

지난 60년 동안 북한체제는 스탈린식 전체주의의 정치구조와 동양적 전제 군주제의 복합적 정치체제를 유지해 왔으나 김정일 이후 증대하는 외부와의 접촉을 통한 중상위권 엘리트들 내부의 각성은 향후 선군정치의 정치체제의 근본적 변화를 초래할 것이다. 사회주의 체제의 이념적 정통성과 효율성에 대한 회의와 비판으로 신심이반과 무기력증이 팽배하는 가운데 이를 극복하기 위한 수단으로서 김정일 선군정치가 등장하였으나 김정일 없는 선군정치가 과연 그 공백을 메울 수 있을지 모르겠다. 김일성을 신격화한 우상화 정책이나 김정일에 대한 칭호가 수백 가지로 추산되는 북한체제에서 수령 독재와 이를 뒷받침하는 선군정치의 전면 등장은 무너지는 북한 수령체제의 생명력을 지탱하는 마지막 보루였지만 김정일 이후 내부적으로 일탈을 통제할 수는 없을 것이다.

김정일 시대는 선군정치 10년을 통해 체제유지 및 발전을 도모하였으나 선군정치가 정상정치로 복귀하기보다는 김정일 특유의 정치행태로 고착되는 근본적 모순구조에 빠졌다. 김정일이라는 절대적 통치권자가 체제와 동일시되는 또는 동일체로 유지하기 위한 선군정치는 비록 김정일 생존 시 안정적인 권력 이양의 도구가 될 수 있겠지만 김정일 이후 밑으로부터 형성되어온 새로운 대안체제에 대한 인민과 엘리트들의 욕구를 감당할 수 없을 것이다.

김정일은 선군정치를 자신의 후계구도 등장을 안정적으로 구축하기 위한 수단으로 삼거나 군부집단지도체제를 등장시킬 구실로 삼고 있을지 모른다. 그러나 이러한 후계구도의 예비적 조치들이 정작 김정일 이후 새로운 권력투쟁의 빌미가 될 가능성이 높다. 특히 갈수록 대북 영향력을 증대시키고 있는 중국이 김정일 이후의 권력구조를 근본부터 재구축하고자 할 경우 북한 내부 정세는 정책 혼선뿐만 아니라 1958년 이후 중단된 종파투쟁이 재개되는 혼란 양상을 보이게 될 것이며 이러한 혼선과 혼란으로 북한에도 드디어 수령유일지배체제 하의 독재가 종식되고 사회주의 정치가 복귀하는 새로운 시대의 서막이 열리게 될 것이다.

김정은 세습정권과 권력구조 변화 전망

머리말

김정일의 사망 이후 북한은 빠르게 김정은 중심의 후계구도가 정착되고 있는 모습을 보여주고 있다. 김정일 사망을 공식 발표한 조선중앙통신의 '전체 당원들과 인민군장병들과 인민들에게 고함' 이라는 발표문에서 김정은을 계승자이자 영도자로 지목함으로써 권력 공백을 최소화하였다.[1] 장례식 직후 군 총사령관에 추대된 김정은은 김정일의 우상화를 강화하면서 그 후광으로 선군정치 식 유훈 통치를 이어가고 있다. 그러나 김정은 체제가 안착되었다고 판단하기에는 아직 시기상조인 것도 또한 사실이다. 갈등 징후가 드러나지는 않고 있으나 체제와 정책의 속성상 심각한 조율과 조정을 거쳐야하는 과도기의 특성을 감안할 때 현재의 북한 내부 정세는 유동적이라 보아야 할 것이다.

본 발표문에서는 김정일 사망이후 전개되는 김정은 체제의 구축과정과 유훈 통치기간 권력구조의 개편 방향에 대해 검토해 보고자 한다. 김정일 시대 선군정치 17년간 조성된 정치 질서와 구조 및 정책 간 모순적 구조를 통해 김정은 체제에서 발생할 수 있는 권력 집단 간 균열 가능성을 살펴보고 향후 노선투쟁으로 확산될 가능성 여부를 전망해 보고자 한다. 남한을 비롯한 주변국은 북한 김정은 체제의 조속한 안정을 바라고 한반도 주변정세의 현상유지를 선호하나 북한체제의 예측 불가능성에 대한 의구심과 향후 전개될 수 있는 급변사태 가능성에 대

1) 조선중앙통신의 보도 주체가 당 중앙위원회, 당중앙군사위원회, 국방위원회, 최고인민회의 상임위원회, 내각 등 5대 기관이었음은 이들이 김정은을 영도자로 결정했음을 선포한 것임.

해서도 각자 대비하거나 조율할 필요성을 갖고 있다. 따라서 향후 북한 정세 변화 여부에 따른 우리 주도의 한반도 평화와 안정을 효율적으로 관리할 수 있는 방안과 평화적 통일의 기반을 구축하기 위한 정책적 대안을 마련하는 데 토대를 제공하고자 한다.

김정은 세습체제 구축방향

북한은 2011년 12월 17일 지도자 김정일 국방위원장의 갑작스런 사망으로 새로운 시대를 맞게 되었다. 실제로 김정일 장례식이 끝난 직후 당 정치국의 결정 사항으로 김정은을 최고사령관에 추대함으로써 김정은 후계구도를 구축하기 위한 당-군-정의 권력기반조성 작업이 본격화되기 시작하였다. 아울러 노동신문을 비롯한 북한의 공식 매체들은 김정은을 영도자로 호칭하고 당중앙위원회 수반으로 격상 보도함으로써 실질적으로 당 총비서로서의 위상을 갖추어가고 있다.

김정은의 권력기반은 2010년 9월 3차 당 대표자회를 통해 구성된 당 중앙위원회, 당 중앙군사위원회가 주축이며 김정일 영결식장 시신운구차를 호위했던 7인이 핵심인물로 표면화되었다. 고모부인 장성택 당 행정부장을 중심으로 김기남 비서, 최태복 비서가 측근으로 보좌하고, 군 실세인 이영호 총참모장을 필두로 김영춘 인민무력부장, 김정각 군 총정치국 제1부국장, 우동측 국가안전보위부 제1부부장 등이 뒷받침하고 있다. 여기에 고모인 김경희와 최고인민회의 김영남 상임위원장, 최영림 내각총리 등이 가세하여 김정일의 유훈에 따라 유훈 통치를 실시하게 될 것이다. 더구나 김정일 시대 권력의 핵심 기반인 군부에서 당 중앙군사위원회 뿐만 아니라 당 비서국 군사부, 군 총정치국, 총참모부 보위사령부, 호위사령부 등 정권과 체제의 안전에 직결되는 기관의 책임 인사들을 김정은 중심으로 사전에 조직한 것으로 알려지고 있어 내부의 조직적 반발이나 쿠데타 가능성은 현 단계에서 높지 않은 것으로 판단된다.[2] 따라서 김위원장의 사망에도 불구하고 내부적으로 북한의 권력승계 작업은 순조롭게 진행되고 있는 것 같다.

이처럼 김정은의 공식적인 권력 이양이 사전에 준비된 계획대로 순조롭게 진행되는 한편, 2012년 상반기 북한은 김정일의 업적을 계승함으로써 체제 안정에 최우선 역점을 두면서 김정은 시대를 준비하게 될 것이다. 북한 당국은 김정일 영결식 날 발표된 노동신문정론을 통해 김정일의 3대 혁명유산을 '핵과 위성,' '새 세기 산업혁명,' 그리고 '민족의 정신력'으로 규정하였다.[3] 이는 김정일이 '인공지구위성'의 제작 및 발사국의 위상과 핵보유국의 존엄을 세웠으며 현대화와 지식경제시대를 연 새 세기 산업혁명을 이룩하였고, 강성국가로의 대진군을 이끌었던 민족의 정신력을 고양시킨 업적을 유산으로 남겼으며 결국 김정은은 이 같은 유훈을 통치의 기본 정책으로 설정하겠다는 의미로 해석된다. 따라서 김정은은 김정일의 선군정치를 계승하면서 북한식의 경제발전과 내부 결속을 도모하면서 당분간 6자회담의 재개 여부와 관계없이 핵무기를 포기할 의사가 없음을 분명히 한 것으로 보인다.

아울러 북한은 2012년 신년공동사설을 통해 '함남의 불길'을 집중적으로 강조하면서 김정일이 제시한 정책을 한 치도 변함없이 한 걸음도 양보 없이 무조건 끝까지 관철하고 절대로 변함이 없다는 것이 확고한 방침이라면서 김정일 유훈에 따른 기존 정책 노선을 유지할 뿐 본격적인 개혁개방은 수용할 준비가 되어 있지 않음을 명백히 하였다.[4] 나아가 남북 관계에 있어서도 6.15 공동선언과 10.4 선언의 이행을 강조할 뿐 이명박 정부에 대한 비난의 강도를 낮추지 않음으로써 당분간 경색

2) 백승주, "김정일 사망 이후 북한군부 관련 관심 사항," 세종연구소 주최 긴급 전문가회의 (Post 김정일 북한체제 전망과 우리의 대응) 토론문(2011.12.26).

3) 연합뉴스, 2011.12.28.

4) 통일부 "북한의 2012년 신년공동사설 관련 참고자료," (2012.1.1).

된 남북 관계를 해소할 의향이 없음을 내비치기도 하였다. 대외정책에 있어서도 수년 만에 처음으로 한반도 평화를 위해 주한미군의 철수를 주장한 반면 김정일의 중러 순방을 계기로 강화된 북중,북러 관계를 지속적으로 유지할 것임을 확인하였다. 이처럼 북한은 김정은 세습정권의 조기 정착과 주민 결속이 중요한 만큼 당분간 내부 단속에 집중하되 이명박 정부와의 관계 개선보다는 남한에서의 총선과 대선 정국에 개입함으로써 차기 정부 하에서 자신들에게 최대한 유리한 환경을 조성하는데 역량을 결집하는 등 공세적으로 나올 것으로 보인다.[5)]

김정은 체제의 구조적 모순

김정일 사망 후 북한의 대내외적 상황 변화를 살펴볼 때 김정은 체제는 대부분의 북한 전문가들의 견해처럼 단기적으로는 안정을 유지할 수 있을 것으로 판단된다.[6)] 김정은은 2011년 말 군 총사령관으로 추대되었지만 이미 3차 당 대표자회에서 신설된 당중앙군사위원회 부위원장 직책을 맡았기 때문에 김정일 사후 당중앙군사위원회를 통해 북한군이나 당을 통솔할 수 있는 기반을 갖추고 있다. 더욱이 당중앙군사위원회에 있는 17명의 위원들이 김정은 시대를 이끌어갈 핵심 측근들이기 때문에 체제가 안정적으로 유지될 수 있는 구조적, 인적 기반을 갖추고 있다.

북한체제의 안정성을 뒷받침할 수 있는 또 다른 근거는 북한의 견고한 족벌체제에서 찾을 수 있다. 전근대적 3대 세습에 의한 권력 이양은

5) 정성장, "2012년 북한 신년공동사설과 정책 기조의 변화: 인민생활향상보다 김정은 체제 공고화에 초점," 〈세종논평〉 No.241(2012.1.2).

6) "긴급좌담: 김정일 사망, 북한은 어디로?" Korea Policy Vol.9 (2011.12); "전문가 좌담: 포스트 김정일시대, 북한의 운명은?" NKVision, 통권31호(2012.1); "김정은 시대 정치와 경제 토론회" 「경향신문」(2012.1.4).

후견그룹을 포함하여 핵심 간부들이 친인척관계에 의해 얽혀있고 이러한 특권계층이 대를 이어 유지 강화되어왔기에 그 정당성과 안정성이 보장되는 것이다. 김일성의 경우 항일빨치산 동료를 중심으로 핵심 간부층을 구성하고, 혁명이란 미명하에 혁명유자녀 층을 여타 집단에 비해 절대적인 충성과 효성으로 무장시켜 포섭해 종파투쟁 등을 거치면서 유일지배체제를 확립하였다. 김정일의 경우 김일성에 이은 1.5세대, 2세대를 내세워 혈족과 족벌체제를 강화하면서 선군정치에 따른 군부엘리트들을 체제의 핵심 세력으로 확대 보강하였다. 수도인 평양에 거주하는 세대와 일반 주민을 차별화하고 이를 통해 절대 권력의 수비대를 형성하였다. 수차례에 걸친 성분조사를 통해 간부들에 대한 특혜와 일반 주민들과의 차별성을 부각시켜 대를 이은 충성도를 확보하였다. 따라서 김정은은 김일성, 김정일 시대에 구축된 혈연과 직위에 따른 성분사회를 유산으로 물려받으면서 권력층의 자녀들을 각계각층의 요직에 포진시키는 등 소위 차세대, 혁명 4세대를 적극 등용함으로써 이 같은 계급적 토대를 정권 안정과 정당성의 근간으로 활용하려고 할 것이다.[7)]

그러나 김정은이 후계자로 등장한 2012년 북한 사회는 1945년이나, 1955년, 또는 1994년과 같이 북한의 폐쇄적 사회가 완전하게 보호될 수 있는 시기는 아니다. 수천, 수만의 핵심 간부들과 그 가족들이 북한의 수령 절대권력 체제를 통해 그들의 특권과 정체성을 유지하고자하나 이미 사회 저변에 확산되기 시작한 변화의 물결을 거스를 수는 없을 것이다. 국내 통신만 가능한 휴대폰 사용자가 100만을 넘을 경우 이들이 모두 '대가족'의 일원으로 운명공동체를 받아들일 것으로 기대하기는 점차 어려워지고 있다. 시장을 통해 형성된 유통망과 중국과의 접경지역을 중심으로 이루어지는 외부와의 소통이 평양 중심의 폐쇄사회를

---

7) 「연합뉴스」 2012.1.13.

온전히 보장하지 않을 것이다. 현재 평양을 중심으로 외부에 전해지는 세습 체제의 안정성은 유훈 통치기간에 전임 통치자인 김일성과 김정일의 권위에 의지한 과도기적 상황을 반영한 잠정적인 안정이다, 1월 12일 당 중앙위 결정으로 김정일 생일을 광명성절로 격상하고 동상을 설치할 것 등 사후 우상화를 서두르는 것도 이와 무관치 않다. 실제로 본격적인 김정은 체제가 출범하게 되면 구세력의 도태나 반발세력에 대한 숙청이 이루어지고 그 안에서 정책과 관련한 노선갈등도 예상이 된다. 영도자로 추대된 김정은이 그 같은 권력 갈등을 적절히 조율하지 못했을 때 권력 상층부내 구조적 균열이 발생할 수 있다. 따라서 구체적 정책의 추진 결과에 따라서 나타날 수 있는 문제점과 위기 상황 등을 감안할 때 중장기적으로 김정은 체제의 안정이 지속될 수 있을지는 여전히 불투명하다.

김정은 체제에서는 상층부 권력투쟁 가능성 이외에 주민과 엘리트간의 격차, 시장 세력과 반시장 세력, 중앙과 지방, 있는 자와 없는 자 사이의 간극 폭이 점점 커질 가능성이 있다.[8)] 김정일 시대의 선군체제를 둘러싼 당군 관계, 김일성시대부터 거슬러 올라가 주체와 개방 등을 놓고 권력 엘리트내부 및 주민과 엘리트 간 갈등이 증폭될 시점이 올 것이고 이로 인한 구조적 균열 현상은 이미 부분적으로 드러나고 있다. 김정일은 당과 군 간의 갈등을 절대적 카리스마로 해결하였다. 오히려 혼자 모든 부문을 관장하면서 권력기구 및 그 집행자들 간 상호 견제, 경쟁을 통해 도전을 용납하지 않고 정점에서 균형을 이루어왔다.

그러나 일정 시점이 경과한 후 김정은이 "폭압과 회유"를 통해서도 그 같은 역할을 하지 못할 경우, 기관, 부서들 간에 갈등이 폭발할 수밖에 없다. 반면, 김정일 사망 이후 권력 엘리트들이 합의된 목표와 이해

---

8) 박형중, "북한 권력구조와 정책방향 전망," 통일연구원 주최 국제학술회의 『김정일 사후 북한정세 전망과 국제협력』(2012.1.18).

관계 속에서 과도기를 안정적으로 극복하려는 것 이상의 권력 갈등과 이합집산이 이미 시작되었을 수도 있다. 김정일 상중에 발표된 유훈 업적을 기정사실화해서 유훈 통치의 기본전제로 설정하려하는 의도가 자체가 작위적이다.[9] 김정일이 과연 10.8 유훈을 남겼는지 여부와 관계없이 과거 공산권 국가들의 경우처럼 현재 북한의 권력 엘리트들이 유훈을 창작 또는 개작해 자신들의 입지를 강화하는데 활용할 가능성이 크다. 김정일은 생전에 핵무기를 개발하면서도 한반도 비핵화가 자기 아버지 김일성의 유훈이라고 변명했었는데, 핵보유국의 존엄이 김정일의 최대 업적으로 규정한 것은 단순히 핵보유 의지만의 문제가 아닌 정책기조를 선점하려는 전략과 함께 이를 둘러싼 권력투쟁의 전초전적 성격이 짙다. 김정은의 입장에선 아버지 김정일의 업적을 보존 숭상할 것인지 조부인 김일성의 유훈을 받들어야 하는지를 놓고 갈등이 생길 수밖에 없을 것이다. 김정일 식으로 가야한다는 것이 김정일 시대의 권력 엘리트들의 생각이라면 김일성 식으로 복귀해야한다는 측은 김일성을 미래의 모델로 삼아서 기존의 선군정치 식의 권력구도를 변경시키려는 김정은 시대의 새로운 권력 엘리트층일 가능성이 있다. 따라서 권력세습기의 과도기적 안정은 그리 오래가지 못할 것이며 김정일이 시행했던 것처럼 만 3년의 유훈 통치는 불가능할 것으로 보인다. 주변국의 리더십이 교체되는 2012년 김정은도 나름의 정책 기조와 통치 방향을 설정해야 할 것이고 그 과정에서 상층부 내부는 물론 상층부와 하층부간의 갈등이 표면화되면서 장기적으로 볼 때 정세가 불안정하게 전개될 수도 있을 것으로 전망된다.[10]

향후 노선 갈등에 따른 변화 가능성

9) 「연합뉴스」(2012.1.18).

10) 빅터 차, "중국의 북한걱정," 「중앙일보」(2012.1.25).

김정은 체제는 대외관계, 특히 중국과의 관계와 밀접히 연관되어 운용될 수밖에 없다. 그러나 중국과의 교류협력이 심화되면서 채택될 가능성이 높은 북한식 경제발전모델을 추진하는 과정에서 북한사회의 모순이 극대화될 수 있다. 김정일 영결식 때 시신을 운구하던 김정은의 7인 측근들 중에 당을 대표해 장성택, 김기남, 최태복 3인이 급부상하였는데, 장성택과 최태복은 중국 쪽 라인으로 분류할 수 있다. 국제담당비서인 최태복은 최고인민회의 의장도 겸하면서 김정일 생전에 중국을 방문하여 북한 실정을 설명한 바 있는데 향후 김정은 시대에 본격적인 경제 지원을 받기 위해 최태복이 그 중심 역할을 할 가능성이 크다. 김정일의 깊은 신임 속에 오랜 기간 동안 외교부에서 대미핵외교를 주도했던 강석주 부총리는 당중앙위원회 정치국 위원인데 김정은 시대에는 외교부 라인이 최태복이나 장성택 쪽으로 이전된다면 대중외교를 둘러싸고 당과 내각간의 주도권 다툼도 예상된다. 단순히 외교권뿐만 아니라 대중교역과 투자 주체를 놓고 이권관계 등 경제적 문제가 제기될 것이다. 현재 북한의 대중 의존도가 심화되고 있는 상황에서 내부 자원을 몽땅 중국에 수출하여 외화벌이에 나설 경우 북한 경제의 왜곡과 주체경제의 파탄은 불가피하다. 그동안 강성대국 건설을 선전하기위해 평양시 건설 등에 자금과 물자를 집중 투자했는데 막상 금년 4.15를 지나면 재정적 위기에 봉착할 수도 있다. 계절적 요인과 겹쳐 석탄수출을 제한하고, 시장에서 외환사용을 중단시키는 등 정책 변화가 성과를 거두지 못할 경우 또 다른 혼란이 초래될 수 있다. 외환사용금지조치를 놓고 제2의 화폐개혁논의가 나오는 상황에서 북한 돈 가치는 걷잡을 수 없이 하락할 수도 있다. 2009년 11월 화폐개혁 실패 후 2년 만에 또다시 위기가 올 경우 중국과의 교역, 유통, 투자를 통해서 형성된 이익집단들 간에 불만과 갈등이 조기에 발생할 가능성이 높다.

북한에서 큰 규모의 외화벌이는 주로 군부의 권한 하에 운영되고 있다. 광물 채굴권 등 각종 외화벌이용 이권사업 중 대략 8할 정도가 군부

관할이고 나머지는 당에서 관리한다는 추정을 토대로 만약 시장의 전면적 개편이 이루어질 경우 단순한 이권다툼에서 이념투쟁으로까지 문제가 비화될 수 있다. 오극렬 국방위원회 부위원장 중심으로 형성된 군부의 외화벌이사업단이 김정은 체제에서 새롭게 형성되는 군부 내 권력구조의 균열과 상승 작용을 할 경우 이권다툼을 넘어 북한 경제 자체를 마비시킬 수도 있다. 이 과정에서 국방위원회 중심의 선군정치체제가 당 중앙군사위중심으로 당국가체제가 재구축될 경우 기반 자체가 변화할 수도 있다. 아울러 김정은이 CNC, 새 세기 산업혁명을 업적으로 내세우며 주도하고 있지만 성패는 불분명하다. 김정은의 시도는 절대 권력자 김정일이 강력하게 뒷받침해줄 때 가능한 일이었다는 점에서 이 역시 불확실하다. 막대한 외화를 사용해서 성과를 포장 선전할 수는 있겠지만 그 자체가 생산성을 높이고 북한경제를 발전시킬 수 있는 핵심 동력이 되기에는 너무도 미흡하다. 따라서 김정은 시대에도 경제운용을 외국으로부터의 원조나 지원을 받는 방식을 탈피하지 못할 경우 북한 경제는 심각한 침체기에 들어갈 수밖에 없을 것이다.

정책의 성패는 결국 정책의 방향과 내용 못지않게 정책 추진 시 드러나게 되는 엘리트 내부의 균열과 이익 상충에 따른 갈등이 표면화되는 구조적 요인을 수반하게 된다. 체제와 정책간의 기본 모순, 당국가체제와 시장세력 간의 갈등 등 종합적으로 연관된 위기 속에서 김정은 체제 출범 1주년이 되는 2012년 말 경 상징적인 존재만이 아니라면 지도자 김정은의 조정 역량이 본격적인 시험대에 놓이게 될 것이다.

김정은 체제가 안착될 때까지는 내부결속이 중요하기 때문에 남한을 비롯한 대외관계에 있어 근본적인 정책변화를 시도하기 보다는 기존의 김정일 시대의 정책방향을 유지할 것이다. 유훈 통치라는 입장에서 김정일 체제에 대해 적대적이었던 남한의 이명박 정부와는 대립적 관계를 유지할 가능성이 농후하며, 남한의 총선, 대선 등 가파른 선거정국을 관망하면서 차기 정부와의 관계설정에 더 많은 비중을 둘 것이다. 따라서 2012년 김정은 체제의 출범에 따라 남북 관계가 획기적으로 진전될 것을 기대하기는 어렵다. 이명박 대통령의 국정연설과 통일부의 업무보고를 비난하며 이명박 정부는 더 이상의 기회가 없다고 단언한 것도 같은 맥락에서이다.

결국 김정은 체제의 안착 여부는 선군정치로 대변되는 김정일 1인 독재체제와 수령유일체제로 대변되는 김일성 식 집단주의의 상충되는 모순을 어떻게 극복할 것인지에 달려있다. 양 체제의 장점만을 채택할 수 있을 것인지, 단점만 드러날 것인지가 관건이다. 대내외 환경과 인식이 급변하는 시대에, 시대의 흐름을 역행하고 과거로 회귀함으로써 체제 안정이 성공할 수 없다는 점에서 부정적일 가능성이 높다.

과도기 북한에 대해 주변국가, 특히 중국 등 주변국 모두가 한반도 안정과 평화를 촉구하고 있기 때문에 당분간은 군사적 도발보다는 6자회담 재개와 남북 관계 개선을 위한 평화공세를 펼치면서 경제적 실익을 추구할 가능성을 배제할 수는 없다.[11] 그러나 6자회담과 남북 관계를 연계해 볼 때 6자회담 재개가 불투명하고 남북 관계 역시 현재와 같은 경색국면을 지속되거나 아니면 한반도에 새로운 긴장이 조성된다면 김정은 체제의 미래는 밝지 못하다. 반면, 김정은 입장에서 6자회담이 결렬되고 남북 관계가 긴장 상태로 복귀하는 것이 체제 결속에 유리하다고 판단할 경우에도 결국 중장기적으로 상황은 김정은에게 불리하게 전개될 것이다. 설혹 6자회담이 재개되더라도 김정일의 최대 업적인 핵보유국가가 인정되지 않는 한 북한의 국제사회로의 복귀는 지체될 것이며 리더십 교체기에 있는 미국 등 주요 국가들의 선택은 제한될 수밖에 없을 것이다. 이 같은 예상 시나리오를 감안할 때 김정일이 모든 것을 결정하던 시대와는 달리 상충하는 이해관계와 모순된 권력 구조가

11) 김연수, "남북 관계 전망과 우리의 대북정책 방향," 통일연구원 주최 국제학술회의 (2012.1.18) 발표 논문.

최고 지도자 김정은의 리더십에 의해 효율적으로 조율, 정비되지 않는 한 김정은 체제의 불안정성은 증폭될 것이며 이에 대한 철저한 분석과 대비가 더욱 절실한 시점이다.

* 이 글은 「외교」100호(2012.1)에 게재한 "북한 정세 변화와 향후 남북 관계 추진 방향", 논문 중 일부를 발췌·보완하여 작성하였음.

탈북민 의식을 통해 본 북한 정치사회화의 특징

서론

2차 세계대전이 종식되고 해방되었으나 남북으로 분단된 한반도는 지난 70년 동안 상이한 체제하에서 서로 다른 삶의 방식을 유지해 왔다. 그러나 우리는 그동안 분단을 극복하고 민족의 동질성을 회복하여 통일 국가를 수립하고자 노력해왔으며, 6.25 전쟁의 아픈 상처에도 불구하고 1972년 7.4 공동성명을 필두로 남북한 기본합의서와 2차례의 남북 정상회담 합의문 등을 통해 한반도에서의 평화공존과 남북한 교류협력의 기본 정신을 발전시켜왔다.

우리는 유엔에 의해 한반도 유일의 합법 정부로 인정받은 이후 자유민주주의를 근간으로 남북한 통일을 지향해 왔으며, 그러한 통일 구상과 청사진을 담은 통일방안을 지속적으로 보완·발전시켜왔다. 특히 동서냉전이 해체되고 남북 관계가 본격적으로 개선되기 시작한 1989년 한민족공동체통일방안을 제정하여 우리의 평화적이고 단계적인 통일방식을 체계화하였다.

한민족공동체통일방안은 한반도의 분단 현실과 민족 구성원의 실질적인 단절과 이질화를 감안하여 문제점들을 공동체를 통해 극복하고 수렴함으로써 통일 국가를 완성해간다는 점진적이고 기능주의적 방식의 통일 방안이다. 1989년 11월 베를린장벽이 붕괴되고 동독이 서독연방에 편입됨으로써 전격적인 독일통일이 완수되었다. 이로 인해 우리의 통일 방안도 흡수통일을 지향하는 게 아닌가하는 안팎의 의구심도 있었으나, 지난 25년 동안 우리의 공식 통일방안은 남북이 화해·협력 단계를 거쳐 분야별 공동체를 구성하고 궁극적으로는 남북한의 합의에 따라 통일헌법을 제정하여 통일 국가를 구성하는 단계별·점진적 통일임을 변함없이 견지하고 있다.

그러나 이 같은 통일에 대한 구상과 방안, 지난 25년간 크고 작은 남북 간의 합의와 교류·협력이 진행되었지만 분단을 극복하고 통일 국가를 건설할 수 있을 것이란 우리의 희망과 기대는 좀처럼 진전을 보이지 못하고 있다. 더구나 통일에 대한 우리 국민들의 인식과 기대는 세대별, 이념별 편차가 존재하지만 대체적으로 비관적이거나 소극적인 태도 지배적이어서 이를 타개하기 위한 방법을 적극 모색하여야 할 시점에 온 것으로 보인다.[1)]

한국정치학회의 여론조사 결과를 비롯한 대부분의 여론조사 결과에서도 우리 국민들이 예상하는 통일 시기는 향후 20년 이상, 경우에 따라서는 불가능하다는 의견이 과반수를 넘고 있다. 이는 10년 전이나 25년 전에 비해 통일에 대한 기대와 희망, 가능성 측면에서 모두 후퇴한 모습으로 이를 적극적으로 타개하지 않으면 통일 준비나 통일 기반 조성에 있어 매우 부정적으로 작용할 것으로 보인다. 지난 25년 동안의 시기별 국민여론조사 결과를 분석해 보아도 시간이 경과함에 따라 더욱더 많은 국민들의 통일에 대한 기대감이 약화되고 있음을 알 수 있다. 특히 통일에 관해서는 젊은 층의 경우 상당수 부정적이거나 무관심해 세대별 격차가 뚜렷해지고 있다.

이처럼 통일에 대한 관심과 기대가 저하되고 있음을 감안할 때, 통일 25주년이 되는 독일통일의 경험과 교훈을 한반도 및 동아시아의 역사적·지리적 경험과 이해관계에 맞게 맞춤형으로 개선·보완한 통일시나리오나 통일준비계획으로 발전시켜 나가야 할 필요가 있다. 이는 북한이나 주변 정세의 단기적 변화에 대응하는 차원에서 벗어나 5년이나 10년, 아니면 20년 후에 발생할 수 있는 통일의 상황을 상정하여 수립되

1) 한국정치학회 · 보훈처 · 조선일보, "'광복 70주년' 국민여론조사"(발표일: 2015. 6. 14).

어야 할 것이다. 또한 한반도에서 평화적인 남북통일이 실현되기 위해서는 향후 통일한국의 통합대전략이 효과적으로 수립되어야 하고 이를 위한 법과 제도가 각 분야별로 특성을 살려 체계적이고 종합적으로 정비될 필요가 있다. 이처럼 분명하고 미래에 대한 확신적 비전과 청사진을 분명하게 제시하여 통일에 대해 관심과 적극적인 기대감을 제고시키고, 아울러 각종 여론조사 결과에서 드러난 것처럼 통일에 대한 근거없는 비관론이나 우려를 불식시켜 나갈 필요가 있다.

반면, 지난 70년 동안 분단이 지속되고 있는 이유에 대해 우리 국민들은 주변국들 때문이라는 인식과 북한 핵문제처럼 북한의 책임, 그리고 우리 내부의 남남갈등이나 통일비용처럼 통일 또는 통합 그 자체가 가져올 부담과 어려움을 이유로 들고 있다. 따라서 독일처럼 통일이 전격적으로 이루어지지 않을 경우, 또는 통일에 대한 체계적인 준비가 이루어지지 않을 경우, 많은 혼란과 시행착오를 반복할 위험성 그리고 이를 바탕으로 새로운 내부 갈등이 증폭될 가능성이 상존한다고 할 수 있다.

우리 대북정책의 궁극적 목적은 평화적 통일이지만 우리 사회 내부에서 통일에 대한 우려와 무관심이 증대되고 있음을 감안하여, 현재와 같은 통일 피로감, 통일 저항감, 무력증 등을 극복하고 위기를 기회로 전환시킬 수 있는 비전과 구체적인 실천과제들이 제시되어야 할 것이다. 동시에 우리가 주도하는 통일의 당위성과 정당성이 국제사회로부터 지지와 협조를 받아야하고 특히 세력전이가 활발히 진행되고 있는 동아시아 주변국들로 하여금 우리 주도의 한반도 통일이 그들의 국가이익에도 부합됨을 인정할 수 있도록 하여야 할 것이다. 이 과정에서 북한 주민들과 엘리트들의 대남한 선호의식이 제고되고 궁극적으로는 북한체제의 평화적 전환을 통해 통일한국을 건설할 수 있는 전략적인 토대가 마련되어야 할 것이다.

한반도 통일이 독일과 같이 급격한 체제통합으로 통일을 이루든 민족공동체통일방안에서 제시하고 있듯이 점진적·단계적으로 이루든 결국은 통일 이후 양 체제, 양 지역에 살던 주민들의 통합이 최종적으로 통일의 성패를 좌우할 것이다. 화해·협력단계나 국가연합 단계가 경제·사회적 분야를 중심으로 비교적 인위적이고 타율적으로 통제 가능하여 남북이 통일국가의 형성 단계에 진입하게 될 경우, 그 결과는 양측 주민들 간의 정치적 소통과 융합의 결과에 좌우될 것이다.

따라서 본 논문에서는 통일의 핵심이자 최종 단계인 국민통합, 즉 정치통합이 통일한국 형성을 위한 그 완성단계이자 최대 현안임을 인식하고 남북한 정치통합을 위한 북한 정치체제의 변화 가능성과 이를 실질적으로 뒷받침할 수 있는 북한 주민들의 정치의식화, 정치사회화과정을 객관적인 자료를 통해 분석해 보고자 한다. 이러한 북한 주민들의 정치사회화과정을 통해 남북통합과정 및 통일 이후, 당·국가 체제에 기반을 둔 북한정치체제를 남한의 자유민주주의 체제와 통합하기 위한 환경을 조성하고 북한주민들의 민주적 의식과 역량을 제고하기 위한 방안을 도출하는 데 기여할 수 있을 것이다.

북한의 정치사회화과정과 한계

현재 우리 학계에서 전반적으로 북한연구가 활발하게 전개된 것과는 대조적으로 북한의 정치문화를 중심으로 한 정치사회화 관련 연구는 그다지 많지 않다. 북한의 정치문화에 대한 기존 연구는 북한의 정치체제와 정치문화와의 상관관계, 주체사상의 영향을 받은 북한정치문화의 특성에 대한 연구가 주류를 형성하고 있다. 또 다른 연구경향은 북한의 개방과 정치문화와의 관계 및 통일을 대비한 북한정치문화의 변화가능성에 대한 연구가 이루어지고 있다. 향후 본격적인 남북교류 및 통일에 대비한 남북한 정치체제 비교 연구에서 중심 주제인 정치체제, 정치 리더십, 정치통합과정, 정치문화 및 정치사회화 등의 분야에 대한 심층적인 연구가 필요한 실정이다. 그리고 대부분의 연구가 분석틀에 입각해 분석하기보다는 평면적이고 유형론적인 서술에 그치고 있는 바, 이 또한 정치체제 및 일상 정치 현상을 입체적으로 연구할 수 있는 분석틀과 이를 실제 적용하는 선행 연구의 필요성이 제기된다.

따라서 본 연구에서는 이러한 분석틀의 개발과 북한의 정치문화 및 정치사회화과정에 대한 연구의 일환으로서 선행 연구를 바탕으로 국내에 정착한 탈북민들에 대한 실증적 조사와 문헌적 탐구를 통해 북한 정치사회화과정의 특징을 분석하고 향후 남북통합에 대비한 과제들을 제시해 보고자 한다. 북한 정치사회화과정에 관한 연구는 북한의 공산주의적 인간개조를 중심으로 정치사회화의 원칙과 내용을 중심으로 다루고자 한다. 이 같은 북한 정치사회화 연구는 향후 남북한의 상이한 정치사회화로 인해 실질적인 남북 관계 개선과 통일 시대에 직면하게 될 물리적·정신적 장벽을 극복할 수 있는 정책개발의 토대를 제공하게 될 것이다.

박복현은 그의 2003년 조선대 정치외교학과 박사학위 논문인 "북한 정치사회화의 과정과 한계에 관한 연구"에서 북한 정치사회화 변천의 시대 구분에 관한 김영식[2], 박용헌[3], 양성철[4], 김동규[5], 배찬복[6] 등

2) ① 공산주의 도입기(1945.8~1950.6)
② 전후 복구 및 건설기(1950.6~1959)
③ 생산기술교육 및 혁명전통 교양 확립기(1960~1966)
④ 유일사상 확립기(1967~현재)
김영식, "북한의 교육제도와 그 운영," 『북한교육론』 (서울: 북한연구소, 1977), pp.133-139.

3) ① 공산주의 도입기(1945.8.15.~1950.6.25)
② 공산주의 모방기(1950.6.25.~1958)
③ 혁명전통교양확립기(1959~1967)
④ 유일사상체제 확립기(1968~현재)
박용헌, "북한의 정치교화교육," 『북한교육론』 (서울: 북한연구소, 1977), pp.297-298.

4) ① 국가형성기(1945~1950)
② 공산주의 교육기(1950년대 초~1950년대 말)
③ 혁명전통교육기(1960년대 초~1960년대 말)

과 북한연구소, 김형찬, 최영표 등 여러 학자들의 견해들을 소개하고 있다. 박 박사는 이들의 주장들을 종합할 때, 북한의 정치사회화 과정은 북한 내외정세의 변동과 그들의 통치이데올로기 수정에 따라 교육제도를 포함한 구조상 변화가 있기는 하였으나 정치사회화의 내용이나 이를 통해 형성된 북한 인민들의 정치사회화 수준은 기존의 틀을 벗어나지 못하고 있음을 강조하였다.

김일성에 이어 김정일이 본격적인 선군정치를 실시할 때까지도 북한의 정치사회화는 앞서 박 박사가 종합한 바와 같이 공산주의나 주체사상 등 사상 교육을 중심으로 변화를 허용하지 않으면서 기존의 수령제 가치와 행태를 유지·강화하는데 중점을 두고 진행되었다. 김정일의 갑작스런 사망과 후계자로 젊은 지도자 김정은이 등장하면서 북한사회 내부로부터 새로운 변화가 일어날 수도 있다는 기대가 북한체제 밖에서 공공연히 나돌았던 것이 사실이다. 그러나 실제 김정은은 정치 기반이 취약한 상태에서 자신의 권력을 공고화하고 북한 수령제를 유지하기 위해서 기존의 가치나 정치사회화 과정을 반복하거나 오히려 각종 통제 기재를 동원하여 강화하는 측면이 두드러지게 나타나고 있다.

김창희는 김정은 정권에서도 북한의 정치사회화 방법 중 가장 중요

---

④ 유일사상교육기(1960년대 말~1970년대 말)
⑤ 후계문제 구축기(1980년대~현재)
양성철, "남북한 교육이념 비교분석," 『평화연구』, 제6권 제2호(서울: 경희대학교 평화연구소, 1987), pp.64-70.

5) ① 공산주의 사상 도입기(1945~1950)
② 전후 복구 및 공산주의 정립기(1950~1960)
③ 생산기술교육 및 혁명전통교양 확립기(1960~1966)
④ 유일사상 확립기(1966~1980)
⑤ 인간개조교육 운동기(1980~현재)
김동규, 『사회주의 교육학』(서울: 주류, 1988), pp.387-392.

6) ① 공산주의 계급교양교육 강화기(1945.8~1958)
② 혁명전통교양확립기(1959~1972)
③ 주체사상확립기(1972.12~1980)
④ 세습체제확립기(1980.10~1980)
배찬복, 『남북한의 정치사회화』(서울: 법문사, 1989), pp.137-224.

한 것이 사상교양사업이며 후계자 김정은이 등장한 이후 북한체제가 인민들의 동의를 얻고 지지를 구하는 방법으로 동원과 학습을 강화하고 있다고 주장하였다.[7] 조선중앙통신, 로동신문, 조선중앙TV 등 모든 대중매체들이 동원되어 김정일과 김정은의 위대성을 합창하고 있다. 물론 김창희 자신의 주장대로 이러한 현상들은 헤게모니이론에서 말하는 당국이 보도기관을 총괄하고 감시하는 검열 때문이기도 하다. 즉, 의도적이고 일방적인 정치사회화에도 불구하고 모든 인민들이 이것을 완전하게 받아들일 것이라고 생각하지는 않기 때문에, 사회통제기제를 사용하여 순응하도록 하고 있으며, 당, 국가 공안기구, 인민반 등의 통제기제를 최대한 작동시켜 동원적·복종적 지지를 끌어내는 등 결국 변화보다는 현상유지 또는 체제 강화라는 측면을 부각시키고 있다고 설명한다.

북한은 앞으로도 김정은 체제 구축 과정에서 계속적으로 지도자의 업적을 내세우며 사상교양과 상징·선전 그리고 통제를 통하여 그들의 의도를 관철시키려 할 것이다. 여기에서 기존의 북한식 정치사회화의 지속성에 한계가 발생할 수 있음을 배제할 수는 없다. 북한 당국은 김정일 애국주의자가 되어야 한다고 교양하면서 자발적 헌신을 유도하고 있지만, 앞서 김창희의 논문에서도 지적했듯이 실제적으로는 강제적 동원을 하고 있는 실정이다. 따라서 변화되는 환경에 적응하기 위해서 진정으로 필요한 것은 강압적 방식 보다는 인민생활 향상을 위한 실질적인 성과를 도출하고 인민들의 불만을 달랠 수 있는 구체적인 정책과 비전을 제시하는 것이다.

억압적인 통제는 오히려 그들이 의도하지 않는 방향으로 인민들의 의식이 변화될 수 있다. 이 결과에 대하여 이우영은 이것이 곧 바로 체

7) 김창희, "김정은 체제 구축을 위한 북한의 정치사회화에 관한 연구," 『한국동북아논총』, 제67호(서울: 한국동북아학회, 2013).

제전환으로 이어지지는 않는다 하더라도, 체제전환을 요구하는 구조적 압력의 정도를 조금씩 높이는 결과를 가져올 수 있다고 주장한다.[8] 이는 통제에 의한 정치사회화과정이 인민들의 지지를 끌어내는데 실패할 수도 있고 오히려 역으로도 작용할 수 있다는 것을 의미한다.

이러한 북한 정치사회화과정의 한계와 문제점을 놓고 볼 때, 김정은이나 북한 당국은 인민들에 대한 자율성 부여가 체제의 안정화를 가져올 것이라는 믿음을 갖고 있지 않다. 오히려 통제기제 등을 사용하는데 익숙해져 있을 뿐만 아니라, 선호하고 있는 모습을 보여주고 있다. 그러므로 김정은은 앞으로도 계속해서 동원적 지지와 통제를 통하여 자신의 위상을 확립하고 체제의 안정화를 유지하려 할 것이다. 하지만 이와 같은 행동이 지속된다면 변화하는 북한 인민들의 밑바닥 민심, 즉 새로운 정치사회화과정을 통해 형성된 민심의 흐름과 정권의 통제 기재의 충돌이 불가피해 질 것으로 보이며, 이는 궁극적으로 김정은 체제의 구조적 한계로 작용할 수밖에 없을 것이다.

탈북민의 정치사회화 인식 변화

북한 당국이나 북한체제의 적극적인 통제와 사상교육의 강화에도 불구하고 북한 인민들의 사고방식과 생활 행태는 과거와는 분명 차별화되어 나타나고 있다. 2014년 고려대학교 공공정책연구소 SSK 연구팀의 탈북민 대상 설문조사데이터 중에서 북한 인민들의 정치사회화에 관한 답변들을 분석하면 이 같은 변화가 입증되고 있다.[9] 본 연구팀은 북한을 탈출하여 현재 국내에 거주하는 탈북민들을 대상으로 조사의

---

8) 이우영, “김정은 체제 북한 사회의 과제와 변화 전망,” 『통일정책연구』, 제21권 제1호(서울: 통일연구원, 2012), p.88.

9) 고려대학교 공공정책연구소 SSK연구팀, “북한이탈주민 대상 설문조사”(조사일: 2014)

취지와 비밀보장 등을 설명한 후 조사에 동의한 경우 설문조사를 실시하였고 최종적으로 405명의 자료를 분석에 사용하였다. 조사 시기는 2015년 4월이었고, 조사대상자의 인구사회학적 특성은 〈표 1〉과 같다. 전체 조사대상자의 67.4%는 여성이었고 남성이 32.6%이었다. 연령을 살펴보면 20~30대가 절반 이상인 52.1%이었고, 40~50대가 39%, 그리고 60대 이상이 8.9%로 나타났다. 북한에서의 학력을 보면 대부분 중학교(고등중학교)와 고등전문학교를 졸업한 것으로 나타나 전체의 83.7%를 차지하였다.

〈표 1〉 조사대상자의 인구사회학적 특성

변 수		빈도(명)	백분율(%)
성별	남성	132	32.6
	여성	273	67.4
연령	20-39세	211	52.1
	40-59세	158	39.0
	60세 이상	36	8.9
북한학력	무학	11	2.7
	소학교(인민학교)	16	4.0
	중학교(고등중학교)	177	43.7
	고등전문학교	151	37.3
	대학교 이상	50	12.3

인민에 대한 북한 정치사회화의 영향력이 시대의 흐름에 따라 어떻게 달라지고 있는지를 측정하기 위하여, 고난의 행군 이후 북한에서 나타난 특정 사회현상을 조사대상자들이 북한에 있을 때 어떻게 바라보았는지를 답하도록 문항을 구성하였다. 모두 5가지의 구체적인 사회현상에 대해 질문하였고 분석 결과는 〈표 2〉~〈표 6〉과 같다.

분석 결과, 북한사회에서 아래로부터의 의미 있는 변화의 흐름은 지속적이고 포괄적으로 나타나고 있다. 탈북민들은 그들이 북한체제에서 거주할 당시를 회상하며 응답하는 과정에서 과거에는 상상도 할 수 없는 자본주의풍의 생활양식을 스스로 따라했던가, 이를 부러워했다는 응답자가 다수를 차지하였다. 이러한 현상에 대해 본인이 스스로 변화하지는 못했더라도 이러한 행위를 각자의 개인적 취향에 따른 것으로 간주하고 문제시하지 않았거나 또는 주변 북한 주민들이 이를 당국에 고발하거나 비판적 입장을 취하지 않았다는 점에서 과거 북한사회를 지탱하던 일사불란하고 체제 순응적이고 폐쇄적·쇄국주의적 자세가 매우 약화되었음을 알 수 있다.

<표 2> 북한사회 내의 서양화에 대한 주민인식 조사결과

질문 1	응답범주	명	%
북한에서 날라리 (혁명하는 사람의 생활에 맞지 않게 서양풍에 물든 사람) 풍으로 화장하거나 화려한 옷과 장신구로 치장한 사람을 보면 어떤 생각을 하였습니까?	기회가 되면 따라하고 싶었고 부러웠다	187	46.2
	취향의 차이이므로 문제되지 않았다	169	41.7
	반동분자일 수도 있다고 생각했다	33	8.1
	심각한 반동분자라고 생각했다	16	4.0
	합계	405	100.0

이 같은 인식 및 취향의 변화와 집단주의적이고 강고한 폐쇄주의적 태도에서의 변화뿐 아니라 지난 70년 동안 북한사회를 지탱해왔던 사회주의, 북한식 사회주의 체제의 근간을 훼손하거나 변화를 초래할 장마당 등 시장에서의 활동에 대해서도 북한 주민들의 반응은 다수가 친시장화 경향을 보여주고 있거나 최소한 불가피한 생계수단으로서 용인

될 수 있다고 생각하고 있는 것으로 나타났다. 더구나 이러한 친시장화, 반사회주의적 행태나 행위가 체제를 위협하거나 반동으로 위험시 된다고 생각하는 사람들은 극소수에 불과하였다. 이들 응답자의 대부분이 탈북민이지만 이와 같은 인식과 행태의 변화는 북한식 사고방식을 정면으로 거부하거나 일탈한 행동으로 간주할 수 있는 부분이다.

〈표 3〉 북한사회 내 사유재산 소유에 대한 주민인식 조사결과

질문 2	응답범주	명	%
장마당에서 장사하여 사유재산을 소유하는 사람을 보았을 때 어떤 느낌이었습니까?	기회가 되면 따라하고 싶었고 부러웠다	147	36.3
	먹고살기 위한 것이므로 괜찮다고 보았다	246	60.7
	반동분자일 수도 있다고 생각했다	8	2.0
	심각한 반동분자라고 생각했다	4	1.0
	합계	405	100.0

북한의 일반 주민들은 주체사상은 물론, 강성 대국론에 입각한 선군정치, 사회주의 교양, 북한식 사회주의제도의 우월성에 대해 끊임없이 교육받아왔다. 이에서 어긋나거나 일탈할 경우, 가혹한 처벌과 주변의 압력을 통해 스스로 교정될 수밖에 없을 것으로 인식되어 왔으나, 실제는 북한식 사회주의에 대해 심각히 의심하고 반발하는 경향이 두드러지게 나타났다. 물론 사회주의 체제에 대한 신념이나 믿고 싶은, 믿어야 하는 현실이 분명히 존재함에도 불구하고 먹고사는 문제가 해결되지 않은 상태에서 체제에 대한 비판적 시각은 오히려 자연스러운 상태이고 이를 주민들 스스로가 자각했다는 데 북한의 정치사회화 과정의 변화 또는 새로운 평가로 주목할 만한 현상이다.

〈표 4〉 북한의 경제난과 북한식 사회주의 인식에 대한 상관성 조사결과

질문 3	응답범주	명	%
경제난 때문에 사회주의 배급이 중단되고 사람들이 굶어 죽는 현상 등이 나타났을 때 귀하의 '북한식 사회주의'에 대한 믿음에 어떤 변화가 있었습니까?	사회주의에 대한 심각한 회의감이 들었다	214	52.8
	사회주의에 대한 약간의 회의감이 들었다	106	26.2
	그래도 사회주의를 믿고 싶은 마음이 더 컸다	38	9.4
	사회주의에 대한 신념에 전혀 변화가 없었다	47	11.6
	합계	405	100.0

경제난이나 시대의 변화에 따른 북한 주민들의 인식 변화에도 불구하고 지도자 우상화에 대해서는 다소 신중하거나 조심스러운 반응을 보였다. 지도자 우상화는 북한식 수령제의 근간으로서 최고 존엄에 대한 태도나 자세라고 할 수 있다. 북한이 90년대 고난의 행군시기에 장마당을 통해 생계를 이어갈 수밖에 없었거나 두만강, 압록강을 건너 중국으로 탈북을 했을지라도 최고 존엄인 지도자 우상화에 대해서는 무관심하거나 의식적으로 외면하던 모습이 새로운 지도자가 등장한 북한에서도 재연되고 있음을 알 수 있다. 특히 응답자의 심리적 거부감이나 회피성 응답의 가능성을 염두에 둔다면 우상화와 관련한 부문은 적극적인 불만이나 저항보다는 무관심하거나 간접적인 방식의 도피적 태도를 발견할 수 있다. 이는 그만큼 북한의 정치사회화 과정의 정점에 지도자의 우상화, 절대화가 자리 잡고 있음을 반증하는 것이라고 할 수 있다. 김정은 정권 출범 이후 수백, 수천 명의 엘리트 간부들이 처형되거나 숙청되었다. 특히 장성택의 전격 처형이나 현영철 숙청의 경우에도 북한 인민들이 보여준 반응은 소극적 태도였다는 점에서 탈북민들의 조사 결과가 크게 표준치에서 벗어나지 않은 것으로 판단할 수 있다.

〈표 5〉 고난의 행군 이후 우상화 교양 완화에 대한 인식 조사결과

질문 4	응답범주	명	%
고난의 행군 이후 지도자 위대성(우상화) 교양이 완화되었을 때 어떤 생각을 하셨습니까?	폐지되어야 할 세뇌교육이라고 생각했다	127	31.4
	조금 더 완화되어야 한다고 생각했다	35	8.6
	먹고 사는 데에 바빠 우상화 교육에 신경 쓸 여유가 없었다	206	50.9
	완화된 것이 적당하다고 생각했다	13	3.2
	하루 빨리 강화되어야 한다고 생각했다	24	5.9
	합계	405	100.0

지도자인 김일성과 김정일의 배지나 지도자의 현지지도 사진 등은 우상화의 상징으로 북한 주민이면 누구나 패용하게 되어 있고, 이를 아주 정중하게 착용하고 다니도록 교육받았으며 실제로 그렇게 생활화하고 있다. 그러나 북한사회의 변화와 인민들의 인식 변화는 이러한 상징물에 대해서도 태도 변화를 보이고 있다. 다만, 앞서 설문에서 보았듯이 우상화 교양 유무에 대해 무관심하거나 신중하게 응답한 탈북민들이 여전히 다수였던 것처럼 김일성, 김정일 등 지도자 우상화 상징물 그 자체에 대해서도 아직은 조심스러운 태도를 보이고 있음을 알 수 있다. 대다수 탈북민들이 북한 김일성, 김정일 정권 하에서 출생하고 교육받고 생활해왔음을 감안할 때, 체제 정당성과 본인들 스스로의 정체성의 근간인 지도자에 대한 경외심은 다른 어떠한 정치사회화의 대상보다 견고하거나 두려움의 대상이었음을 알 수 있다.

〈표 6〉 우상화 상징물 훼손 사건에 대한 북한주민의 인식 조사결과

질문 5	응답범주	명	%
김일성, 김정일 배지가 시장에 유통되고, 지도자 상징물 및 현지 지도 사진 등이 훼손되는 사건을 접한 적이 있습니까? 그 때 어떤 생각을 하셨습니까?	그런 사건에 대해 들어본 적이 없다	187	46.2
	매우 통쾌하고 후련했다	82	20.2
	조금 통쾌하고 후련했다	74	18.3
	조금 비통하고 참담했다	42	10.4
	매우 비통하고 참담했다	20	4.9
	합계	405	100.0

탈북민의 정체성과 탈북민의 북한 거주 당시의 경험과 인식을 회상하여 조사한 설문의 한계는 대다수의 다른 유사한 조사연구에서 나타났듯 비슷한 왜곡 현상이 존재한다. 지도자 우상화 교육이나 최고 존엄의 상징을 논의 대상으로 설정하는 등 실제 상황에서는 경험해보지 못한 체제 비판적 질문이나 생각 등이 자유롭게 표출되기에는 탈북민들의 남한 내 거주 기간이 좀 더 지나야 할 것이다. 다만, 그들이 남한 내 정착을 통해 북한체제에 대해 비판적 인식을 갖게 되고, 의식적으로 차별화하는 과정에서 북한 내에서의 정확한 인식이나 현재 북한에 살고 있는 주민들의 생각과 태도를 그대로 반영한다고 볼 수 없다. 또한 탈북민들의 출신 지역이 특정 지역에 집중되어 있거나 성비에 있어서도 가정과 자식의 생계를 책임져야하는 여성이 압도적으로 많은 표본 집단을 대상으로 조사를 실시함으로써 근본적인 한계가 있었음을 부인할 수 없다. 다만, 이 같은 탈북민의 북한체제 거주 당시를 회상하여 정치사회화의 수준이나 방향을 추출함으로써 북한 정치사회화의 유동성과 새로운 변화를 모색하고 있는 요소들이 분명히 작동하고 있음을 확인할 수 있었다는 사실도 부인할 수 없다.

북한주민의 정치 정향

최근 북한 주민들의 급속한 인식 변화에도 불구하고 탈북민들이 남한사회에 와서 겪는 어려움 중의 하나가 한국사회가 너무 다원화되고 다양하다는 점이다. 북한에서는 김일성 주체사상만이 최고의 사상으로 학습 받아 왔는데, 중국이나 남한에 와서 보니 주체사상은 실생활에서 아무런 도움이 되지 않았으며, 김일성의 주체사상 이외에 너무나 다양한 사상이 있음을 알고 당황해 한다.[10)]

또한 김일성 유일사상체계와 흑백논리의 교육을 받아온 탈북민들의 성격은 상당히 배타적이고 사고가 경직되어 있다. 이들은 자신이 한번 옳다고 믿는 것은 끝까지 옳다고 우기고 어떤 타협의 여지도 없으며, 남의 말을 잘 듣지 않는다. 조영아는 학위 논문 준비 과정에서 만났던 많은 탈북민들이 대부분 자신들이 다 결정해 놓고 문제가 생기면 해결해 달라고 연락하는 경우가 대부분이었다고 한다. 또한 자신들은 좋고 나쁜 것이 분명하기 때문에 화끈한데 남한사람들은 도대체 속을 드러내지 않아 속을 알 수 없고 교활하다고까지 말하는 탈북민들도 있다. 탈북민들은 다양한 사상이나 세계관을 접해보지 못한 사람들이기 때문에 사고가 획일적이고 흑백논리로 모든 것을 판단하려 한다. 이러한 태도를 형성하게 된 데는 당이 결정한 것은 무조건 따르고 완수하는 것이 유일한 선이라는 북한교육의 영향이 크다고 할 것이다.[11)]

남한사회에 정착해 사는 탈북민들 중 다수가 때로는 짜증을 많이 내고 말이 거칠고 언성이 높을 때가 많다. 이 같은 비정상적인 행태나 성격을 갖게 된 것은 욕구불만을 해소하지 못하고, 자신의 생각을 제대로

10) 조용관, "북한이탈주민의 남한사회 적응을 통해 본 북한주민의 의식구조 이해," 치안정책연구소 장편과제(용인: 치안정책연구소, 2006).

11) 조영아, "남한 내 북한이탈주민의 자아방어기제연구", 연세대학교 박사학위 논문(서울: 연세대학교, 2002), p.24.

표현하지 못하는 상황이 주는 스트레스 때문이다. 또 다른 원인은 북한 당국이 어릴 적 탁아소에서부터 직장생활에 이르기까지 늘 자기비판과 아울러 남을 비판하는 생활 총화를 해왔기 때문에 서로를 불신하고 감시하는 생활에 익숙해져있기 때문이다.[12)]

반면 탈북민들은 자신과 직접 관련이 없어도 자기가 속해 있는 집단의 구성원 문제에 적극 개입하여 해결하려는 공동체의식이 강한 편이다. 이는 출생 후 장기간 집단주의 교육을 받으며, 집단을 위해서는 개인이 희생해야 한다고 믿기 때문인 것 같다. 탈북민들은 자신들과 같은 집단이나 소속, 출신과는 유달리 동질성, 동료의식을 강조하는 모습을 보이고 있다. 이는 학교나 직장, 거주지별로도 매우 강한 유대감을 표출하는 북한식 정서가 표출된 것으로 볼 수 있다.

이처럼 철저한 집단주의 의식과 공공재적 성격의 형성이라는 다소 긍정적인 측면에도 불구하고 어릴 때부터 당이 요구하는 인간, 즉 김일성·김정일에게 무조건적으로 충성하는 주체형, 복종형의 인간을 목적으로 교육을 받기 때문에 탈북민들은 자아 정체성을 갖기 어렵다. 탈북민들은 살기 위해서 항상 자신의 의사와 관계없이 당과 조직의 눈치를 보면서 살아갈 수밖에 없다. 전통적이고 전근대적인 요소가 잔존하고 있는 북한사회에서 살아가는 주민들이 상대적으로 순박한 면이 있는 것은 사실이지만 그들은 무엇이 자신의 생존에 유리한 지를 당과 체제가 반복적으로 교육시켜 왔다는 점에서 지극히 정치적이고 타산적인 인간형으로 길러져왔음을 반박할 수 없을 것이다.

탈북민의 정치 정향에서 찾아볼 수 있는 또 다른 특징은 공적 권력, 공적 기관이나 상징물에 대한 높은 신뢰 또는 순응적 행태를 보인다는

---

12) 북한주민들은 어릴 때부터 「생활총화」란 명목으로 상호 비판을 생활화하였기 때문에 탈북이주자들은 상대방을 칭찬, 격려하기보다는 상호비방을 하는 경우가 많다. 서재진, 『북한 주민들의 가치의식 변화: 소련 및 동구와의 비교연구』 (서울: 민족통일연구원, 1994), pp.37-39.

점이다. 민주주의 국가에서 살아온 한국인들보다 북한과 같은 수령제 독재 하에서 정치사회화 된 북한주민 또는 탈북민의 정치적 신뢰 수준이 더 높다.[13] 당과 국가가 모든 미디어를 통제하면서 공동체에 대한 신뢰를 의도적으로 주입하고 있는 조건에서 수십 년간 교육받으며 생활해 온 북한주민의 국가에 대한 신뢰는 다른 사회주의 국가나 권위주의 국가의 주민들이 갖는 신뢰보다 훨씬 더 높을 수밖에 없다.

이현주의 조사 결과에 따르면 탈북민들은 김일성, 김정일 등 당과 지도자들을 위해 목숨을 바칠 각오가 있다는 응답이 그렇지 않다는 응답보다 높게 나왔으며, 김일성에 대한 충성심이 어버이 수령이나 민족의 태양과 같이 가부장적이고 카리스마적 권위에 기인하고 있음을 알 수 있다. 또한 전통적 권위와 카리스마적 권위를 나타내는 수령의 역할들은 수령의 신성화나 영적 존재화와 연결되어 나타나는 특징을 보이고 있다.[14] 이러한 조사 결과를 근거로 북한의 정치사회화 수준을 판별하기는 어렵지만 북한의 지도자는 단순히 정치적 지도자라기보다는 주민과 가족보다 친밀하게 심리적으로 결합되어 북한 주민들에게 각인되어 있음을 알 수 있다.

이처럼 북한 정치사회화 과정의 특징인 지도자 우상화와 이를 통한 수령 절대화의 작동 방식을 보면 북한에 있어서 지도자는 단순히 정치적인 지도자 이상의 의미를 갖는다. 지도자에 대한 인식은 철저히 '유일사상체계 확립10대 원칙'에서 비롯되고 있다고 볼 수 있다. 북한에서는 이 같은 충성심과 획일적 사고를 어려서부터 강요받기 때문에 북한사회가 규정한 방식과 범위 안에서 사고하고 행동할 뿐 자기 자신 안의 갈등을 제대로 표출하지 못하고 체제 저항 또는 도전을 하지 못한다.

---

13) 김희진 · 유호열 · 최순미, "한국에 대한 북한이탈주민의 국가이미지 형성에 미치는 영향 요인," 『아태연구』, 제22권 제2호(서울: 경희대학교 국제지역연구원, 2015).

14) 북한이탈주민 302명을 대상으로 설문조사. 이현주, "(북한이탈주민을 통해 본) 북한주민의 정치적 분리와 불안," 『북한연구학회보』, 제17권 제1호(서울: 북한연구학회, 2013).

그 결과 자신의 미래가 자신에게 주어진 성분의 벽을 넘지 못한다는 생각을 강하게 가진다.[15] 다만, 이러한 일반적인 북한 주민 또는 탈북민 심층면접 및 설문조사를 통해 파악한 체제 이반적 요소와는 달리 북한 체제를 지탱하는 소수의 엘리트, 간부층들은 대다수 일반 주민들과는 상반되게 북한체제에 대해 과도할 정도로 자부심과 집착을 보여주고 있음도 간과해서는 안 된다.[16] 이들 엘리트들은 어려서부터 성인에 이르기까지 조직적이고 체계적인 사상투쟁과 학습 활동에 집중하면서 주체사상 그 자체에 대해서도 상당히 자부심을 갖고 있는 것으로 파악되는 바, 북한 주민들에게 북한체제에 대한 충성도를 제고하여 북한사회를 유지하는 요인이 되고 있다.

남북한 정치통합의 가능성과 과제

북한 주민들의 정치사회화 과정을 비록 단편적이고 제한적인 수준에서나마 실증적으로 파악해 보았다. 이를 정리하면 첫째, 북한 주민들의 정치사회화과정은 오랫동안 당과 국가 차원에서 사상 교양을 중심으로 체계적이고 지속적으로 이루어져 왔다. 수령과 당이 제시한 방향으로 철저히 순응하되 만약 이에 대해 소극적이거나 반발할 경우, 다양한 형태의 제재와 처벌 등 강력한 통제 기제가 작동함으로써 2중, 3중의 강제 장치를 동원하는 등 철저히 집단주의적이고 폐쇄적인 형태의 정치

15) 북한에서는 출신 성분의 벽을 넘지 못한다는 질문에 대해 긍정적인 대답이 10대, 20대는 83.3%, 30대는 91.1%, 40대는 97.4%, 50대 이상은 100%로 나타나 통계적으로 유의한 차이가 있었다. 전우택, "탈북자들을 통하여 본 북한 주민 의식 조사," 『신경정신의학』, 제42권 제5호(서울: 대한신경정신의학회, 2003), pp.631-643.

16) 중국 현지에서 북한주민 100명을 면접조사. 강동완·박정란, "김정은 시대 북한사회 변화 실태 및 북한주민 의식조사: 제3국에서의 북한주민 면접조사를 중심으로", 『북한학보』, 제39권 제2호(서울: 북한연구소, 2014).

사회화 과정을 재생산해왔다.

둘째, 그럼에도 고난의 행군 이후 시장에 의해 당 국가체제의 역할과 기능이 대체됨으로써 당과 국가, 심지어 수령의 절대적 권위에 대한 변화가 아래로부터 형성되고 있다. 사회주의, 집단주의 의식보다는 개인주의적이고 다원적인 경쟁 사회적 요소가 광범하게 유포되고 있으며 적극적인 체제 저항이나 대항 세력의 형성보다는 기회주의적이고 비자발적인 무관심한 행동 등을 통해 그들의 욕구와 목소리를 내기 시작하였음을 설문조사 결과 파악할 수 있었다.

셋째, 그럼에도 북한 내에서 정치사회화의 핵심 요소인 김일성, 김정일, 김정은 등 최고 존엄을 중심으로 수령에 대한 권위와 복종은 다른 어떤 요소보다 견고하게 유지되고 있는 것으로 나타났다. 수령에 대한 권위는 그 자체의 배타적이고 권위적인 요소와 함께 이에 대한 집중적인 교양과 이를 어길 경우에 다른 어떠한 일탈행위에 비할 바 없이 가혹한 처벌이 수반되므로 수령의 권위와 우상화는 형태를 유지하고 있는 것으로 파악이 된다.

넷째, 북한체제의 특성상 중국과 인접한 변방 지역에 비해 평양의 특권층, 엘리트 간부들의 정치사회화 수준은 변방의 일반 주민들과 양극화로 표현될 만큼 격차를 보이고 있다. 주체사상에 대해 체제 옹위수단으로써의 역할과 가치를 부여하는 동시에 북한체제와 자신의 자아를 동일시함으로써 체제 전환에 따른 체제 일탈을 최소화하려는 장치들을 다각도로 구축해 놓고 있다.

이 같은 북한의 정치사회화과정에 대한 분석을 통해 북한체제의 변화 가능성은 분명히 존재하며 또 그 가능성은 시간이 지남에 따라 점차 증대되고 있음을 알 수 있다. 다만, 그러한 변화 가능성을 억제하거나 지연시키는 요소로써 북한 엘리트나 간부층 사이에 형성되어있는 수령 옹위, 체제 결속의 의지와 반개혁적 요소들을 주목할 필요가 있다. 지난 70년간 유지되어온 노동당 중심의 정치체제를 경쟁적 정당체제, 다당제로 전환한다는 것은 새로운 집단정체성을 형성한다는 것을 의미한다. 이는 새로운 정치사회화 과정을 통해 안착될 수 있으며 궁극적으로 북한의 민주화 과정으로 귀결될 수밖에 없을 것이다. 역사적 관점에서 새로운 집단정체성이 형성되고 발현된 시기는 새로운 통치 국가 또는 정치질서가 형성된 시기와 맞물려왔다는 점에서 북한의 새로운 정치사회화 과정을 지속적으로 규명할 가치가 있다.

남북한이 통일 국가를 이룩하고 실질적인 통합을 가능케 하는 과정으로 진입하기 위해 북한의 정치시스템에 대한 구체적이고 현실적인 분석이 이루어져야 한다. 또 향후 북한 정치체제전환을 주도하기 위한 정비방안을 모색해야 할 것이다. 북한의 핵경제병진노선과 핵보유 국가 주장에도 불구하고 북한체제의 근본적 변화 시기에 수령과 당 중심의 당·국가체제 개편은 불가피하며, 이를 위해 당 조직의 변화를 유도하고 하위 조직의 기능분리 및 축소, 나아가 조선노동당 이외의 새로운 경쟁정당 출현 가능성을 모색해야 할 것이다.

분단 70년 동안 서로 다른 이념과 체제, 북한의 철저한 폐쇄사회가 가져온 사회·문화적인 이질성의 증대는 심각한 정도에 이르고 있다. 이러한 장애 요인을 극복하고 통합을 이룩하기 위한 노력들은 한민족공동체통일방안에 단계별로 적절하게 제시되어 있다.[17] 통합과정에서 화해·협력단계(1민족 2국가 2체제), 남북연합단계(1민족 2국가 2체제), 통일국가단계(1민족 1국가 1체제) 등 3단계의 점진적 단계별로 진화·발전하는데 정치통합의 기반이 될 정치공동체의 형성 및 진행을 위해 사회·문화. 경제, 외교 등 분야별 정책 협력이 우선되어야 한다고 기능주의적 입장을 전제하고 있다. 그러나 이러한 정치 통합이 성공적으로 이행되기 위해서는 가치통합의 기반이 조성되고 단계적 이행절차가 구축되어야 한다. 가치 통합의 기반을 조성하고 이를 확대하여 통합을 이루

17) 박영호 · 박종철, 『남북한 정치공동체 형성방안 연구』(서울: 통일연구원, 1993).

기 위해서는 남북한의 정치사회화 과정에 대한 철저한 분석과 평가가 필요하다. 남북한 통합 이전 충분한 정치 교육을 통해 새로운 정치사회화 과정이 형성된다면, 정치 통합과정에서 발생할 수 있는 갈등과 분열 요소를 효과적으로 극복해 나갈 수 있을 것이다.

사회주의국가 체제전환사례 비교분석

1980년대 말을 기점으로 사회주의권 국가들은 획기적인 체제변화를 경험하였다. 정체, 폐쇄, 억압으로 규정될 수 있는 중앙집권식 계획경제체제와 공산당 1당 독재체제 및 사회주의 블록을 유지하던 구소련과 동유럽 및 중국 베트남 등 기존 사회주의국가들은 계획경제를 포기하고 자본주의 시장경제체제를 도입하는 한편 세계 자본주의체제의 재편입을 이룩하였다. 중국과 베트남 사회주의 국가와 같은 일부 예외도 있으나 대다수 사회주의국가들은 억압과 통제를 위주로 한 권위주의적인 공산당 지배구조를 탈피 자유선거를 실시하여 권력구조를 창출하는 새로운 다원주의 정치체제를 정착시켰다. 다만 북한과 쿠바만이 지구상에서 아직도 스탈린식 계획경제체제와 공산독재체제를 고수하고 있을 뿐이다.

이 같은 전 지구적인 차원에서의 사회주의 체제의 변화를 보다 체계적으로 설명하기 위하여 우선 이들 사회주의권 국가들의 체제변화 과정을 거시적으로 비교 분석하고 이를 비교사회주의 관점에서 유형화해 보고자 한다. 이어서 각 사례에 대한 역사적, 비교 사회적 조망을 통해 각 사회주의국가의 체제변화의 특수성과 보편적 요인을 살펴봄으로써 비록 자본주의 시장경제와 자유민주주의적 정치질서의 구축이라는 양대 기본 틀에 대해서는 대체적으로 일치하고 있으나 체제전환에 이르는 다양한 경로와 체제전환과정에서 발생하는 각종 문제점들을 파악할 수 있으며 이로써 우리의 관심 사항인 북한체제의 향후 변화 양상과 방향을 전망할 수 있을 것이다. 즉 오늘날 대내외 정치, 경제, 사회, 문화, 외교 및 국방 등 각 부문에서 심각한 위기상황에 직면해 있는 북한의 장래는 어떠할 것인가? 현 체제가 무난히 위기를 넘기고 2천 년 대까지 생존할 수 있을 것인가? 정책을 수정하여 새로운 발전의 전기를 마련할 수 있을 것인가? 아니면 부분적인 체제변화 또는 전면적인 체제전환을 통해 최소한의 국가체제를 유지할 것인가? 아니면 체제전환과정에서 체제붕괴 또는 국가소멸의 길을 걸을 것인가? 기로에 선 북한의 지도자들의 전략적 선택은 무엇인가? 등등의 문제에 대해 80년대 말 90년대 초 사회주의권 국가들의 체제변화과정을 비교 분석함으로서 시사점을 얻고자 한다.

사회주의 체제변화 분석틀

이제까지 사회주의 체제를 연구하는데 크게 두 가지 접근법을 들 수 있는데 주로 서구의 자본주의·다원주의사회를 이해하기 위하여 고안된 연구방법들을 다소 변용·수정하여 사회주의 체제 분석에 적용하는 소위 외재적 접근법과 사회주의 사회를 '안'으로부터, 곧 사회주의의 이념과 논리에 따라 사회주의 체제를 분석하고자 하는 내재적 접근법이 있다.

사회주의 체제에 관한 연구는 한동안 방법론적 예외주의에 빠져 이른바 사회주의 체제의 특수성만을 부각하는 일종의 지역연구의 속성이 강하였고 따라서 일반 사회과학과의 지적 단절이 있었다. 이러한 상황에서 사회주의권 연구를 보다 과학화하고 법칙정립적 학문으로 발전시키기 위해 많은 학자들이 기존 사회과학 연구의 제반 연구 틀을 사회주의 체제에 적용함으로써 실체를 검증하는 작업을 시행하게 되었는데 이를 통칭하여 외재적 접근법이라 분류한다. 전통적인 외재적 접근법에 속하는 이론들로서 역사문화론적 접근법, 전체주의적 접근법, 복합조직 접근법, 근대화 또는 발전론적 접근법, 집단갈등 접근법, 엘리트 접근법, 자유화 접근법, 체계론적 접근법과 기능분석, 그리고 통일·통합과정과 연관된 수렴이론과 기능주의 통합이론 등을 들고 있다. 물론 이외에도 국가론과 관련한 다양한 논의, 시민사회론, 세계체제론 및 제도론 등 최근의 다양한 비교정치이론들이 사회주의 체제의 현상을 '밖'으로부터 분석하는 데 활용되고 있다.

반면 이 같은 지적 작업에 대해 내재적 접근법을 주장하는 학자들은 사회주의의 이념과 현실을 시민적 민주주의나 자본주의의 척도로 분석하려는 외재적 접근법으로는 사회주의 체제의 고유한 특성을 전체적으로 조망할 수 없다는 비판의식에서 출발하고 있다. 즉 사회주의 사회가 자본주의 사회와는 다른 이념과 정책의 바탕위에 서 있다는 점을 인정하고 이 사회주의가 이룩한 성과를 이 사회가 이미 설정한 이념에 비추어 검토 비판할 것을 주장하는 것이다. 물론 내재적 접근론자들도 사회주의국가들 간의 비교연구의 필요성과 효용성은 인정하고 있지만 이들의 기본적인 시각은 사회주의가 지향하는 보편적 이념이 각 국가 간에 구체적으로 어떻게 관철되고 있는가를 유형화하여 고찰함으로써 사회주의 건설에 있어서 각국가간의 공통점과 차이점을 밝혀내고 그 차이점을 개별국가들이 안고 있는 모순의 특수성, 역사적 문화적 유산의 차별성, 경제발전수준의 상이함, 공산혁명과정의 특수성 등을 통해 설명하고자 한다.

물론 내재적 접근법이나 외재적 접근법은 반드시 상호 배타적인 것은 아니어서 이들의 적당한 절충과 상호보완적인 측면을 감안하여 사회주의 체제를 연구하는 시도도 다양하게 전개되고 있는 것이 사실이다. 특히 내재적인 접근법의 경우 사회주의 체제의 긍정적인 점만을 부각하는 듯한 경향이 있는 것은 사실이지만 내부의 행위자의 입장에서 행위자의 이념, 가치, 동기, 목표를 중심으로 사회현상을 이해하고 해석하고자 하는 점에서 관찰자의 입장에서, 관찰자의 가치판단과 선입관만 가지고 현상을 보려는 대부분의 외재적 접근법이 발견하지 못한 점을 새로이 발굴하는 기여를 한 점은 높이 평가할 만하다. 그럼에도 불구하고 사회주의 체제 내부의 시각으로 내부의 이념과 논리로서 사회주의

체제를 분석하고자 하는 내재적 접근들은 80년대 이후 혁명적으로 몰아닥친 사회주의 체제의 변화과정을 분석하는데 있어 거의 속수무책이었다. 특히 사회주의 체제 국가들이 대부분 사회주의 이념을 포기하고 당의 지도체제가 붕괴된 후 정치적 다원주의와 시장경제 자본주의체제로의 일대 대변혁을 감행한 사실은 체제 내적 이념이나 논리의 현상학적 설명으로는 불가능했기 때문이다.

사회주의 체제 변화라고 할 때 변화는 야노스 코르나이(Janos Kornai)가 정의한 대로 고전적 형태의 사회주의, 또는 스탈린주의적 사회주의에서의 이탈을 의미하는데 이는 마르크스·레닌주의의 수정, 공산당 중심의 권력구조의 개편, 시장경제기제의 도입, 사유화 허용, 시민사회적 집단의 형성 등의 형태로 나타나며 궁극적으로는 정치적 다원주의와 자본주의 요소의 도입 및 확대를 의미한다. 또한 사회주의 체제의 변화라고 할 때 크게 두 가지로 나누어 설명할 수 있는데 첫째, 체제내 변화 또는 체제 내부의 개혁·개방을 지칭할 수 있고 둘째, 체제내의 개혁·개방이 추진되는 과정에서 사회주의 체제가 대폭 개편되면서 체제 자체가 완전히 새로운 체제로 전환되는 변화를 상정할 수 있다. 변화의 형태에 대해 개혁·개방을 분리하여 설명할 때는 개혁은 보다 대내적인 측면의 변화를, 그리고 개방은 보다 대외적인 변화를 지칭할 때 나누어 설명하기도 한다. 이 같은 급진적이고 대대적인 사회주의권의 변화는 각국마다 그 변화의 방향, 속도, 내용이 각기 상이함으로 이 같은 변화를 바라보는 시각이나 분석방법이 일률적으로 통일될 수는 없다. 그러나 대부분의 내재적 접근을 활용한 분석들은 사회주의 체제의 변화를 순수 마르크스 이론의 훼손과 관료화 등 변질된 사회주의로부터 개혁을 통해 새로운 사회주의의 건설로서 파악하고 이를 사회주의 내부의 역동성으로 파악할 뿐 이념과 체제 자체의 질적 변화를 궁극적으로는 설명하지 못하고 있다. 사실 사회주의권의 대변혁을 사전에 예측한 연구는 드물지만 사회주의 체제 연구의 시원이었던 전체주의 이론은 전체주의가 표방하고 있는 근본이념과 가치를 포함한 사회주의 전반에 걸쳐 동조할 수 없기 때문에 필연적으로 사회주의의 몰락 또는 붕괴를 원망적으로 전망했다는 점에서 결과론적으로 설명이 가능했을 뿐이다. 그러나 사후에라도 사회주의 체제의 변화의 과정과 방향등을 분석하는 데는 사회주의 체제 내에도 여타 시민적 민주주의나 자본주의 사회에서 발견할 수 있는 내적 역동성이 있다는 전제하에 분석을 시도하는 엘리트이론, 근대화이론, 자유화이론, 국가론, 제도론 등 다양한 외재적 접근에 의한 비교사회주의 분석이 유용성을 발휘하고 있다.

이중에서도 80년대 중반부터 시작된 사회주의 체제의 변화라고 하는 거시적인 현상을 설명하기 위해서 정치와 경제, 사회, 국내와 국가 간, 국제기구 등 제분야를 망라하여 설명할 수 있는 정치경제적 접근이 보다 적실성이 높아졌다고 할 수 있는데 이들 사회주의 국가들의 변화를 분석함에 있어서 이들 변화에 영향을 미쳤던 주요 변수들을 살펴볼 때 근대화론, 산업화론 등과 맥을 같이 하는 선진자본주의체제에 대한 추격발전전략이론, 자본주의 세계체제이론, 그리고 시민사회이론 등 새로운 개념과 이론 틀을 동원함으로써 체제변화 또는 체제전환을 설명할 수 있다.

구소련을 비롯한 동유럽 각국과 중국, 베트남, 쿠바, 북한등 사회주의 체제를 수립한 모든 국가들의 공통된 특징을 살펴보면 이들 국가들은 모두 경제력이 낙후된 후진 국가들이었으며 강대국들의 지배하에 놓여 있었다. 젱아스(Dieter Senghass)는 이들 국가들이 독립하여 사회주의 국가를 건설함에 있어 이들 국가들은 반제국주의 반서구 자본주의의 기치를 내세우고 자본주의체제와는 결별한 채 이들 선진 자본주의국가들을 추격하는 전략으로서 급속한 경제발전 전략을 추진하였다고 설명하고 있다. 월러스타인(Immanuel Wallerstein)이 세계체제이론에서 제기한 바와 같이 주변부에 위치한 이들 국가들은 자본주의 선진 국가들에 의한 종속상태를 종식하고 경제적, 사회적 발전을 이룩하기 위한 대안으로서 사회주의는 자본주의체제와는 전혀 다른 새로운 생산조건하에서 합리적이고 효율적이며 응집력 있는 생산력 증강을 이룰 수 있다는 신념이 체제의 골간을 이루고 있다고 할 수 있다. 물론 이 같은 추격발전 전략은 사회주의 발전이론의 근본적인 결함과 모순으로 실패할 수밖에 없었는데 이 같은 비현실적이고 이데올로기적인 사회주의 경제발전이론은 오타 시크(Ota Sik)를 비롯한 대부분의 사회주의 경제이론가들이 공통으로 비판하고 있다.

자본주의 세계체제로부터 이탈한 채 독자적인 발전을 추진하려던 사회주의 체제는 자본주의체제의 조직적인 봉쇄정책과 군비경쟁과 같은 적극적인 대응전략에 맞서게 되는데 부단한 기술혁신과 축적된 부를 바탕으로 한 선진자본주의체제와 경쟁을 지속하지 못하게 되었다. 나토와 같은 집단방위체제나 미·소 군비경쟁, 그리고 신흥자본주의국가들의 급속한 성장 등 자본주의체제의 역량이 보존 강화되는 시점에서 일부 사회주의 국가들의 무역과 투자, 외자도입 등을 통한 자본주의에의 부분적인 편입은 전 세계적 차원의 자본주의 생리상 가속화되지 않을 수 없었다. 또한 과학기술의 발달과 정보화시대에 들어서면서 다양한 창의와 자율성을 바탕으로 한 자본주의체제하의 사상과 학문, 강력한 상업주의에 기반한 자본주의체제의 문화, 예술, 생활상등은 단조롭고 타율적인 사회주의 체제의 지식인과 대중들로 하여금 새로운 체제에 대한 동경과 신심이반을 초래함으로써 자본주의 세계체제로의 재편입을 가속화하였다.

사회주의 체제의 변화를 설명함에 있어서 경제적인 변수, 세계체제 변수 못지않게 중요한 변수가 시민사회 또는 반사회주의 사회의 성장을 들 수 있다. 국가권력의 강화에 반발한 시민사회의 개념이 정치학에서 사용되기는 상당히 오래되었으나 그람시(Antonio Gramsci)와 같이 유럽사회주의자들이 파시스트체제에 대항하여 국가 없는 시민사회의 형성을 주장하며 시민사회를 정치사회와 구별함으로써 새로운 의미가 부여되었다. 이후 자본주의 국가의 발전에 따라 시민사회는 국가에 의해 규제되지 않는 사회관계의 영역으로서 의미가 확장되면서 각종 다양한 사회단체와 제도들의 집합체로서 제도권이 위기에 봉착할 때 대안이 될 수 있는 영역으로 인식되기에 이르렀다. 특히 과거 자본주의국가에 대항하는 의미로서의 시민사회가 사회주의 체제가 공고화되면서 사회주의국가에 대한 반체제의 개념으로 등장하여 사회주의 체제의 변화를 이해하는 중요 변수로 등장하였다. 브라디미르 티스마노누(Vladimir Tismaneanu)는 사회주의 체제에서의 시민사회는 국가통제나 테러의 강도가 어느 정도 완화되고 이데올로기의 절대성이 쇠퇴하는 시기인 후기 전체주의적 환경에서 자발적으로 인민들이 형성하는 자율적 권위체로서 개념을 정의하여 사회주의 체제 내부의 역동성을 분석하였다.

구소련을 비롯한 동유럽 국가들과 같이 비교적 다원주의적 전통이 있는 사회주의 국가들 내에서 마르크스주의나 스탈린주의가 그 정당성을 상실하고 반체제활동에 대한 강압의 강도가 약화되는 시점에서 주로 지식인들을 중심으로 국가의 통제 밖에 존재하는 인민들 간의 교통이 형성됨으로서 사회주의 체제내의 새로운 시민사회의 맹아가 발아되기 시작하였다. 하벨(Vaclav Havel)이 제창한 권력 없는 자들의 권력(the power of the powerless), 벤다(Vaclav Benda)의 병렬사회(Parallel structure)와 제2의 사회(the second society), 아담 미츠니크(Adam Michnik)의 신진화주의(New Evolution), 콘라드(Gyorgy Konrad)의 반정치(antipolitics) 등 개념들은 모든 것을 정치화하고 허구화한 사회주의 체제에 반하여 새로운 규범과 새로운 문화, 가치로서 인간의 존엄과 자유, 자율성을 담을 수 있는 대안의 체제를 구상하고 이를 비폭력적 방법으로 실천해 나가고자 하는 운동이며 이는 사회주의 체제를 변화시키는데 중요한 역할을 하였다.

사회주의 체제 변화 요인과 유형

80년대 이후 사회주의권 국가들의 변화 양상을 보면 마르크스 이데올로기의 영향, 공산당 중심의 권력구조, 소련과의 관계를 포함한 국제관계, 그리고 시민사회의 형성, 소유제와 시장메커니즘을 포함한 경제제도 등이 변화의 주요 분석변수로 작용하였다.

첫째, 사회주의국가들은 국가형성 초기 마르크스·레닌주의가 제시하는 착취 없는 노동자들의 천국, 평등한 배분, 급속한 발전 등 사회주의의 필연적 승리를 믿고 이를 구현하기 위해 헌신하였다. 그러나 사회주의 체제에서 마르크스 이념의 비현실성과 비효율성이 속속 그 실체를 드러내고 비밀경찰 등 폭압구조가 잔존하고 관료주의화가 심화되는 반면 서구 자본주의국가들은 자체 개혁을 진행함으로써 사회주의 체제 엘리트와 인민들은 사회주의가 내세우던 도덕적 우월감에 대한 신념을 상실함에 따라 이데올로기의 영향력은 감소되었다. 이에 대해 각국의 사정에 따라 기본 이데올로기의 수정을 가하였는바 그 내용과 정도에 따라 체제변화의 양상이 달리 나타났다.

둘째, 집권 엘리트들의 정통성 확보여부는 체제변화에 많은 영향을 미쳤다. 자생적 사회주의 체제의 경우 민족주의적 전통과 융합하여 인민들에 대한 정통성을 확보함은 물론 엘리트 자체의 체제에 대한 신심이 매우 강한 반면 외부로 부터 이식된 사회주의 체제에서는 외부, 특히 소련의 영향 하에 국가를 수립한 까닭에 인민들로부터 확고한 지지를 결여하고 있으며 소련의 변화 여부에 따라 민감한 반응을 보일 수밖에 없었다. 소련의 영향은 특히 군부에 대한 통제의 형태로 나타남으로 해서 위기 시 군부가 집권 엘리트 또는 체제의 보호막이 되지 못하였다. 한편 지도자가 장기 집권하여 개인숭배가 강화된 경우 이들 지도자가 사망 또는 교체되는 시기에는 정책노선의 변경 또는 체제변화가 수반되었다.

셋째, 국가 밖에 존재하는 자율적인 시민단체들로 구성된 시민사회의 형성은 그 자체가 체제의 정통성과 인민들의 신심에 변화를 일으키는데 결정적인 역할을 수행하였지만 이들 시민사회가 집권정치권력의 대안세력으로 등장함에 따라 체제변화의 방식과 속도에 많은 영향을 주었다. 시민사회의 전통과 경험이 없는 경우에는 정책노선에 따른 파벌이 형성되기도 하지만 시민사회가 정치적 대안으로 성장한 국가에서는 시민사회와 집권정치권력과의 타협에 의해 체제변화가 이루어진 경우를 볼 수 있다. 반면에 시민사회가 정치적 대안세력으로 성장하지 못한 경우 체제 위기 시에 지배 엘리트 내부 분열이나 인민들의 욕구가 비조직적 무계획적으로 표출됨으로 해서 체제변화 시 구체제의 집권세력이 재등장하기도 하였다.

넷째, 사회주의 종주국인 소련의 변화는 사회주의 체제 변화에 심대한 영향을 주었다. 소련은 이미 미·소 데탕트와 헬싱키협정, 고르바초프의 개혁·개방 선언 등으로 사회주의 국가들에 대한 소련의 정치, 군사적 구속력을 스스로 완화했을 뿐만 아니라 사회주의 블록경제를 유지하기 위해 사회주의국가들에게 제공하던 각종 지원을 감소함으로써 사회주의권 국가들이 자본주의 세계체제에 부분적으로 편입되는 계기를 제공하였다. 다만 소련의 정치 군사적 그리고 경제적 영향력의 강약에 따라, 그리고 소련의 개별 사회주의 국가에 대한 정책방향에 따라 개별 국가들의 체제변화의 양태가 각기 다르게 나타났다.

다섯째, 사회주의 국가들은 스탈린식 경제발전모델을 채택하였는데 이는 자본주의 경제양식과는 차별되면서 더욱 급속한 성장을 달성하기 위함이었다. 중앙집권식 명령형 계획경제체제로서 중공업을 위주로 한 발전전략을 추진하며 사유제를 인정하지 않고 물적 인센티브를 제공하지 않음을 근간으로 하면서 사회주의 형제 국들 간의 유무상통의 원칙에 따라 계획적인 대외교역을 실시하는 것이다. 그러나 체제의 경직성과 인센티브의 결여에 따른 근로의욕의 저하, 가격체계 및 양적 목표만을 추구하는 계획의 오류 등 사회주의 계획경제의 근원적 결함으로 인하여 기대하던 효율성을 얻지 못하고 실패하고 말았다. 개별 사회주의 국가들은 각국의 경제사정과 경제위기의 정도에 따라 이 같은 스탈린식 계획경제를 수정하였는데 경제계획 기구의 개선, 부분적 시장기제의 도입, 전반적인 시장화 및 사유화 등 단계별로 개혁을 진행시켰으나 대부분 전반적인 개혁 없는 부분적인 개혁은 성과가 나타나지 않았다. 한편 사회주의 블록경제의 약화는 개별 사회주의 국가들로 하여금 자본주의 국가들과 무역, 투자 등 교류를 불가피하게 함으로써 개방을 통한 자본주의 세계체제의 편입과 체제변화를 가져왔다.

이 같은 체제변화 변수들은 각기 독립적으로 작용하는 것이 아니라 상호 영향을 주면서 그리고 상호작용에 의해 사회주의 체제 변화의 다양한 유형을 창출하였다. 특히 이들 변수들 간의 상호작용에 의해 체제의 위기가 도래했을 때 개별 사회주의 국가들의 지도자 또는 지배 엘리트들의 "전략적 선택" 그리고 인민들을 포함한 시민사회는 그들의 입지와 가치에 근거하여 변화방향과 범위를 결정하는데 대단히 중요한 역할을 하였다.

이러한 변수에 따라 개별 사회주의 국가들의 변화 양상을 분석할 때 정치와 경제 등 분야에서 대폭적인 개혁·개방을 이룩한 구소련과 동유럽 국가들의 체제전환적 변화와 한편 일부 정치 사회적 구조의 이완은 허용하였으나 사회주의 체제의 근간을 유지하는 선에서 적극적인 자본주의양식을 도입한 중국과 베트남의 경우와 같은 부분적인 체제변화로 나눌 수 있다. 또한 전반적인 체제전환적 변화를 이룩한 경우에도 시민사회의 성장에 따라 정치적 대안세력이 형성됨으로써 집권 사회주의 정부와 타협에 의해 체제가 변화된 중부유럽형과 미약한 시민사회의 형성으로 정통성을 상실한 사회주의 정부가 전복됨으로써 체제가 변화한 동부유럽형, 그리고 집권 엘리트의 자체 판단에 따라 그리고 집권 엘리트간의 분열 결과 체제가 변화한 소련 형 등으로 세분화할 수 있다.

중국 및 베트남 사회주의 체제의 변화 유형에서는 지배 엘리트들이 토착 공산주의자들로서 국가건설 초기부터 인민들로부터 지지를 확보하였고 지배 엘리트들 역시 체제에 대한 신심이 확고하였다. 지배 엘리트들은 초기 당의 강력한 지도자의 통치력으로 군부를 확실히 장악하였고 군이 체제 위기 시 수호 역을 감당할 능력과 의지가 마련되어 있었다. 이들 국가에 대한 소련의 영향력은 정치, 군사적인 측면보다는 경제적인 면에 있었고 따라서 소련의 체제변화는 이들 국가의 경제적 변화 또는 개혁·개방을 가속화하는 정도에 국한되었다. 아시아적 문화와 낙후된 경제력 등으로 시민사회의 형성 경험은 부재하였으나 절대 권력자가 사망한 후 지배 엘리트가 일인 지배양식보다는 집단지도체제를 채택함으로 해서 정책적인 유연성을 발휘할 수 있었다. 따라서 이들 국가들은 사회주의 경제체제의 근본적인 문제로 인한 경제난에 처하자 경제문제를 해결하기 위하여 경제개방과 개혁을 단계적으로 확대하여 시장자본주의 경제체제로 전환하는 변화를 이룩하였다.

가장 오랜 사회주의의 실험장이었던 소련의 경우 그동안 수차례에 걸친 자체 수정에도 불구하고 정치적 사회적 경제적인 문제들이 해결되지 않고 자본주의체제와의 군사적 경제적 경쟁은 소련체제를 극도로 피폐케 함으로써 새로 등장한 지배 엘리트들은 근본적인 개혁을 추진하지 않고는 더 이상 희망이 없다는 판단을 하게 되었다. 지배 엘리트나 인민들이 체제 이데올로기에 대한 신심의 이반과 미국과 유럽 국가들과의 새로운 협약의 체결은 체제결속을 위한 폐쇄정책을 의미 없게 만들었다. 자생적 공산주의 정권의 수립 전통과 지배 엘리트들의 군부를 비롯한 통제기제에 대한 장악으로 비록 동유럽 국가들에서 볼 수 있는 것처럼 시민사회가 성장하지는 못했지만 체제에 대한 비판은 집권엘리트들 간의 노선갈등과 이에 따른 체제변화의지를 강화시켰다. 더구나 소연방내의 민족주의의 부활은 소비에트 식 체제의 변화를 가속화시켰다.

헝가리, 폴란드, 체코슬로바키아, 동독 등 중부 유럽 국가들은 소련의 지대한 영향을 받아 사회주의 국가를 건설함으로써 지배 엘리트의 정당성이 상대적으로 미약하며 사회주의 이데올로기에 대한 인민들의 신심도 강렬하지 못했다. 바르샤바 조약기구의 일원으로 소련군을 배경으로 한 군도 역시 체제 수호의 역할이 한정적일 수밖에 없었다. 소련에 저항하는 정치적 경제적 변혁에 대해 체제를 수호하기 위해 진압에 나선 것은 소련군이었던 점도 소련의 위상 변화가 이들 국가들에 미칠 영향의 정도를 가늠할 수 있는 척도였다. 비교적 경제적으로 넉넉한 중부 유럽 국가들의 경우 오랜 역사와 전통 속에 시민사회의 경험이 축적되어 있어 비록 사회주의 체제의 압박으로 억제되긴 하였으나 체제의 통제력이 이완되면서 이들 시민사회는 그 세력을 키워 나갈 수 있었다. 경제난을 해소하기 위한 부분적인 개혁이 성과가 없자 점차 자본주의 세계체제로의 편입을 시도하며 보다 실질적인 경제개혁과 개방을 추진하면서 소련의 불간섭정책이 표면화됨과 동시에 새로운 정치세력으로 부상한 시민사회는 집권정치 권력 엘리트들과의 타협을 통해 체제변화를 이룩하였다.

불가리아, 루마니아, 알바니아와 같은 동부 유럽 국가들은 동유럽 사회주의 국가들 중에서 경제적으로 후진 지역으로서 집권자들이 권력을 독점하여 통치하던 체제였다. 소련의 영향력이 강한 불가리아는 소련의 변화로 인해 집권자의 의지에 반해 변화를 이룩하였으며 시민사회가 부재하였던 루마니아, 알바니아 등은 인민들의 폭발적인 봉기에 효과적으로 대응하지 못한 집권자의 숙청으로 체제 변화를 달성하였다. 특히 이들 동부 유럽 국가들의 경우에는 인근 사회주의 국가들의 체제 변화가 직접적인 원인이 되어 인민들의 저항이 발생하였다. 시민사회가 형성되지 못했던 이들 국가들은 체제 변화 이후 뚜렷한 대안 세력이 형성되지 못한 채 구체제 지배 엘리트들이 새로운 체제하에서 지배 엘리트로 재등장하기도 하였다.

사회주의 체제변화 분석에 따른 북한체제의 변화전망

구소련, 동유럽, 중국, 베트남등 사회주의 체제의 변화를 볼 때 북한과 쿠바는 지구상에 남아 있는 유일한 현존 사회주의 체제이다. 대부분의 사회주의 국가들이 의미 있는 체제변화를 경험할 때는 경제난의 가중, 대외관계의 급격한 변화, 주민들의 대거 탈주 및 대규모 시위 등 대내 정치적 갈등의 증폭 등 위기 상황이 조성되었다. 현 상황에서 이러한 사회주의 국가들의 위기 시 체제의 변화에 대한 비교분석은 향후 북한의 장래를 전망함에 있어 유용한 지침이 될 수 있다. 즉 북한의 체제 이데올로기는 어느 정도 정당성을 가지고 있으며 지배 엘리트들의 신심은 어떠한가? 북한과 소련의 관계, 사회주의권 국가들과의 관계는 어떠한가? 북한의 시민사회는 존재하는가? 그리고 북한 경제의 실상은 어떠하며 경제난이 체제 변화에 미칠 영향은 무엇인가? 등등의 질문을 통해 북한체제의 실상을 체제 변화의 관점에서 분석할 수 있다.

북한은 소련의 점령과 지원 하에 정권을 수립하였으나 동유럽에서와 같은 소련에 의한 강제 이식에 의한 것이 아니었다. 김일성 정권은 부르주아 계급이 남쪽으로 월남한 북한 지역에서 일본 식민지체제를 청산하는 세력으로 정권을 장악함으로써 인민들의 지지를 획득하여 중국이나 베트남에서와 유사한 자생적 사회주의 체제를 구축하였다. 동유럽 지역에서 반소운동이 전개되고 소련 내에서도 스탈린주의에 대한 비판과 수정주의 대두할 때 북한에서는 이 같은 외부사조의 유입을 차단하고 김일성의 주체사상으로 체제이데올로기를 더욱 강화해 왔다. 특히 북한 정권은 분단과 한국전쟁을 통해 미국과 남한을 비롯한 서방 자본주의국가들에 대한 적개심과 대항의식이 고조된 상태에서 주체사상을 제창함으로써 지배 엘리트와 인민들 사이에서 정당성을 확보하고자 하였다. 더욱이 이데올로기를 창출하고 전파하는 노동당의 막대한 조직과 광범위한 영향력으로 체제 이데올로기인 주체사상은 지배 엘리트와 인민들 속에 광범하게 침투하여 체제유지와 강화에 지대한 영향력을 행사하고 있다.

특히 사회주의권의 붕괴이후 북한은 이데올로기의 변질과 신심의 이반이 결정적인 붕괴요인으로 파악하고 사상의 순결성 고수에 역점을 두고 있다. 즉 사회주의권의 연쇄적인 몰락을 목격하면서 김정일은 "여러 나라에서 사회주의 집권당과 사회주의 제도가 붕괴된 역사적 교훈은 사회주의 위업을 끝까지 완성하자면 사회주의 사상의 순결성을 확고히 고수하여야 한다는 점이다"라고 주장하면서 사상체계의 순수성 고수를 역설한 바 있다. 특히 김일성 사후 김정일은 이제까지 4편의 논문을 발표하였는데 모두 체제통합과 사상교양을 강조하는 내용으로 채워져 있음을 주목해야 한다. 첫째 논문 「사회주의는 과학이다」(1994.11.1)에서 김정일은 북한식 사회주의는 기존의 사회주의와 전혀 다른 형태의 사회주의임을 주장함으로써 북한은 붕괴하지 않는다는 사실을 선전하고 있으며 둘째 「사상사업을 앞세우는 것은 사회주의 위업 수행의 필수적 요구」(1995.6.19)란 논문에서는 사회주의의 변질은 사상의 변질로부터 시작되며 사상전선이 와해되면 사회주의의 모든 전선이 와해된다고 주장하면서 사상 강화를 역설하고 있다. 셋째 논문인 「조선노동당은 위대한 수령 김일성 동지의 당이다」(1995.10.2)를 통해서 김정일은 제국주의의 정치 외교적 압력, 사상 문화적 와해책동, 경제적 봉쇄, 군사적 위협을 강조하고 이에 대응하여 주체사상의 순결성을 고수할 것과 이를 위해 당의 대중적 기반을 강화하라고 촉구하고 있다. 마지막으로 가장 최근의 논문인 「혁명선배를 존대하는 것은 혁명가들의 숭고한 도덕의리이다」(1995.12.25)에서 김정일은 세계 사회주의 운동역사는 혁명선배들을 저버리고 그들의 업적을 부정할 때 혁명이 좌절된다는 교훈을 주고 있다고 전제하고 북한의 현 체제가 복잡한 환경 속에서도 승승장구하고 있는 것은 앞 세대 혁명가들을 혁명선배로 존대하며 선배들이 개척한 혁명위업을 충실히 계승 발전시키고 있기 때문이라고 주장하였다. 따라서 혁명선배를 존대하는 도덕기풍을 배우고 고상한 도덕의리관계를 발전시키는 것은 사회주의 위업의 계승완성을 위해 중요한 과업이며 특히 호기심이 많고 감수성이 빠른 청소년들에 대한 사상교양은 향후 북한체제가 혁명위업을 제대로 계승할 수 있는지의 중요한 관건임을 재삼 강조하였다.

북한에 대한 소련의 영향력은 한국전쟁에서의 소극적인 지원과 56년도 소련파의 숙청 그리고 이어 중·소관계의 악화에 따른 북한의 등거리외교 시행 등으로 인해 동유럽에 비해 상당히 제한적이었다. 경제부문에 있어 소련은 90년대 초까지 북한의 최대 무역상대국으로서 석유를 비롯한 원자재의 최대 공급 국가였다. 그러나 소련 내부의 변화에 따라 북한에 대한 지원을 지속할 수 없게 된 상황에서 북한경제에는 적지 않은 손실을 주었지만 일찍부터 자급자족 경제기반을 구축한 북한에 대해서는 결정적인 영향력으로는 활용될 수 없는 상황이었다. 더구나 소련과 한국의 수교는 북한의 대소 적대감만을 증폭시키는 결과를 초래해 동유럽 사례에서 보듯이 소련의 개혁·개방의 압력이 북한에는 적용되지 않았다. 이러한 외부의 영향이나 압력은 중국에 대해서도 대동소이하며 정치, 경제적으로 긴밀한 관계를 유지하고 있는 중국도 북한 변화에 대한 영향력은 일정한 한계가 있다. 그럼에도 불구하고 북한은「조-러 우호협력 및 상호원조에 관한 조약」의 폐기에 대신하여 러시아와 보다 우호적인 수준의 새로운 조약체결을 요구하고 있으며 중국과의 관계에서도 당과 군을 중심으로 우호협력관계를 더욱 강화하고자 노력함으로써 냉전이후시대의 변화된 국제정세 하에서 이들 국가들과의 관계를 유지 발전시키고자 노력을 경주하고 있다.

북한은 동유럽 국가들에서 보듯이 시민사회가 형성되지 못하고 있다. 부르주아 계급, 종교인, 지주등 사회주의 체제에 반발할 성향이 있는 인사들은 분단과 한국전쟁 기간 동안 대부분 남한으로 월남하였으며 이들의 토대는 북한에서 철저하게 분쇄되었다. 대내외적 정보는 철저히 차단되고 공개적인 정보의 교류는 사실상 불가능하며 인적 교류도 철저한 통제 하에서만 가능할 뿐이다. 사회주의 체제가 성립되기 이전 사회는 봉건사회나 식민지 통치사회여서 인민들의 의식은 절대군주에 복종하는 신하의 위치에 머물러 있는 상태이다. 따라서 북한사회는 시민사회와는 거리가 먼 臣民社會를 유지하고 있다.

이러한 북한도 사회주의권 붕괴를 전후하여 외부정보의 유입과 경제난과 계급차별 정책에 대한 주민들의 불만 증대, 그리고 관료와 인민들의 일탈행위 등으로 사회기강이 해이해지는 등 사회변화 양상이 나타나고 있다. 이에 대해 북한은 인민들의 불만을 해소하고 사회적 일탈행위를 방지하기 위하여 새로운 사회통합 지침을 마련하여 일탈행위를 단속하고 사회통제를 강화하고 있다. 일례로 92년에서 93년에 걸쳐「비사회주의 그루빠」를 통해 암거래, 범죄, 매춘 등 각종 사회비리를 대대적으로 단속하였으며 김정일의 각종 논문 학습을 통해 사상교양을 강화하고 있다. 더구나 김정일 시대를 맞아 김정일의「인덕정치」를 강조하고 있는데 이는 정치지도자가 계급출신별 차별 없이 인민을 믿음과 사랑으로 포용한다는 정책으로서 인민들은 그들이 비록 복잡군중에 속하더라도 사상교양에 의해 개조될 수 있으며 모든 인민들은 그들 현재의 사상과 행동 양식에 따라 평가되고 이를 토대로 새로운 사회통합을 이룩하고자 하는 것이다.

북한사회의 또 다른 특징은 김일성이 이끄는 소수 항일 빨치산들이 주축이 되어 정권을 창출하였다는 점이다. 출발부터 무력에 의한 강력한 통치기반을 구축한 북한은 한국전쟁과 분단, 남한과의 군사적 대치상태, 중·소로부터의 자주노선 채택 등으로 자체 강력한 무력을 육성하고 유지하고 있다. 국가 자체가 군에 의해 유지되는 동시에 군은 당과 수령에 의해 철저히 통제되고 있으며 기타 유사 군사기구 역시 지도자에 의해 일사불란하게 통제되고 있는 상황에서 군은 정권을 유지하는 가장 강력한 기구로 존재하고 있다.

특히 김정일은 군 최고사령관으로서 현 북한체제를 주도하고 있으며 김일성사후 지금까지 각급 군부대를 집중적으로 방문하여 현지지도와 군 행사에 참여해왔다. 지난 95년 10월 8일 김정일은 김일성 사후 최초로 대대적인 군부 인사를 단행하였는데 이는 군부 원로들의 서열을 상위조절하고 인사권에 대한 확고한 통제력을 과시하였다. 또한 당 창건 기념일에 대규모의 군사퍼레이드를 벌임으로써 막강한 무력을 과시하고 이를 통해 흐트러진 민심을 수습하는 동시에 정권 유지의 핵심인 군의 지지를 확보한 것으로 보인다. 김정일은 나아가 당 조직기구, 국가안전보위부, 사회 안전부 등 유사 군 기관에 대한 장악을 통해 지배 엘리트와 인민들을 효율적으로 관리 통제하고 있어 체제 위기 시 가장 강력한 버팀목으로서 군의 역할에 이상이 없다.

소련을 비롯한 대다수의 사회주의 체제 국가들은 지도자의 사망이나 교체로 인한 파벌형성이나 노선갈등을 경험하였다. 이에 비해 북한은 국가건설이후 김일성 1인의 철저한 권력체제 구축으로 지도력에 대한 반발이나 지도 노선에 대한 갈등이 없었다. 56년 8월의 종파사건과 72년 사회주의 헌법의 개정 등을 통해 철저한 일인지배체제를 시행해온 북한에서 지배 엘리트들은 지도자를 중심으로 철저하게 통제되어왔다. 지도자의 교체로 인한 변화 가능성을 염두에 둔 북한은 이미 20년 전부터 김일성의 아들인 김정일을 후계자로 선정하여 권력승계를 준비해왔으므로 김일성의 갑작스런 사망으로 야기된 위기를 김정일을 중심으로 안정된 권력이양을 진행하고 있다. 부자세습이라는 권력이양 방식을 택한 북한은 전임자에 대한 비판과 노선수정으로 변화를 추진했던 여타 사회주의권 국가들과 달리 김일성의 정책과 노선의 변화 없이 기존의 사회주의 체제를 유지하고 있는 것이다.

김일성을 이어 등장한 김정일은 소위 유훈 통치라는 것을 활용하여 공식 승계 시까지 권력의 공백을 메우고 김일성의 영향력을 최대한 활용하고자 하고 있다. 따라서 김정일은 새로운 정책을 제시하는 대신 김일성의 유훈관철을 최우선 과제로 제시하고 이 같은 유훈달성을 인민동원의 전술로 효과적으로 사용하여 권력기반을 공고화하고 정통성을 증대시키고자 기도하고 있다. 또한 권력이양기의 혼란을 방지하고 김정일의 권력승계를 정당화하기 위하여 김일성, 김정일 부자간의 카리스마의 전이를 적극적으로 추진하며 김정일의 지도자적 자질을 부각시키기 위한 각종 우상화작업도 진행하고 있다.

정도의 차이는 있으나 체제변화를 이룩하고 있는 소련, 동유럽, 중국과 베트남 모두 그 변화의 직접적인 원인은 심각한 경제난이었다. 즉 사회주의 경제이론과 방식으로는 더 이상 자본주의체제를 추격할 수 없을 뿐만 아니라 시간이 지나면서 그 간격은 더욱 넓어질 뿐이어서 이 같은 위기를 타개하기 위하여 경제개혁·개방을 추진하였으며 소련과 동유럽의 경우는 추진 과정에서 정치사회적 변화까지 확대된 사례라고 할 수 있다. 사회주의 경제체제를 수립한 북한의 경우에도 여타 사회주의 국가들의 경우와 마찬가지로 광범위한 경제부문에서 부족현상이 나타나고 군사부문에 대한 과도한 투자와 노동 인센티브의 결핍으로 생산성은 더욱 악화되었다. 더욱이 교역과 투자의 상대국인 사회주의권의 몰락과 핵문제등으로 인한 국제환경의 악화는 북한경제를 더욱 어렵게 만들었다. 결과적으로 북한경제는 에너지를 비롯한 생산원자재 및 중간재의 공급이 절대적으로 부족하고 식량과 각종 소비재 물품 부족현상이 가중되고 있으며 투자재원의 부족과 산업시설 및 기술이 낙후됨으로 해서 90년대 들어서 매년 계속해서 마이너스의 성장을 기록하고 있다. 이 같은 경제 위기에 직면한 북한은 최고인민회의 제9기 제7차 회의에서 「3차 7개년계획」 실패를 보완하기 위한 완충기 과업(농업, 경공업, 무역제일주의) 실천방안을 채택하였는바 현재 북한의 경제정책은 이에 근거하고 추진하고 있다. 농업제일주의를 실현하기 위한 구체적 방안으로 협동농장을 군 단위의 국영농장화하고, 이를 농업연합기업소화 하여 독립채산제 방식으로 경영하는 것이며 경공업제일주의는 유휴

노동력과 자투리원자재를 투입하여 일상 소비품을 생산하는 「8·3 인민 소비품 생산」 증대에 치중하고 있다. 무역제일주의를 관철하기 위해서 북한은 수출품 생산기지의 확대 강화 및 수출품의 질 향상을 통한 수출 증대를 꾀하고 있다. 북한은 1991년 12월 28일 정무원 결정 74호에 의해 나진 선봉지역을 자유경제무역지대로 지정한 후, 1993년 3월에는 「나진 선봉지대 국토건설 총계획」을 완성하였으며 중국 근접지역인 원정리 일대를 추가로 편입하여 동지역의 면적을 확대하였다. 북한은 자유무역지대 건설을 뒷받침하기 위하여 자유경제무역지대 법을 포함하여 20여 차례에 걸친 법률을 제정 혹은 개정하기도 하였다. 북한의 대외경제협력추진위원회는 동지역에 대한 외자와 해외교포자본 및 남한 기업의 투자유치를 위해 1995년 5월에는 심천, 8월에는 북경에서 각각 대규모 투자설명회를 가졌으며 금년 들어서 미국 뉴욕, 일본의 동경을 위시한 주요 도시에서 그리고 중국 등에서 대규모 투자설명회를 개최한 바 있으며 오는 9월에는 선봉·나진 지역에서 남한의 기업을 포함한 외국 기업과 투자자들을 상대로 본격적인 투자설명회를 계획하고 있다. 그밖에 북한은 최근 들어 공식 혹은 비공식 투자유치단을 미국과 유럽, 일본 등에 파견하고 있으며 이들 서방기업들의 투자촉진을 위해 도로망 및 통신망 확충 등 사회간접자본 확충에 진력하고 있다. 다만 자유경제무역지대와 관련하여 이제까지 외국기업과 약 2억 달러 상당의 투자계약을 체결하였으나 실제 투자금액은 2,000만 달러 정도에 그치는 등 실제 실적을 미미한 편이며 20여 개국 130여 대표단이 북한의 경제특구 지역을 방문하여 약 100여 건 이상의 계약서, 의향서, 합의서를 채택한 바 있으나 기대한 대로의 성과는 아직까지 없는 편이다.

북한이 경제침체를 벗어나기 위하여 경제부문에서 부분적인 노력을 기울이고 있으나 이 같은 소극적인 정책보다는 적극적인 개혁·개방전략이 요구되지만 개혁·개방은 체제붕괴와 연결될 수 있다는 우려에서 북한 지도부는 딜레마에 빠져 있다. 따라서 북한은 체제변화를 유발할 위험이 있는 경제자유화 조치나 전면적인 대외개방 등과 같은 경제정책을 채택할 가능성은 희박하며 「나진 선봉자유경제무역지대」를 활용하는 등 제한적인 개방정책의 틀 속에서 그 성과를 최대화하기 위해 노력하고 있는 것으로 보인다.

북한체제의 부문별 현황을 구사회주의권 국가들과 비교사회주의적 관점에서 비교해 볼 때 경제난과 권력구조의 불안정성, 잠재적인 인민들의 불만과 부분적인 일탈행위, 사회주의권의 붕괴 등으로 북한의 상황이 과거 사회주의권 국가들처럼 위기에 처한 것은 사실이다. 그러나 앞서 분석한대로 부분적인 경제개방을 통한 경제난 해소와 대외적 환경의 개선, 군부를 통한 김정일 체제 구축 등으로 여타 사회주의권 국가들처럼 급진적인 체제전환이나 광범위한 변화는 없을 것이며 당분간은 김정일 중심의 「우리식 사회주의」 체제를 유지할 것으로 보인다. 북한의 경우 일부 지역의 개방을 통한 외부정보 및 영향이 유입될 것이나 철저한 정보차단과 강력한 통치체제구축, 그리고 사상 강화 등을 통해 내부적인 권력다툼이나 정책혼선 또는 제2의 사회의 출현 등은 야기되지 못할 것이며 현재와 같은 분단체제하에서 대남적대정책을 추진하는 북한이 실질적 체제전환이나 국가 소멸에 의한 남한에의 흡수통일의 가능성은 현재로서는 희박하다고 할 수 있다. 비록 러시아와 중국이 한국과 관계를 정상화하고 정치, 경제, 사회적으로 긴밀한 협조관계를 유지하고 있으나 이들 구사회주의권 국가들의 북한에 대한 정책에는 큰 변화가 없을 것이며 또한 미국, 일본 등 서방국가들도 한국과의 배타적인 관계에서 벗어나 북한과의 관계를 개선함으로써 동북아지역의 현상유지 및 세력균형을 이루고자 한다는 점을 상기한다면 북한체제는 당분간 근본적인 변화 없이 유지될 수 있을 것이다.

그러나 중-장기적으로 북한체제 내부에서 일고 있는 경제난의 심각성과 그 심각성이 여타 사회주의국가들의 경우에서와 마찬가지로 계획경제에 입각한 본질적인 문제인 까닭에 현재와 같은 부분적인 개혁과 개방을 통해서는 회생불능이며 이는 북한 정권과 정책결정자들로 하여금 만성적인 경제난을 감수하던지 아니면 경제개혁·개방을 심화·확대하는 결정을 하던지 선택하지 않으면 안 될 것으로 보인다. 북한이 당-국가체제와 주체사상과 같은 체제 근간을 이루는 조직과 이념의 순수성을 고집하지만 경제정책의 선택 시점에서 노선갈등이 유발될 것이며 김일성·김정일 부자승계라는 권력이양의 제도적인 측면은 그 자체 정책에 갖는 함의로 인하여 체제의 경직성만을 불가피하게 강화할 것이다.

한편 사회주의권 붕괴 이후 변화된 국제정세를 접한 북한의 해외 상사원, 유학생, 외교관, 중국거주 조선족 및 해외거주 동포 등 방문객 등을 통한 외부정보의 유입이 지속적으로 증가한다면 이는 주민들의 경제적 욕구를 충족시켜주지 못하고 있는 북한경제 상황과 상승작용을 일으켜 주민들 간의 사상동요와 사회기강해이를 심화시킬 것이다. 시베리아 벌목노동자의 탈출과 북-중 국경을 통한 북한 주민들의 탈출 등 탈북현상이 지속적으로 증가하여 그 규모가 수백 명에서 수천 명에 달하게 되면 문제는 더욱 심각해질 것이다. 더욱이 동유럽 유학생들을 포함해 강성산 총리의 사위인 강명도, 김일성대학 강사이며 전 건설부 부부장의 아들인 조명철, 북한군 상좌인 최주활, 대성총국 유럽지사장이던 최세웅, 잠비아주재 외교관 현성일등 북한사회 엘리트 및 그 자녀들의 귀순 등이 보여주듯이 사회일탈현상이 사회 각층으로 확산된다면 사회통제와 사상 강화 노력이 오히려 제2의 사회 출현을 촉진시킬 것이다. 또한 북한은 1984년 인민생활향상을 위한 시책을 채택하여 소비재증산과 식량난해소를 위하여 가내작업반, 개인부업, 농민시장 등 자본주의적 동기부여방식을 도입하여 주민들의 물질생활 향상을 도모하였으나 의식주 문제의 전반적인 해결을 이룩하지 못하고 오히려 관료들의 일반적인 부패현상과 맞물려 주민들의 박탈감과 괴리감을 증폭시키고 있다. 관료들의 부패, 텃밭경작, 농민시장 및 암시장의 확대, 가족위주의 사회구성체 구성 등 북한사회의 새로운 현상들은 개인 이기주의에 따른 당 이념체제에 대한 신심의 이완과 국가의 통제권 밖에 존재하는 시민사회의 성장을 불가피하게 할 것이다.

따라서 금후 중·장기적으로 북한체제가 어떤 과정을 거쳐 어떠한 방식으로 어떻게 변화 이행되어갈 것인가를 전망하기 위해서는 북한이 체제유지를 위해 전개하고 있는 김정일 우상화작업이나 최근 강화되고 있는 사상교양사업과 같은 「우리식 사회주의」의 역동성을 고찰·전망할 뿐만 아니라 근대화론, 엘리트이론, 자유화이론, 시민사회이론, 세계체제론, 국가론, 제도론 등 다양한 비교사회주의 분석틀을 활용하여 사회주의 체제의 전반적인 체제전환 경로 및 전략적 선택 등의 차별성을 지속적이고 심도 있게 연구, 분석하는 노력이 필요하다고 하겠다.

제2부

북한 정세변화와 남북 관계

포스트 김정일 시대 북한정권의 생존전략과 남북 관계 개선전망

포스트 김정일 시대를 위한 권력구도 개편

천안함 사태의 딜레마에 봉착한 북한은 이례적으로 최고인민회의 제12기 제3차 회의를 6월 7일 2달 만에 개최함으로써 선군정치에 가려 그 역할과 위상이 위축되었던 노동당이 조직과 운영을 일신하고 전통적인 당-국가체제로 복원하는 수순을 공식화하기 시작하였다. '당 중앙위원회 사수'란 표현이 재등장하고, 80세 고령인 최영림 평양시당 책임비서이자 당 정치국 후보위원을 당 중앙위원회 정치국의 제의에 따라 내각총리에 임명하였다. 새로 내각의 부총리에 임명된 강능수 당 영화부장을 필두로 황해남도 책임비서 김낙희와 평안남도 책임비서 이태남 등을 부총리에 각각 임명함으로써 당의 핵심 간부들을 내각에 전진 배치하였다. 과거 당 조직지도부 제1부부장을 역임하고 당 행정부장으로 복권된 장성택이 국방위원회 위원으로 선출된 지 1년 여 만에 다시 국방위 부위원장으로 선출된 것은 당관료의 국방위원회 핵심 역할 담당의 신호탄이자 김정은으로 예상되는 새로운 지도자의 후견세력이 기존의 김영춘 인민무력부장과 오극렬 당 작전부장 등 군부세력과의 역할 분담 속에 핵심 세력으로의 위상 강화로 해석될 수 있다. 장성택 부장의 비중과 역할 증대는 이례적으로 김정일 국방위원장의 제의에 따라 이루어졌음이 공개됨으로써 2008년 하반기 김정일 위원장의 건강 악화 이래로 파행적으로 운영되던 국정운영시스템이 김 위원장 스스로의 결심에 따라 근본적인 개편 수순에 진입하게 된 것을 의미한다. 결국 당 중앙위 정치국은 2010년 9월 상순 당 대표자회를 개최하여 당 최고지도기관(당 중앙위원회, 정치국, 비서국 등)의 선거를 실시하게 될 것임을 당 중앙위 정치국 결정서를 통해 발표함으로써 김정일 이후 시대를 대비하고 새로운 후계구도 구축을 위한 본격적인 당-군-정의 새로운 권력구조 개편 작업이 이루어지기 시작하였다.[1]

북한은 이미 2009년 4월 개최된 최고인민회의에서 헌법의 일부 조항을 개정하여 국방위원회를 실질적인 국가최고통치기관으로 격상하고 위원장이 과거 주석과 같은 위상과 역할을 수행할 수 있도록 규정하였다. 이는 건강이 악화된 김정일 위원장이 생전에 자신의 통치기반을 유지함과 동시에 후계구도의 조기 안착을 염두에 둔 조치라고 평가할 수 있다. 즉 헌법 개정을 통해 김정일 중심의 국방위원회가 체제안보를 책임지는 최고의 국정지도기구로 격상되어 선군정치를 지속하면서 김정일의 권위로서 후계체제의 정당화를 뒷받침하려고 한 것이다. 김정일은 자신이 그랬던 것처럼 본인이 살아있는 동안 후계자로 지목한 3남 김정은이 안정적으로 차기 지도자, 수령으로의 지위를 확고히 할 수 있도록 후계수업을 진행시켜 나갈 것이다. 김정일은 74년 후계자로 지명되기까지 당 조직지도부 지도원을 거쳐 당선전선 동부 과장, 부장, 그리고 조직담당 비서로 임명되기까지 김일성의 후광과 자신의 역량을 통해 충분한 기반을 구축하였고 이후 80년 6차 당 대회에서 후계자로 공식화된 이후에도 14년간 김일성을 보좌하면서 지도자 수업을 하였다.[2] 그러나 김정은은 촉박한 일정 속에 조속한 시일 내에 후계자로 공식화되기 위해서 국가보위기구 등 핵심 부서에서 압축적으로 업무를 수행했던 것으로 알려지기도 했다. 결국 '청년 대장' 김정은으로의 후계체제

1) 졸고, "북한의 권력구조 변화와 당군정 관계," 국가안보전략연구소 2010년 국내학술회의 발표논문(2010.9.9).

2) 정성장, "포스트 김정일 시대 북한 권력체제의 변화전망," 2008년 북한연구학회 공동학술회의 발제논문, pp.250-251.

구축 작업은 당 대표자 회에 이어 목표 년도로 보이는 2012년까지 체계적이고 단계별로 그리고 매우 압축적으로 진행할 것으로 보인다.

그러나 김정은은 어린 나이와 부족한 경험으로 본격적인 후계자로서 통치를 담당하기에는 내부 반발 등 극복해야 할 과제가 많기 때문에 김정일 생전에는 물론 그 이후에도 일정 기간 원로 및 실무 그룹의 후견이 필요할 것으로 보인다. 따라서 그런 후견집단체제의 역할 수행이 원활하기 위한 사전 정지 작업이 역시 속도감 있게 진행되었다. 2009년 국방위원회에 신규 충원된 인물들은 김정일의 매제인 장성택 당 행정부장, 주상성 인민보안상, 우동 측 국가안전보위부 1부부장, 주규창 당 군수공업부 1부부장, 김정각 인민군총정치국 1부부장이며 직전에 부위원장으로 국방위원회에 진입한 오극렬 당 작전부장과 함께 김정은의 후견그룹으로서의 역할을 할 것으로 예상된다. 인민무력부장에 임명된 김영춘 국방위 부위원장과 리영호 참모장은 김정일의 측근이자 고영희 계열의 인물로서 김정은의 후계구도 정착에 주요 역할을 담당할 것이며 이들은 군부 쪽에서 후계자 선정의 당위성을 뒷받침할 것으로 예상된다. 이와 함께 당, 군의 핵심 실무부서 책임자들이 김정은 주위에 포진함으로써 향후 본격적인 후계구도 과정에서 통제와 우상화 작업을 병행해 나갈 것이다.

한편 김정은이 후계자로 내정된 이후 준비 작업이 신속히 진행되고 있으며 이에 따라 후계자 김정은의 우상화 선전 사업 역시 내부적으로 진행되어 왔다는 정보들이 다수 보고되었다. 김정은이 후계자로서의 자질과 역량을 과시하기 위해 지구 인공위성 발사, 핵실험 등을 단행하면서 초강대국 미국과 국제사회에 대항할 수 있는 최적의 지도자임을 과시함과 동시에 향후 첨단 과학 기술력에 기반한 강성대국 건설을 진두지휘할 것으로 예상된다. 예컨대, 4.15 김일성의 탄생일인 태양절을 기념하여 초대형 폭죽행사를 컴퓨터제어기술(CNC)을 동원해 성사시킴으로써 김정은의 배포와 과학기술 감각과 역량을 주민들에게 과시함과 동시에 할아버지 김일성을 이어 받아 만경대 혈통의 혁명적 계승과 2012년 주체 100년을 기해 강성대국을 완성함으로써 일체화, 정당화를 이루려하고 있다. 경제 건설 분야에서의 150일 전투, 100일 전투 등을 발기하여 김정일이 후계자로 선정된 후 벌였던 70일 전투를 연상시키며 업적 쌓기에도 적극 나서고 있다. 김정은은 군사, 정치, 경제, 외교 뿐만 아니라 과학기술, 문학예술, 체육 등 모든 분야에서의 천재성을 발휘하여 북한체제를 국제사회에 재등장시킬 수 있는 인물로 부각시키고 있는 것이다.

포스트 김정일 시대의 과제

김정일 이후의 북한의 미래는 북한 정권이 수립된 이후 북한체제를 지탱하던 3가지 핵심요소인 절대 권력자인 수령중심의 독재체제와 노동당 영도체제에 의해 주도되는 사회주의 계획경제 그리고 주체사상이나 선군사상과 같은 사상통제에 의한 폐쇄체제의 존속여부에 달려있다.

북한의 후계구도가 김정은으로 공식화되고 김정일 생전에 실제 권력이동이 이루어는 과정에서 노동당의 위상이 정상적으로 회복되지 않을 경우 조선민주주의 인민공화국의 기본 권력구조와 정체성의 혼란이 발생할 것이며, 나아가 김정일 사후 심각한 권력투쟁이 발생할 가능성을 배제할 수 없어 결국, 북한 지도부는 권력이양을 대비해 당체제정비와 당 중심의 국가체제를 재구축하기로 결정하였다고 볼 수 있다. 북한체제는 출범부터 당-국가체제이며 당이 수령 독재의 근간임으로 이를 김정운의 후계구도과정에서 당이 배제되거나 약화될 경우 엘리트 간의 권력투쟁이 불가피할 것이기 때문이다.

수령 독재체제가 사회정치적 생명체론 등 주체사상의 이념적 기반 없이 보위기구나 인민무력부 등 억압통제기구 중심으로 운영될 경우 주민들에 대한 사상통제와 선전선동, 감시통제 기능이 약화됨으로써 급격한 체제 이완 현상이 발생할 가능성도 있다. 중국과 당 대 당 차원에서 연계될 수 있는 공산당 조직의 약화나 와해 현상이 발생할 경우 친중국계의 집단적 이탈, 반발이 조직화될 수 있음도 배제할 수 없는 상황이다.

포스트 김정일 시대의 주요 정책 과제로서는 핵문제를 비롯한 체제 생존문제와 경제발전을 어떻게 조율하고 병행시킬 것인가 하는 것이다. 북한은 여러 차례 공언한대로 6자회담 재개를 둘러싼 새로운 한반도 정세를 주도하기 위해 당 창건 65주년을 기해 2년 후 강성대국의 대문을 활짝 열어젖힌다는 명분으로 평화공세를 전격적으로 제기할 것이다. 6자회담 재개 논의가 북한에 일방적으로 불리하지 않은 상태에서 타결될 경우 남북 고위급 회담을 제안할 가능성도 있다.

남북대화가 재개될 경우 금강산 관광 재개와 이산가족상봉을 맞교환하면서 대북 인도적 지원 차원에서 대규모 식량지원을 요청할 것이다. 만약 미국의 추가 대북제재 등이 효력을 발휘하여 북한에게 극도로 불리한 상황이 전개될 경우, 6자회담은 지연되고 그 과정에서 북중, 북러 관계는 강화되는 반면 남북, 북미, 북일 관계는 경색될 것이나 중국의 입장과, 미중, 한중관계 등 거시적, 구조적 측면을 고려할 때 신냉전시대의 구축과 같은 대결구도는 형성되지 않을 것이다.[3)]

김정일 위원장의 건강은 포스트 김정일 시대의 북한의 권력구조 변화를 예측함에 있어 가장 중요한 변수이다. 그의 건강 악화에 따라 권력 통제력이 급속히 약화될 경우 새로 부상하는 김정은 중심의 후계후견세력 간에는 단기적으로 보완관계를 유지할 것이나 시간이 지남에 따라 새로운 견제와 갈등관계 형성 가능성을 배제할 수 없다. 김 위원장은 국방위원회를 중심으로 친정체제를 유지하려고 하나, 새로운 권력

3) 남궁영, 『분단 한반도의 정치경제』 (서울: 오름, 2010).

핵심인 김정은은 당 중앙위를 중심으로 선군정치를 서서히 당-국가체제로 개편하고 내각에서는 중국식 개혁개방을 일부 모방한 북한식 경제 발전을 중요 현안으로 북중 또는 남북 관계 개선을 통해 해결하려는 과정에서 정치적 갈등과 정책 표류가 있을 수도 있다. 경제정책과 당의 지도노선을 둘러싼 보혁 또는 강온파간 대립은 정책의 본질적 논의보다는 이념과 친소관계에 따른 힘겨루기 양상으로 비화되면서 당과 국가의 정체성의 혼란과 정책적 난맥상이 초래될 수도 있다.

김정일, 김정은 부자 세습이자 대를 이어 김일성 왕조를 계승하는 권력구조 변화에 국한될 수도 있으나 이에 수반하는 권력배분에 따른 갈등과 투쟁 양상을 배제할 수 없으며 결국 새로이 권력 핵심부에 진입한 신구 세력 간 힘겨루기가 불가피할 것으로 전망된다. 김 위원장의 의도대로 김정은의 권력이 예상보다 조기에 신속히 안착되거나 시일이 경과함에 따라 대폭적으로 강화될 경우 반 김정은 세력의 선제적 압박 공세와 중국식 개혁개방 모델을 전면적으로 도입할 것을 구실로 중국의 보다 적극적인 개입을 유도함으로써 세력화할 수도 있다.

포스트 김정일 시대의 남북 관계

김정일 시대 이후 북한의 군사모험주의가 퇴조하고 당 중심의 국가체제가 개편될 경우에도 단기적으로 남북 관계의 획기적 전환은 기대하기 어려울 것이다. 그러나 중장기적으로 최소한 남북대화와 협력관계의 복원은 가능할 것이므로 이에 대한 대비책을 수립하여야 할 것이다. 동시에 국제사회에서 남북 간, 또는 통일을 위한 지지 확보를 위한 본격적인 외교전에 대해서도 사전에 준비하여야 할 것이다. 북한은 남한의 정치 특성상 어떤 정당이 집권하더라도 정상회담을 비롯한 대화 제의 가능성을 예견하고 이에 대비하고 있을 것이며, 특히 후계구도가 안착된 후 강경세력의 퇴조 시 협상에 응할 가능성이 높다.

김 위원장의 위상과 역할이 약화되는 시점에서 신구 세력 간 권력투쟁이 발생할 가능성이 있으며, 이 같은 내부 정세의 악화는 우리에게 위기이자 기회가 될 수 있다는 점에서 때를 기다리기 보다는 시나리오별 대응전략을 마련하여 전략적 공세를 추진할 필요가 있다. 김정일 이후 시대, 우리에게 유리한 개방협상파의 입지를 고려하여 미중과의 전략대화를 북한을 포함한 4자협의체로 발전시킬 것을 제안할 수도 있다. 2010년 11월 11-12일 개최될 G-20 서울 회의를 빌미로 한국의 대외적 위상 제고뿐만 아니라 북한에게 실질적인 혜택이 돌아갈 수 있는 조치로서 개도국과 선진국의 협력체제 구상을 시범적으로 남북한 경협에 적용해보는 것도 한 방법이 될 수 있다. 문제는 향후 김정일 이후 북한지역에 새로운 개발독재정권의 출현에 대비하여 안보태세는 철저히 강화하면서 북한과의 대화와 협력을 모색하되 북한 주민들의 대안과 희망의 선택으로서의 대한민국의 선진화를 꾸준히 이룩함으로써 평화통일의 기틀을 마련하는 일이다.

북한의 새로운 권력구조 개편과 6자회담이 재개되더라도 김정일 생존 시 핵 포기와 같은 전향적인 결단이 이루어지기는 어려울 것이며 동시에 북한의 과도한 핵개발도 뜻한 대로 실현되지 못할 것이기에 포스트 김정일 시대에도 상당 기간 동안 북핵문제는 북한의 체제전환이나 근본적인 정책 변화가 이루어질 때까지 관리 대상으로 남겨질 가능성이 크다. 김정일에 이어 김정은도 그동안 개발한 핵을 끝까지 포기하지 않음으로서 상대방을 지치게 하거나, 북한 핵프로그램을 실질적으로 동결/폐기하는 대신 새로운 명분이나 구실 하에 '거래의 유혹'을 지속할 것으로 보인다. 남한을 포함해 미국, 중국, 일본, 러시아 등 6자회담 참가국이자 동아시아의 주요 핵심 세력들은 각자 자신들의 이해관계와 상대방의 선택에 대한 대응으로서 북핵문제 해법을 추구할 것이며, 이 과정에서 각국의 전략대화가 양자 및 다자차원에서 그리고 6자회담 틀

안에서 또는 6자회담 틀 밖에서 이루어짐으로써 향후 2012년 한국을 비롯한 주변 각국의 정치 일정에 영향을 줄 것으로 예상된다. 북한은 핵개발을 체제 생존의 가장 강력한 보장책으로 간주해온 만큼 김정일 이후 시대에도 상당 기간 이미 확보한 핵무기는 포기하지 않고 핵보유국 지위를 주장하며 미국 등 주변국가와의 평화협정 체결 등 현상유지적 타협책을 놓고 협상을 전개할 것으로 보인다.[4)]

북한의 2단계 핵불능화조치는 2008년 중단되었지만 9.19 공동성명의 중요성을 인식하는 공감대 속에 의장국인 중국의 중재안에 따라 예비회담을 포함하여 결국 6자회담이 재개될 가능성이 높지만 김정일 생전에, 그리고 포스트 김정일 시대에 진입하더라도 완전한 핵포기를 의미하는 모든 핵프로그램의 폐기와 완벽한 신고와 검증 수용 등의 결단은 단행하지 않을 것으로 전망된다. 영변 핵시설에서 추출한 무기급 플루토늄을 비롯한 농축 우라늄 개발 계획 등 핵무기의 폐기와 미사일, 생화학무기 등 대량살상무기의 완전 폐기와 관련한 협상은 지속될 것이나 이 과정에서 벼랑 끝 외교, 살라미전술 등 전통적인 기만전술을 반복 구사할 것이다. 북한은 미국의 모든 대북제재 해제와 안전보장 및 6자회담국가들이 제시할 포괄적 대북 패키지 안이 구체화되면 추가적인 핵과 대량살상무기의 개발을 중단함으로써 미국 및 국제사회와의 대결구도는 피하고자 할 것이나 평화체제 논의 등 새로운 이슈를 적극 제시함으로써 지연 전술을 전개할 것으로 전망된다.

북한의 경제난은 만성적이고 구조적인 특성을 갖고 있으며 2010년에도 식량생산의 부진과 외부로부터의 지원 감소와 더불어 신의주를 비롯한 전국적으로 수해 등 천재지변 등 악재가 겹쳐 경제난을 극복하지 못할 것이며 박봉주 전 내각총리를 새로 당 경공업부 부부장으로 복

4) 백승주, "북한 핵문제 해결을 위한 대북정책 추진방향," 통일연구원 제1차 국정성과평가 전문가 토론회 발제논문(2010.2.22), p.99.

권 기용하는 등 변화를 모색하고 있으나 김정일-김정은 과도기 후계구도 하에서 체제 변화를 수반할 본격적인 개혁개방으로의 정책 전환에는 신중하게 접근할 것이다. 김정은 주도로 2009년 150일 전투, 100일 전투 등을 전개했으나 실질적으로 동원할 수 있는 자원이 절대 부족하고, 미진한 개혁개방으로 인해 식량난, 에너지 및 외화난 등 만성적인 경제난은 해소하지 못했다. 따라서 향후 남북 관계 및 대외관계의 부분적 개선을 통해 유입되는 외부 원조를 지속적으로 수주하기 위한 노력을 재개할 수밖에 없을 것이나 이로 인해 파생되는 경제구조 왜곡 현상은 개선되지 못할 것이다. 임시로 시장경제를 허용하는 등 부분적인 경제 회복 노력은 북한 내 신종 빈부격차를 발생시키는 동시에 이에 따라 각종 생계형 범죄는 근절되기 어려울 것이다.

북한은 내부 통신망 확충과 휴대전화 사용 확대 등 정보통신 분야에서의 변화를 모색하고 있으나 외부와의 접촉이나 교류는 적극 차단하고 있으며 이는 향후 핵문제의 부분적 해결과 이로 인한 남한을 비롯하여 미, 일과의 관계 개선이 이루어지더라도 외부, 특히 남한으로부터의 영향력 유입을 차단하기 위해 폐쇄체제를 근본적으로 변경하지 않을 것이며 개방과 폐쇄의 반복적 행태를 보일 것이다. 인터넷 등 정보통신, 통행 등에 대한 차별적 적용 등 각종 차단 조치를 강화할 것이며 화폐개혁이후 당국에 대한 불만과 불신과 각종 유언비어의 난무로 초래된 내부 균열과 체제 이완을 방지하기 위한 체제단속을 완화할 수 없을 것이다. 생계 등 이유로 직장 이탈을 적극 통제할 것이며 북한 사회를 탈출하는 탈북자에 대한 단속과 징벌이 강화함으로써 김정일 이후 후계체제의 통제력과 정당성을 제고하려 할 것이다.

북한 인권에 대한 국제사회의 비난 여론에 대해 법 규정의 보완을 통한 형식적 개선 노력은 보일 것이나 후계구도 구축과정에서 체제 단속과 사상 이완을 방지하기 위해서 체제비판은 허용하지 않을 것이다. 국제사회의 지속적인 인권 개선 압력으로 헌법 개정 시 인권관련 조항을 삽입했음에도 불구하고 일반 주민들에 대한 기본권 보장은 이루어지지 못할 것이며 3대세습의 속성상 근본적인 변화는 체제 안전상 이루어질 수 없을 것이다. 결국, 북한사회에서 전면적인 개방은 체제의 급속한 붕괴 및 흡수 통일에의 위협이 되므로 후계구도 정착에 따라 권력구조의 변동에도 불구하고 사상통제와 체제단속은 유지되거나 오히려 강화될 수도 있다.

김정일 이후 점진적 남북 관계 개선과 통일전망

1989년 11월 9일 베를린장벽이 전격적으로 붕괴되고 불과 1년이 채 안된 이듬해 1990년 10월 3일 동독의 국가 해체와 독일연방으로의 평화적 편입을 통해 역사적인 독일 통일이 이루어진데 대해 북한 지도부는 대단히 충격을 받았으며 이를 계기로 대내, 대남, 대외적 대응기제를 재구축함으로써 체제생존을 적극적으로 모색하였던 적이 있다. 베를린장벽의 붕괴는 동유럽 및 구소련 등 사회주의권 대변혁의 일환인 동시에 동서독 분단의 종식이란 점에서 남북분단의 당사자로서 모든 면에서 남한과 대립, 경쟁하고 있던 북한에게는 부정적이고 패배주의적인 측면에서 심각한 위기로 받아들여졌었다.

베를린장벽의 붕괴와 동독 체제, 국가, 정권의 소멸에 대해 북한 지도부는 위기감속에 한반도에서의 유사 사태 발생 가능성을 면밀히 검토하고 대비책 마련을 서둘렀으나 대외적으로나 일반 주민들에게는 이 같은 사태의 심각성이나 중요성을 직접적으로 표출하지 않은 채 체제단속과 주민 결속에 집중했었다.[5] 북한은 베를린장벽의 붕괴와 동독의 흡수통일 원인을 외부의 와해음모와 동독 내부의 사상적 해이, 그리고

---

5) 허문영, 『북한지도부의 정세인식 변화와 정책 전망』(서울: 민족통일연구원, 1994).

그 과정에서 소련의 역할을 중시함으로써 역으로 이를 방지하기 위해 각종 조치를 강화하기도 하였다.

베를린장벽 붕괴 이후 남북 관계의 전개과정과 북한체제의 미래를 전망할 때 남북 관계의 점진적 개선을 우선하되 통일목표와 남북 관계 개선을 유기적으로 결합한 복합적 접근이 필요하다. 한반도의 통일이 궁극적 목표이되 이는 평화적으로 달성되어야 한다는 원칙을 분명히 하고 남북 간 화해협력의 기조를 유지하되, 북한의 급변사태 발생 시 이를 통일의 기회로 활용할 수 있는 준비를 동시에 갖추어 나가야 한다. 물론 한반도에 전개될 평화적 통일기반은 점진적이고 단계적인 방식으로 추진되어야 한다.[6)]

남북한 평화적 통일을 위한 기반을 구축하기 위해 한반도 비핵화, 북한 개혁개방 및 올바른 남북 관계 발전 등 3대 추진 목표를 구현할 정책적, 법-제도적 기본 틀이 마련되어야 한다. 이를 위해 한반도의 비핵화를 전제로 평화체제 구축을 본격적으로 추진하되 전시작전권 환수와 한미연합사 해체에 대비한 자주적 대북 군사적 억지력을 확보하여야 한다. 한반도 평화협정 체결을 위한 남북대화 및 4개국 회담을 개최할 수 있고 이와 관련해 남북 간 군사긴장완화, 군사적 신뢰구축과 군비통제를 시범적으로 실시하며, 이를 검증할 기구를 구성 운영할 수 있을 것이다.

남북 경협사업의 운영관리시스템을 시장경제에 맞게 개혁하여 북한경제의 질적 도약을 유도하는 것이 필요하다. 개성공단 등 남북 경협사업에 종사하는 근로자들의 임금 및 각종 인센티브의 자율적 지급과 북한에 진출한 투자 기업이 북한 근로자들을 자체 선발하고 관리 운영할 수 있도록 하여야 한다.

남북 관계의 호혜적 발전을 위해 남북 간 쌍방향 교류협력이 추진되

---

6) 정용길, 『독일 1990년 10월 3일』(서울: 동국대 출판부, 2009).

어야 한다. 남북 관계의 호혜적 발전을 위한 중장기 계획을 수립하고 남북 간 쌍방향 교류협력의 원활한 추진을 위해 법제도를 개정한다. 북한 주민들의 남한 방문의 규모와 횟수를 획기적으로 늘리기 위해 민간 차원의 교류협력 지원 시 북측 요원들의 남한 방문을 제도적으로 규정하고 재정적으로 지원하여야 한다.[7] 북한 내 사상 및 종교의 자유 허용을 촉구하기 위하여 각 종교단체 종사자들의 북한 내 상주를 실현한다. 아울러 인터넷 개방과 도서, 음반, 영상물 시장 및 신문과 방송 시장을 상호 개방하고 관련 기자들의 상호 주재를 허용하여야 한다.

이산가족문제, 납북자 및 국군포로문제 해결을 비롯한 북한 인권문제 개선을 지속적으로 촉구한다. 이산가족의 재결합을 목표로 하되, 우선 생사 확인된 이산가족 1세대의 수시 상봉과 상호 고향 방문을 추진한다. 납북자 및 국군포로의 경우 전원 송환을 원칙으로 하되, 납북자 및 국군포로들의 가족 간 자유 왕래를 보장한다. 북한 인권문제 개선을 북한인권법을 제정하여 각종 북한인권개선을 위한 사업을 활성화하고 관련 법규에 따라 북한인권 개선을 위해 남북 관계 및 대북지원협력사업을 연계하여 추진하는 것이 바람직하다.

김정일 후계구도의 등장에 따라 북한의 의도적인 전략으로 인해 한반도 주변정세가 고조되는 데 대해 한국 등 주변 국가들의 일치된 대응만이 긴장을 완화하고 동아시아 지역의 평화와 안전을 보장할 수 있으며 이때가 특히 한미, 한미일, 한중, 한중일 간의 긴밀한 협조가 절실해질 시점이 될 것이다. 따라서 한미일 간 협조체제를 구축함에 있어 최고 지도자들 간의 긴밀한 의사소통과 실무급에서의 치밀한 대응 방향과 구체적인 추진 전략이 도출되어야 한다. 한일, 한중, 한중일 간 협조는 북한문제 해결에 있어 미국을 보다 적극적으로 개입하게 할 수 있는

7) 김정수, "남북한 인도협력의 호혜성 제고 방안," 『통일정책연구』 제18권 1호(2009), pp.168-169.

명분을 제공함과 동시에 북한에 대한 규제를 효율적으로 운영할 수 있을 것이다. 6자회담의 틀을 유지하는 한편 유엔안보리에서의 플러스 2의 역할을 지속적으로 수행할 수 있도록 북한 및 한반도 문제에 관한 한일, 한중, 한중일 간 정상회의 뿐만 아니라 장관급 전략대화와 차관급의 실무조정회의를 정례화 할 필요가 있다.

김정일 이후 북한 내 급변사태 발생과 통일전망

향후 남북 간 대화와 협력은 분명한 원칙과 추진 기조 하에 신축적이고 실용적으로 운영하되 김정일의 신상 변화 및 후계구도 구축과정에서 발생할 북한의 급변사태에 의한 전격적인 한반도 정세 변화에 대해서도 대비하여야 한다. 21세기 탈냉전의 남북 관계는 남북한 정부만의 대화협력이 아닌 남북한과 주변국제사회의 복잡한 연계 속에 다양한 행위자의 참여를 통해 이루어지는 세계화과정의 축소판이다. 모든 면에서 불투명하고 폐쇄된 북한을 상대하는 입장에서 최악의 상태에서 차선책을 추구하는 신중한 접근을 지속하여야 하며, 남북대화협력에서 야당과 민간단체 등 합리적 세력들 간의 소통과 역할분담 및 협력 체제를 강화하되 정부의 유연하고 일관성 있는 리더십이 필요하디.

특히, 김정일 이후에도 북한은 체제유지를 위해 수령제와 핵무기보유를 지속하려할 것이나 이를 정당화하거나 용납될 수 있는 조건이 시간이 지남에 따라 점차 소멸하게 될 것이며 결국 내부의 혼란과 체제전환이 불가피하게 될 때를 대비하여야 한다. 북한 내부의 권력구도 재편과정에서 북한 주민들의 친남한, 친통일의 환경 조성을 위한 지원과 법적, 제도적 장치를 마련하여야 한다. 통일비용이나 통일 후 후유증에 대한 불필요하고 과다한 공포심을 극복하고 평화적, 단계별 남북 관계 개선과 급진적 통일 가능성을 동시에 감안한 성숙한 국민의식과 국론결집이 필요하다. 동시에, 급변사태에 대비하여 공개적인 언급보다는 상황 변화에 따른 내부치안확보와 긴급구호에 대한 인적, 물적 대비책을 마련하여야 한다. 북한 내 핵무기를 비롯한 대량살상무기를 안전하게 관리할 수 있도록 작계5029를 비롯한 한미연합군사 작전 실시와 미국을 중심으로 국제관리기구가 구성 운영될 수 있을 것이다. 무엇보다 만일 후계체제 정착과정에서 발생할 수도 있는 급변사태가 통일의 기회로 전환될 수 있도록 미, 중, 일, 러 등 주변국가와 유엔 등 국제기구에 대한 통일외교를 적극 추진해야 할 것이다.

북한의 후계구도는 안정적으로 정착되지 못하고 급변사태로 확산되어 한반도의 근본적인 지각변동을 초래할 가능성이 상존하고 있는데 대한 한미 동맹과 함께 동아시아 3국의 전략적 대응책이 마련되어야 한다. 김정일 생전 또는 사후에 후계구도를 둘러싼 권력투쟁이 발생하고 정국이 극도로 불안정해질 경우 한미동맹 뿐만 아니라, 한일 간, 한미일 간 공조체제를 중심으로 중국과 러시아 및 국제사회를 설득하고 협조를 구하는 국제연계망을 구축하여야 한다. 북한의 대량살상무기를 안전하게 확보하는 문제는 미국을 중심으로 이루어질 가능성이 높으나 무법, 무질서한 치안문제 해결을 위해서 평화유지군 등을 파견할 경우에는 한국을 중심으로 주변국의 적극적인 지원을 통해 조기에 안정화 시켜야 한다.[8)]

대량난민이나 보트피플의 발생을 최대한 억제하기 위해 긴급 구호에 착수하여 식량 등 인도적 지원과 본격적인 경제 지원활동을 위해 중국과 일본의 적극적인 협조가 필요함. 북한의 급변사태가 조기에 수습되고 한반도 통일문제가 전격 제기 될 경우 미국과 일본은 한반도가 자유민주주의, 시장경제 및 인권을 존중하는 새로운 통일한국으로 재탄생할 수 있도록 중국, 러시아 등 주변 국가를 설득할 수 있는 내부 공감대를

8) 김석우, 홍성국, 『통일은 빠를수록 좋다』(서울: 기파랑, 2010).

형성해 나가야 할 것이다.[9)]

신남북 관계 형성과 통일 기반 조성 방안

향후 김정일 이후 북한과의 관계를 새롭게 견인하기 위해서는 과거처럼 북한 정권의 생존을 기반으로 주변국의 이해를 반영하는 수동적이고 소극적인 방식을 탈피하여 북한 주민들의 광범위한 지지와 협조를 구하기 위한 이념적 포용성과 실천력 있는 전략적 내용을 갖추어야 한다. 남북경협과 대북지원에 있어 상호주의와 투명성을 확보하여 북한의 온건 엘리트로 하여금 보다 합리적 선택을 할 수 있는 계기를 조성하는 것이 필요하다. 북한의 일반 주민들에게 실질적으로 혜택이 주어질 수 있도록 함으로써 경협과 인도적 지원의 목표가 충분히 부각될 수 있어야 한다. 또한, 미국 등 주변 국가들의 대북정책이 북핵문제의 해결과 동시에 북한 정권의 잘못된 판단에 면죄부를 주지 않도록 하여야 하며 이를 위해 미국은 물론 중국과 일본과의 전략적 대화와 협조를 적극화하여야 한다.

과거 '햇볕정책'의 문제점과 변화된 환경을 감안하면 향후 우리의 대북정책과 새로운 통일구상은 과감한 패러다임의 변화 속에서 재구축되어야 한다. 새로운 패러다임의 전환은 북한의 실상에 대한 객관적인 평가와 주변정세의 변화 흐름을 제대로 파악한 토대위에서 이루어져야 한다. 첫째, 북한은 실패한 체제이며 개방, 개혁 노선을 취하지 않는 한 회생 불가능하기 때문에 3대 세습체제의 구축에도 불구하고 북한체제 내부의 변화가 불가피하며 결국 주민들의 일탈현상이 가속화될 것이다. 둘째, 중국의 북한에 대한 인식과 이해관계 역시 전통적인 혈맹관계에

9) 박관용 외, 『북한의 급변사태와 우리의 대응』(서울 한울아카데미, 2007).

서 탈피하고 있으며 자국의 국가이익이나 동북아의 안정을 위해 어떤 경우에도 북한체제의 존속이 필요하다는 입장에서 서서히 변화하기 시작했다고 판단된다. 셋째, 국제사회, 특히 한반도 주변정세의 변화 속에 새로운 대북정책과 통일방안이 마련되어야 하며 그 핵심은 북한의 변화를 촉진하고, 그 변화를 남북 관계의 개선과 올바른 통일의 기반으로 활용할 수 있어야 한다.[10)]

그동안 남북 관계의 양적인 확대만을 염두에 둔 까닭에 대북정책과 통일정책간의 유기적 연관관계가 파기되었고 이로 인해 통일의 비전과 희망이 소진되어 왔음을 주목하여 시대적 소명을 담은 새로운 통일방안을 제정하여 통일담론을 선도해 나가야 한다. 대북정책의 궁극적 목적은 평화적 통일인데 우리 사회 내부에서 통일에 대한 기대와 확신이 약화되는 상황에서 하루속히 국제사회와의 보조를 맞추고 향후 북한체제 변화와 우리 스스로가 주도하는 통일의 당위성과 정당성을 국제사회로부터 공인받을 수 있도록 스스로 통일에 대한 자신감을 회복하여야 한다. 북한 주민과 엘리트들의 대남한 선호의식을 고취할 수 있는 전략이 통일방안에 포함되어야 하며 수만 명으로 추정되는 재중탈북자들과 2만 명에 달하는 남한 정착 탈북자들에 대한 집중적이고도 체계적인 지원을 통해 북한 내부의 대전환의 계기를 마련하여야 한다.

---

10) 박명규 외, 『연성복합통일론』(서울: 서울대 통일평화연구소, 2010).

북한 후계체제와 향후 남북 관계 전망

김정일-김정은 후계체제를 위한 권력구도 개편

북한은 9월 28일 3차 당 대표자회를 개최하여 노동당의 조직과 운영을 일신하고 전통적인 당-국가체제로 복원하는 수순을 공식화하기 시작하였다. 1980년 6차 당 대회 이후 30년 만에 개최된 당 대표 자회를 앞두고 북한에서는 '당 중앙위원회 사수'란 표현이 재등장하고, 80세 고령인 최영림 평양시당 책임비서이자 당 정치국 후보위원을 당 중앙위원회 정치국의 제의에 따라 내각 총리에 임명하는 한편 과거 당 조직지도부 제1부부장을 역임하고 당 행정부장으로 복권된 장성택이 국방위원회 위원으로 선출된 지 1년 여 만에 다시 국방위 부위원장으로 선출된 것은 당 관료들이 기존의 군부세력과의 역할 분담 속에 핵심 세력으로의 위상 강화로 해석될 수 있다. 장성택 부장의 비중과 역할 증대는 이례적으로 김정일 국방위원장의 제의에 따라 이루어졌음이 공개됨으로써 2008년 하반기 김정일 위원장의 건강 악화 이래로 파행적으로 운영되던 국정운영시스템이 김 위원장 스스로의 결심에 따라 근본적인 개편 수순에 진입하게 된 것을 의미한다. 결국 3차 당 대표자회에서는 김정일을 당 총비서에 재추대하고 당 중앙위원회를 재구성함으로써 당의 정상화를 이룩하였다. 이번 당 대표자회에서는 김정일, 김정은 비롯해 124명의 당 중앙위원회 위원과 105명의 후보위원을 선출하였고, 정치국 위원 17명과 후보위원 15명, 비서국 10명의 비서와 14명의 당 중앙위 부장을 선출하였으며, 그동안 김정일뿐이었던 당 정치국 상무위원에 김영남 등 4인을 선출하였다(당 대표자회 이후 와병 중이던 조명록 사망). 특히 그동안 거론되던 김정일의 3남 김정은이 당 대표자회 개최

직전 인민군 대장에 임명되고, 이어 당 대표자회에서 당 중앙군사위원회 부위원장 직을 신설하고 이에 전격 선출됨으로써 후계자로의 지위를 공인받았다. 이로써 김정일 이후 시대를 대비하고 새로운 후계구도 구축을 위한 본격적인 당-군-정의 새로운 권력구조 개편 작업이 이루어지기 시작하였다.

북한은 이미 2009년 4월 개최된 최고인민회의에서 헌법의 일부 조항을 개정하여 국방위원회를 실질적인 국가최고통치기관으로 격상하고 위원장이 과거 주석과 같은 위상과 역할을 수행할 수 있도록 규정하였다. 이는 건강이 악화된 김정일 위원장이 생전에 자신의 통치기반을 유지함과 동시에 후계구도의 조기 안착을 염두에 둔 조치라고 평가할 수 있다. 즉 헌법 개정을 통해 김정일 중심의 국방위원회가 체제안보를 책임지는 최고의 국정지도기구로 격상되어 선군정치를 지속하면서 김정일의 권위로서 후계체제의 정당화를 뒷받침하려고 한 것이다. 김정일은 자신이 그랬던 것처럼 본인이 살아있는 동안 후계자로 등장한 3남 김정은이 안정적으로 차기 지도자, 수령으로의 지위를 확고히 할 수 있도록 후계작업을 진행시켜 나갈 것이다. 김정일은 74년 후계자로 지명되기까지 당 조직지도부 지도원을 거쳐 당 선전선동부 과장, 부장, 그리고 조직담당 비서로 임명되기까지 김일성의 후광과 자신의 역량을 통해 충분한 기반을 구축하였고 이후 80년 6차 당 대회에서 후계자로 공식화된 이후에도 14년간 김일성을 보좌하면서 지도자 수업을 하였다.[1] 그러나 김정은은 촉박한 일정 속에 조속한 시일 내에 후계자로 공식화되기 위해서 국가보위기구 등 핵심 부서에서 압축적으로 업무를 수행했던 것으로 알려지기도 했다. 결국 '청년 대장' 김정은으로의 후계체제 구축 작업은 당 대표자회에 이어 목표 년도로 보이는 2012년까지 체계

1) 정성장, "포스트 김정일 시대 북한 권력체제의 변화전망," 2008년 북한연구학회 공동학술회의 발제논문, pp.250-1.

적이고 단계별로 그리고 매우 압축적으로 진행할 것으로 보인다.

그러나 김정은은 어린 나이와 부족한 경험으로 본격적인 후계자로서 통치를 담당하기에는 내부 반발 등 극복해야 할 과제가 많기 때문에 김정일 생전에는 물론 그 이후에도 일정 기간 원로 및 실무 그룹의 후견이 필요할 것으로 보인다. 따라서 그런 후견집단체제의 역할 수행이 원활하기 위한 사전 정지 작업이 역시 속도감 있게 진행되었다. 2009년 국방위원회에 신규 충원된 인물들은 김정일의 매제인 장성택 당 행정부장, 주상성 인민보안상, 우동 측 국가안전보위부 1부부장, 주규창 당 군수공업부 1부부장, 김정각 인민군총정치국 1부부장이며 이들이 김정은의 후견그룹으로서의 역할을 할 것으로 예상된다. 인민무력부장에 임명된 김영춘 국방위 부위원장과 리영호 총참모장은 김정일의 측근이자 고영희 계열의 인물로서 김정은의 후계구도 정착에 주요 역할을 담당할 것이며 이들은 군부 쪽에서 후계자 선정의 당위성을 뒷받침할 것으로 예상된다. 특히 리영호의 경우, 이번 당 대표자회에서 이례적으로 당 중앙 군사위원회에 김정은에 이어 부위원장에 선출되고, 특히 군의 원로들을 제치고 당 정치국 상무위원에 선출됨으로써 향후 그의 역할에 비상한 관심을 불러일으키고 있다. 이처럼 김정은 후계구도 구축과정에서 당, 군의 핵심 실무부서 책임자들이 김정은 주위에 포진함으로써 향후 본격적인 후계구도 과정에서 통제와 우상화 작업을 병행해 나갈 것이다.

한편 김정은이 후계자로 내정된 이후 준비 작업이 신속히 진행되고 있으며 이에 따라 후계자 김정은의 우상화 선전 사업 역시 내부적으로 진행되어 왔다는 정보들이 다수 보고되었다. 김정은이 후계자로서의 자질과 역량을 과시하기 위해 지구 인공위성발사, 핵실험 등을 단행하면서 초강대국 미국과 국제사회에 대항할 수 있는 최적의 지도자임을 과시함과 동시에 향후 첨단 과학 기술력에 기반한 강성대국 건설을 진두지휘할 것으로 예상된다. 예컨대, 4.15 김일성의 탄생일인 태양절을 기념하여 초대형 폭죽행사를 컴퓨터제어기술(CNC)을 동원해 성사시킴으로써 김정은의 배포와 과학기술 감각과 역량을 주민들에게 과시함과 동시에 할아버지 김일성을 이어 받아 만경대 혈통의 혁명적 계승과 2012년 주체 100년을 기해 강성대국을 완성함으로써 일체화, 정당화를 이루려하고 있다. 경제건설 분야에서의 150일 전투, 100일 전투 등을 발기하여 김정일이 후계자로 선정된 후 벌였던 70일 전투를 연상시키며 업적 쌓기에도 적극 나서고 있다. 김정은은 군사, 정치, 경제, 외교뿐만 아니라 과학기술, 문학예술, 체육 등 모든 분야에서의 천재성을 발휘하여 북한체제를 국제사회에 재등장시킬 수 있는 인물로 부각시키고 있는 것이다.

아울러 지난 11월 23일 연평도에 대한 북한의 기습 무력 공격은 김정은 후계구도의 구축과정에서 기존의 선군정치의 지속과 김정은의 군부 내 입지와 지도력을 확립하기 위한 수순으로 파악됨으로써 향후 북한의 권력구도의 정착과 남북 관계의 향방에도 지대한 영향력을 미칠 것으로 판단된다. 기습공격의 배후에 김정일과 김정은의 서해 접경지역 현지시찰과 이번 무력공격의 주도자가 김격식 4군단장임이 밝혀짐으로써 리영호, 김영철, 김격식으로 이어지는 강성라인의 위상이 주목을 받고 있다. 후계자로 공식 등장하기에 앞서 김정은은 김일성 군사종합대학을 수료하면서 포병전술의 현대화와 관련한 연구와 경험을 축적하였고, 이를 각종 포병훈련에 적용하면서 업적을 쌓아 왔던 것과도 무관하지 않다.

김정일 후계체제의 과제

김정일 이후의 북한의 미래는 북한 정권이 수립된 이후 북한체제를 지탱하던 3가지 핵심요소인 절대 권력자인 수령중심의 독재체제와 노동당 영도체제에 의해 주도되는 사회주의 계획경제 그리고 주체사상이나 선군사상과 같은 사상통제에 의한 폐쇄체제의 존속여부에 달려있다.

북한의 후계구도가 김정은으로 공식화되고 김정일 생전에 실제 권력이동이 이루어는 과정에서 노동당의 위상이 정상적으로 회복되지 않을 경우 조선민주주의 인민공화국의 기본 권력구조와 정체성의 혼란이 발생할 것이며, 나아가 김정일 사후 심각한 권력투쟁이 발생할 가능성을 배제할 수 없어 결국, 북한 지도부는 권력이양을 대비해 당체제정비와 당 중심의 국가체제를 재구축하기로 결정하였다고 볼 수 있다. 북한체제는 출범부터 당-국가체제이며 당이 수령 독재의 근간임으로 이를 김정은의 후계구도과정에서 당이 배제되거나 약화될 경우 엘리트 간의 권력투쟁이 불가피할 것이기 때문이다.

수령 독재체제가 사회정치적 생명체론 등 주체사상의 이념적 기반 없이 보위기구나 인민무력부 등 억압통제기구 중심으로 운영될 경우 주민들에 대한 사상통제와 선전선동, 감시통제 기능이 약화됨으로써 급격한 체제 이완 현상이 발생할 가능성도 있다. 중국과 당 대 당 차원에서 연계될 수 있는 공산당 조직의 약화나 와해 현상이 발생할 경우 친중국계의 집단적 이탈, 반발이 조직화될 수 있음도 배제할 수 없는 상황이다.

김정일 후계체제의 주요 정책 과제로서는 핵문제와 선군정치를 비롯한 체제생존문제와 경제발전을 어떻게 조율하고 병행시킬 것인가 하는 것이다. 북한은 여러 차례 공언한대로 선군정치의 지속과 6자회담 재개를 둘러싼 새로운 한반도 정세를 주도하기 위해 당 창건 65주년을 기해 2년 후 강성대국의 대문을 활짝 열어젖힌다는 명분으로 평화공세와 무력시위를 병행적으로 제기할 것이다. 6자회담 재개 논의가 북한에 일방적으로 불리하지 않은 상태에서 타결될 경우 남북 고위급 회담을 제안할 것이나 이를 위해 대남무력 도발과 핵개발의 지속 등 압박전략을 동시에 추구할 것으로 보인다.

남북대화가 재개될 경우 금강산 관광 재개와 이산가족상봉을 맞교환하면서 대북 인도적 지원 차원에서 대규모 식량지원을 요청할 것이다. 만약 미국의 추가 대북제재 등이 효력을 발휘하여 북한에게 극도로 불리한 상황이 전개될 경우, 6자회담은 지연되고 그 과정에서 북중, 북러 관계는 강화되는 반면 남북, 북미, 북일 관계는 경색될 것이나 중국의 입장과, 미중, 한중관계 등 거시적, 구조적 측면을 고려할 때 신냉전시대의 구축과 같은 대결구도는 형성되지 않을 것이다.[2)]

김정일 위원장의 건강은 김정일 후계체제의 북한의 권력구조 변화를 예측함에 있어 가장 중요한 변수이다. 그의 건강 악화에 따라 권력 통제력이 급속히 약화될 경우 새로 부상하는 김정은 중심의 후계후견세력 간에는 단기적으로 보완관계를 유지할 것이나 시간이 지남에 따라 새로운 견제와 갈등관계 형성 가능성을 배제할 수 없다. 김 위원장은 국방위원회를 중심으로 친정체제를 유지하려고 하나, 새로운 권력 핵심인 김정은은 기존의 선군정치를 강화하여 체제 결속과 후계자로서의 정당성을 제고할 것인지, 당 중앙위를 중심으로 선군정치를 서서히 당-국가체제로 개편하고 내각에서는 중국식 개혁개방을 일부 모방한 북한식 경제 발전을 중요 현안으로 북중 또는 남북 관계 개선을 통해 해결할 것인지를 놓고 선택의 기로에 서게 될 것이며 이 과정에서 각 집단의 충성경쟁이 가열되거나 또는 내부적으로 정치적 갈등과 정책 표류가 있을 수도 있다. 경제정책과 당의 지도노선을 둘러싼 보혁 또는 강온파간 대립은 정책의 본질적 논의보다는 이념과 친소관계에 따른 힘겨루기 양상으로 비화되면서 당과 국가의 정체성의 혼란과 정책적 난맥상이 초래될 수도 있다.

김정일, 김정은 부자 세습이자 대를 이어 김일성 왕조를 계승하는 권력구조 변화에 국한될 수도 있으나 이에 수반하는 권력배분에 따른 갈

---

2) 남궁영, 『분단 한반도의 정치경제』 (서울: 오름, 2010).

등과 투쟁 양상을 배제할 수 없으며 결국 당 대표자회에서 오극렬 계열의 예상치 못한 몰락을 계기로 새로이 권력 핵심부에 진입한 신구 세력 간 힘겨루기가 불가피할 것으로 전망된다. 김 위원장의 의도대로 김정은의 권력이 예상보다 조기에 신속히 안착되거나 시일이 경과함에 따라 대폭적으로 강화될 경우 반 김정은 세력의 선제적 압박 공세와 중국식 개혁개방 모델을 전면적으로 도입할 것을 구실로 중국의 보다 적극적인 개입을 유도함으로써 세력화할 수도 있다.

김정일 후계체제하에서의 남북 관계

김정일 후계체제는 김정은의 전격 등장의 모습에서 보듯이 단기적으로 불안정할 수밖에 없다. 비대해진 군부를 효과적으로 관리하기 위해 보다 강경한 군사정책을 모색할 수도 있고, 반면 군사모험주의가 퇴조하고 당 중심의 국가체제로 조기에 개편될 경우에도 연평도에 기습공격과 농축우라늄시설의 공개 등 도발적 압박수단을 채택함으로써 당분간 남북 관계의 획기적 전환은 기대하기 어려울 것이다. 그러나 중장기적으로 중국의 적극적인 개입노력과 미중 간 전략대화의 복원을 통해 6자회담 재개 분위기가 전격적으로 형성될 경우, 최소한 남북대화의 복원은 가능할 것이므로 이에 대한 대비책을 수립하여야 할 것이다. 동시에 국제사회에서 남북 간, 또는 통일을 위한 지지 확보를 위한 본격적인 외교전에 대해서도 사전에 준비하여야 할 것이다. 북한은 남한의 정치 특성상 어떤 정당이 집권하더라도 정상회담을 비롯한 대화 제의 가능성을 예견하고 이에 대비하고 있을 것이며, 특히 후계구도가 안착된 후 강경세력의 퇴조 시 협상에 응할 가능성이 높다.

김 위원장의 위상과 역할이 약화되는 시점에서 신구 세력 간 권력투쟁이 발생할 가능성이 있으며, 이 같은 내부 정세의 악화는 우리에게 위기이자 기회가 될 수 있다는 점에서 때를 기다리기 보다는 시나리오별 대응전략을 마련하여 전략적 공세를 추진할 필요가 있다. 김정일 이후 시대, 우리에게 유리한 개방협상파의 입지를 고려하여 미중과의 전략대화를 북한을 포함한 4자협의체로 발전시킬 것을 제안할 수도 있다. 문제는 향후 김정일 이후 북한 지역에 새로운 개발독재정권의 출현에 대비하여 안보태세는 철저히 강화하면서 북한과의 대화와 협력을 모색하되 북한 주민들의 대안과 희망의 선택으로서의 대한민국의 선진화를 꾸준히 이룩함으로써 평화통일의 기틀을 마련하는 일이다.

북한의 새로운 권력구조 개편과 6자회담이 재개되더라도 김정일 생존 시 핵포기와 같은 전향적인 결단이 이루어지기는 어려울 것이며 동시에 북한의 과도한 핵개발도 뜻한 대로 실현되지 못할 것이기에 포스트 김정일 시대에도 상당 기간 동안 북핵문제는 북한의 체제전환이나 근본적인 정책 변화가 이루어질 때까지 관리 대상으로 남겨질 가능성이 크다. 김정일에 이어 김정은도 그동안 개발한 핵을 끝까지 포기하지 않음으로서 상대방을 지치게 하거나, 북한 핵프로그램을 실질적으로 동결/폐기하는 대신 새로운 명분이나 구실 하에 '거래의 유혹'을 지속할 것으로 보인다. 남한을 포함해 미국, 중국, 일본, 러시아 등 6자회담 참가국이자 동아시아의 주요 핵심 세력들은 각자 자신들의 이해관계와 상대방의 선택에 대한 대응으로서 북핵문제 해법을 추구할 것이며, 이 과정에서 각국의 전략대화가 양자 및 다자차원에서 그리고 6자회담 틀 안에서 또는 6자회담 틀 밖에서 이루어짐으로써 향후 2012년 한국을 비롯한 주변 각국의 정치 일정에 영향을 줄 것으로 예상된다. 북한은 핵개발을 체제 생존의 가장 강력한 보장책으로 간주해온 만큼 김정일 이후 시대에도 상당 기간 이미 확보한 핵무기는 포기하지 않고 핵보유국 지위를 주장하며 미국 등 주변국가와의 평화협정 체결 등 현상유지적 타협책을 놓고 협상을 전개할 것으로 보인다.[3)]

북한의 2단계 핵불능화조치는 2008년 중단되었지만 9.19 공동성명의 중요성을 인식하는 공감대 속에 의장국인 중국의 중재안에 따라 예비회담을 포함하여 결국 6자회담이 재개될 가능성이 높지만 김정일 생전에, 그리고 포스트 김정일 시대에 진입하더라도 완전한 핵포기를 의미하는 모든 핵프로그램의 폐기와 완벽한 신고와 검증 수용 등의 결단은 단행하지 않을 것으로 전망된다. 영변 핵시설에서 추출한 무기급 플루토늄을 비롯한 농축 우라늄 개발 계획 등 핵무기의 폐기와 미사일, 생화학무기 등 대량살상무기의 완전 폐기와 관련한 협상은 지속될 것이나 그동안 비밀리에 개발해 왔던 농축우라늄 시설을 최근 미국 해커 박사에게 전격 공개하는 등 이 과정에서 벼랑 끝 외교, 살라미전술 등 전통적인 기만전술을 반복 구사할 것이다. 북한은 미국의 모든 대북제재 해제와 안전보장 및 6자회담국가들이 제시할 포괄적 대북 패키지 안이 구체화되면 추가적인 핵과 대량살상무기의 개발을 중단함으로써 미국 및 국제사회와의 대결구도는 피하고자 할 것이나 평화체제 논의 등 새로운 이슈를 적극 제시함으로써 지연 전술을 전개할 것으로 전망된다.

북한의 경제난은 만성적이고 구조적인 특성을 갖고 있으며 2010년에도 식량생산의 부진과 외부로부터의 지원 감소와 더불어 신의주를 비롯한 전국적으로 수해 등 천재지변 등 악재가 겹쳐 경제난을 극복하지 못할 것이며 박봉주 전 내각총리를 새로 당 경공업부 부부장으로 복권 기용하는 등 변화를 모색하고 있으나 김정일-김정은 과도기 후계구도 하에서 체제 변화를 수반할 본격적인 개혁개방으로의 정책 전환에는 신중하게 접근할 것이다. 김정은 주도로 2009년 150일 전투, 100일 전투 등을 전개했으나 실질적으로 동원할 수 있는 자원이 절대 부족하고, 미진한 개혁개방으로 인해 식량난, 에너지 및 외화난 등 만성적인

3) 백승주, "북한 핵문제 해결을 위한 대북정책 추진방향," 통일연구원 제1차 국정성과평가 전문가 토론회 발제논문(2010.2.22), p.99.

경제난은 해소하지 못했다. 따라서 향후 남북 관계 및 대외관계의 부분적 개선을 통해 유입되는 외부 원조를 지속적으로 수주하기 위한 노력을 재개할 수밖에 없을 것이나 이로 인해 파생되는 경제구조 왜곡 현상은 개선되지 못할 것이다. 임시로 시장경제를 허용하는 등 부분적인 경제 회복 노력은 북한 내 신종 빈부격차를 발생시키는 동시에 이에 따라 각종 생계형 범죄는 근절되기 어려울 것이다.

북한은 내부 통신망 확충과 휴대전화 사용 확대 등 정보통신 분야에서의 변화를 모색하고 있으나 외부와의 접촉이나 교류는 적극 차단하고 있으며 이는 향후 핵문제의 부분적 해결과 이로 인한 남한을 비롯하여 미, 일과의 관계 개선이 이루어지더라도 외부, 특히 남한으로부터의 영향력 유입을 차단하기 위해 폐쇄체제를 근본적으로 변경하지 않을 것이며 개방과 폐쇄의 반복적 행태를 보일 것이다. 인터넷 등 정보통신, 통행 등에 대한 차별적 적용 등 각종 차단 조치를 강화할 것이며 화폐개혁이후 당국에 대한 불만과 불신과 각종 유언비어의 난무로 초래된 내부 균열과 체제 이완을 방지하기 위한 체제단속을 완화할 수 없을 것이다. 생계 등 이유로 직장 이탈을 적극 통제할 것이며 북한 사회를 탈출하는 탈북자에 대한 단속과 징벌이 강화함으로써 김정일 이후 후계체제의 통제력과 정당성을 제고하려 할 것이다.

북한 인권에 대한 국제사회의 비난 여론에 대해 법 규정의 보완을 통한 형식적 개선 노력은 보일 것이나 후계구도 구축과정에서 체제 단속과 사상 이완을 방지하기 위해서 체제비판은 허용하지 않을 것이다. 국제사회의 지속적인 인권 개선 압력으로 헌법 개정 시 인권관련 조항을 삽입했음에도 불구하고 일반 주민들에 대한 기본권 보장은 이루어지지 못할 것이며 3대세습의 속성상 근본적인 변화는 체제 안전상 이루어질 수 없을 것이다. 결국, 북한 사회에서 전면적인 개방은 체제의 급속한 붕괴 및 흡수 통일에의 위협이 되므로 후계구도 정착에 따라 권력구조의 변동에도 불구하고 사상통제와 체제단속은 유지되거나 오히려 강화될 수도 있다.

김정일 이후 점진적 남북 관계 개선과 통일전망

1989년 11월 9일 베를린장벽이 전격적으로 붕괴되고 불과 1년이 채 안된 이듬해 1990년 10월 3일 동독의 국가 해체와 독일연방으로의 평화적 편입을 통해 역사적인 독일 통일이 이루어진데 대해 북한 지도부는 대단히 충격을 받았으며 이를 계기로 대내, 대남, 대외적 대응기제를 재구축함으로써 체제생존을 적극적으로 모색하였던 적이 있다. 베를린장벽의 붕괴는 동유럽 및 구소련 등 사회주의권 대변혁의 일환인 동시에 동서독 분단의 종식이란 점에서 남북분단의 당사자로서 모든 면에서 남한과 대립, 경쟁하고 있던 북한에게는 부정적이고 패배주의적인 측면에서 심각한 위기로 받아들여졌었다.

베를린장벽의 붕괴와 동독 체제, 국가, 정권의 소멸에 대해 북한 지도부는 위기감속에 한반도에서의 유사 사태 발생 가능성을 면밀히 검토하고 대비책 마련을 서둘렀으나 대외적으로나 일반 주민들에게는 이 같은 사태의 심각성이나 중요성을 직접적으로 표출하지 않은 채 체제 단속과 주민 결속에 집중했었다.[4] 북한은 베를린장벽의 붕괴와 동독의 흡수통일 원인을 외부의 와해음모와 동독 내부의 사상적 해이, 그리고 그 과정에서 소련의 역할을 중시함으로써 역으로 이를 방지하기 위해 각종 조치를 강화하기도 하였다.

베를린장벽 붕괴 이후 남북 관계의 전개과정과 북한체제의 미래를 전망할 때 남북 관계의 점진적 개선을 우선하되 통일목표와 남북 관계 개선을 유기적으로 결합한 복합적 접근이 필요하다. 한반도의 통일이

---

4) 허문영, 『북한지도부의 정세인식 변화와 정책 전망』(서울: 민족통일연구원, 1994).

궁극적 목표이되 이는 평화적으로 달성되어야 한다는 원칙을 분명히 하고 남북 간 화해협력의 기조를 유지하되, 북한의 급변사태 발생 시 이를 통일의 기회로 활용할 수 있는 준비를 동시에 갖추어 나가야 한다. 물론 한반도에 전개될 평화적 통일기반은 점진적이고 단계적인 방식으로 추진되어야 한다.[5)]

남북한 평화적 통일을 위한 기반을 구축하기 위해 한반도 비핵화, 북한 개혁개방 및 올바른 남북 관계 발전 등 3대 추진 목표를 구현할 정책적, 법-제도적 기본 틀이 마련되어야 한다. 이를 위해 한반도의 비핵화를 전제로 평화체제 구축을 본격적으로 추진하되 전시작전권 환수와 한미연합사 해체에 대비한 자주적 대북 군사적 억지력을 확보하여야 한다. 한반도 평화협정 체결을 위한 남북대화 및 4개국 회담을 개최할 수 있고 이와 관련해 남북 간 군사긴장완화, 군사적 신뢰구축과 군비통제를 시범적으로 실시하며, 이를 검증할 기구를 구성 운영할 수 있을 것이다.

남북 경협사업의 운영관리시스템을 시장경제에 맞게 개혁하여 북한경제의 질적 도약을 유도하는 것이 필요하다. 개성공단 등 남북 경협사업에 종사하는 근로자들의 임금 및 각종 인센티브의 자율적 지급과 북한에 진출한 투자 기업이 북한 근로자들을 자체 선발하고 관리 운영할 수 있도록 하여야 한다.

남북 관계의 호혜적 발전을 위해 남북 간 쌍방향 교류협력이 추진되어야 한다. 남북 관계의 호혜적 발전을 위한 중장기 계획을 수립하고 남북 간 쌍방향 교류협력의 원활한 추진을 위해 법제도를 개정한다. 북한 주민들의 남한 방문의 규모와 횟수를 획기적으로 늘리기 위해 민간차원의 교류협력 지원 시 북측 요원들의 남한 방문을 제도적으로 규정하고 재정적으로 지원하여야 한다.[6)] 북한 내 사상 및 종교의 자유 허용

---

5) 정용길, 『독일 1990년 10월 3일』 (서울: 동국대 출판부, 2009).

을 촉구하기 위하여 각 종교단체 종사자들의 북한 내 상주를 실현한다. 아울러 인터넷 개방과 도서, 음반, 영상물 시장 및 신문과 방송 시장을 상호 개방하고 관련 기자들의 상호 주재를 허용하여야 한다.

이산가족문제, 납북자 및 국군포로문제 해결을 비롯한 북한 인권문제 개선을 지속적으로 촉구한다. 이산가족의 재결합을 목표로 하되, 우선 생사확인 된 이산가족 1세대의 수시 상봉과 상호 고향 방문을 추진한다. 납북자 및 국군포로의 경우 전원 송환을 원칙으로 하되, 납북자 및 국군포로들의 가족 간 자유 왕래를 보장한다. 북한 인권문제 개선을 북한인권법을 제정하여 각종 북한인권개선을 위한 사업을 활성화하고 관련 법규에 따라 북한인권 개선을 위해 남북 관계 및 대북지원협력사업을 연계하여 추진하는 것이 바람직하다.

김정일 후계구도의 등장에 따라 북한의 의도적인 전략으로 인해 한반도 주변정세가 고조되는데 대해 한국 등 주변 국가들의 일치된 대응만이 긴장을 완화하고 동아시아 지역의 평화와 안전을 보장할 수 있으며 이때가 특히 한미, 한미일, 한중, 한중일간의 긴밀한 협조가 절실해질 시점이 될 것이다. 따라서 한미일간 협조체제를 구축함에 있어 최고 지도자들 간의 긴밀한 의사소통과 실무급에서의 치밀한 대응 방향과 구체적인 추진 전략이 도출되어야 한다. 한일, 한중, 한중일간 협조는 북한문제 해결에 있어 미국을 보다 적극적으로 개입하게 할 수 있는 명분을 제공함과 동시에 북한에 대한 규제를 효율적으로 운영할 수 있을 것이다. 6자회담의 틀을 유지하는 한편 유엔안보리에서의 플러스 2의 역할을 지속적으로 수행할 수 있도록 북한 및 한반도 문제에 관한 한일, 한중, 한중일간 정상회의 뿐만 아니라 장관급 전략대화와 차관급의 실무조정회의를 정례화 할 필요가 있다.

6) 김정수, "남북한 인도협력의 호혜성 제고 방안," 『통일정책연구』 제18권 1호(2009), pp.168~169.

김정일 이후 북한 내 급변사태 발생과 통일전망

향후 남북 간 대화와 협력은 분명한 원칙과 추진 기조 하에 신축적이고 실용적으로 운영하되 김정일의 신상 변화 및 후계구도 구축과정에서 발생할 북한의 급변사태에 의한 전격적인 한반도 정세 변화에 대해서도 대비하여야 한다. 21세기 탈냉전의 남북 관계는 남북한 정부만의 대화협력이 아닌 남북한과 주변국제사회의 복잡한 연계 속에 다양한 행위자의 참여를 통해 이루어지는 세계화과정의 축소판이다. 모든 면에서 불투명하고 폐쇄된 북한을 상대하는 입장에서 최악의 상태에서 차선책을 추구하는 신중한 접근을 지속하여야 하며, 남북대화협력에서 야당과 민간단체 등 합리적 세력들 간의 소통과 역할분담 및 협력 체제를 강화하되 정부의 유연하고 일관성 있는 리더십이 필요하다.

특히, 김정일 이후에도 북한은 체제유지를 위해 수령제와 핵무기보유를 지속하려할 것이나 이를 정당화하거나 용납될 수 있는 조건이 시간이 지남에 따라 점차 소멸하게 될 것이며 결국 내부의 혼란과 체제전환이 불가피하게 될 때를 대비하여야 한다. 북한 내부의 권력구도 재편과정에서 북한 주민들의 친남한, 친통일의 환경 조성을 위한 지원과 법적, 제도적 장치를 마련하여야 한다. 통일비용이나 통일 후 후유증에 대한 불필요하고 과다한 공포심을 극복하고 평화적, 단계별 남북 관계 개선과 급진적 통일 가능성을 동시에 감안한 성숙한 국민의식과 국론결집이 필요하다. 동시에, 급변사태에 대비하여 공개적인 언급보다는 상황 변화에 따른 내부치안확보와 긴급구호에 대한 인적, 물적 대비책을 마련하여야 한다. 북한 내 핵무기를 비롯한 대량살상무기를 안전하게 관리할 수 있도록 작계5029를 비롯한 한미연합 군사작전 실시와 미국을 중심으로 국제관리기구가 구성 운영될 수 있을 것이다. 무엇보다 만일 후계체제 정착과정에서 발생할 수도 있는 급변사태가 통일의 기회로 전환될 수 있도록 미, 중, 일, 러 등 주변국가와 유엔 등 국제기구에 대한 통일외교를 적극 추진해야 할 것이다.

북한의 후계구도는 안정적으로 정착되지 못하고 급변사태로 확산되어 한반도의 근본적인 지각변동을 초래할 가능성이 상존하고 있는데 대한 한미 동맹과 함께 동아시아 3국의 전략적 대응책이 마련되어야 한다. 김정일 생전 또는 사후에 후계구도를 둘러싼 권력투쟁이 발생하고 정국이 극도로 불안정해질 경우 한미동맹 뿐만 아니라, 한일 간, 한미일 간 공조체제를 중심으로 중국과 러시아 및 국제사회를 설득하고 협조를 구하는 국제연계망을 구축하여야 한다. 북한의 대량살상무기를 안전하게 확보하는 문제는 미국을 중심으로 이루어질 가능성이 높으나 무법, 무질서한 치안문제 해결을 위해서 평화유지군 등을 파견할 경우에는 한국을 중심으로 주변국의 적극적인 지원을 통해 조기에 안정화 시켜야 한다.[7)]

대량난민이나 보트피플의 발생을 최대한 억제하기 위해 긴급 구호에 착수하여 식량 등 인도적 지원과 본격적인 경제 지원활동을 위해 중국과 일본의 적극적인 협조가 필요함. 북한의 급변사태가 조기에 수습되고 한반도 통일문제가 전격 제기 될 경우 미국과 일본은 한반도가 자유민주주의, 시장경제 및 인권을 존중하는 새로운 통일한국으로 재탄생할 수 있도록 중국, 러시아 등 주변 국가를 설득할 수 있는 내부 공감대를 형성해 나가야 할 것이다.[8)]

신남북 관계 형성과 통일 기반 조성 방안

북한군에 의한 기습적인 연평도 포격 공격에도 불구하고 사태가 진정되고, 이 과정에서 미중 간 한반도를 둘러싼 전략적 대화가 진행될

---

7) 김석우, 홍성국, 『통일은 빠를수록 좋다』(서울: 기파랑, 2010).
8) 박관용 외, 『북한의 급변사태와 우리의 대응』(서울 한울아카데미, 2007).

경우, 우리 정부도 향후 김정일 이후 북한과의 관계를 새롭게 견인하기 위해서는 과거처럼 북한 정권의 생존을 기반으로 주변국의 이해를 반영하는 수동적이고 소극적인 방식을 탈피하여 북한 주민들의 광범위한 지지와 협조를 구하기 위한 이념적 포용성과 실천력 있는 전략적 내용을 갖추어야 한다. 남북경협과 대북지원에 있어 상호주의와 투명성을 확보하여 북한의 온건 엘리트로 하여금 보다 합리적 선택을 할 수 있는 계기를 조성하는 것이 필요하다. 북한의 일반 주민들에게 실질적으로 혜택이 주어질 수 있도록 함으로써 경협과 인도적 지원의 목표가 충분히 부각될 수 있어야 한다. 또한, 미국 등 주변 국가들의 대북정책이 북핵문제의 해결과 동시에 북한 정권의 잘못된 판단에 면죄부를 주지 않도록 하여야 하며 이를 위해 미국은 물론 중국과 일본과의 전략적 대화와 협조를 적극화하여야 한다.

과거 '햇볕정책'의 문제점과 변화된 환경을 감안하면 향후 우리의 대북정책과 새로운 통일구상은 과감한 패러다임의 변화 속에서 재구축되어야 한다. 새로운 패러다임의 전환은 북한의 실상에 대한 객관적인 평가와 주변정세의 변화 흐름을 제대로 파악한 토대위에서 이루어져야 한다. 첫째, 북한은 실패한 체제이며 개방, 개혁 노선을 취하지 않는 한 회생 불가능하기 때문에 3대 세습체제의 구축에도 불구하고 북한체제 내부의 변화가 불가피하며 결국 주민들의 일탈현상이 가속화될 것이다. 둘째, 중국의 북한에 대한 인식과 이해관계 역시 전통적인 혈맹관계에서 탈피하고 있으며 자국의 국가이익이나 동북아의 안정을 위해 어떤 경우에도 북한체제의 존속이 필요하다는 입장에서 27일 저녁 다이빙궈 중국 국무위원이 6자회담 중국 대표인 우다웨이를 대동하고 급거 방한한 사실이 암시하듯 서서히 변화하기 시작했다고 판단된다. 셋째, 국제사회, 특히 한반도 주변정세의 변화 속에 새로운 대북정책과 통일방안이 마련되어야 하며 그 핵심은 북한의 변화를 촉진하고, 그 변화를 남북 관계의 개선과 올바른 통일의 기반으로 활용할 수 있어야 한다.[9]

그동안 남북 관계의 양적인 확대만을 염두에 둔 까닭에 대북정책과 통일정책간의 유기적 연관관계가 파기되었고 이로 인해 통일의 비전과 희망이 소진되어 왔음을 주목하여 시대적 소명을 담은 새로운 통일방안을 제정하여 통일담론을 선도해 나가야 한다. 대북정책의 궁극적 목적은 평화적 통일인데 우리 사회 내부에서 통일에 대한 기대와 확신이 약화되는 상황에서 하루속히 국제사회와의 보조를 맞추고 향후 북한체제 변화와 우리 스스로가 주도하는 통일의 당위성과 정당성을 국제사회로부터 공인받을 수 있도록 스스로 통일에 대한 자신감을 회복하여야 한다. 북한 주민과 엘리트들의 대남한 선호의식을 고취할 수 있는 전략이 통일방안에 포함되어야 하며 수만 명으로 추정되는 재중탈북자들과 2만 명에 달하는 남한 정착 탈북자들에 대한 집중적이고 체계적인 지원을 통해 북한 내부의 대전환의 계기를 마련하여야 한다.

북한은 연평도에 대한 무력 공격을 자신들이 일방적으로 선언한 해상경계선 이북에서 행해진 우리의 포사격 훈련을 구실로 제시했으나 설득력이 없고 오히려 무고한 민간인 희생에 대해 유감을 표시하지 않을 수 없을 정도로 입장 선회가 불가피했다. 비록 추가 도발을 위협하고, 한반도에서의 군사적 긴장을 후계구도의 정당화 논리로 선전할 것이나 결국 우리 측의 대북경각심과 비판 여론에 직면하여 성공할 수 없을 것이다. 우리의 효과적이고 실제적인 대북 군사적 억제력이 충분히 확립되고, 미국, 일본과 중국 및 러시아 등 주변국들이 한반도 비핵화와 평화체제 정착에 좀 더 일치된 입장과 역할을 수행하게 된다면 북한군의 무모한 대남 군사적 강경정책은 스스로 그 입지를 찾을 수 없게 될 것이다. 이 같은 상황 변화를 대비하여 우리 정부로서도 제재와 압박정책과 함께 북한을 대화를 끌어들일 수 있는 치밀하고도 다층적인 전략 구상을 마련함으로써, 군사적인 수단과 비군사적인 정치, 외교, 경제

---

9) 박명규 외, 『연성복합통일론』(서울: 서울대 통일평화연구소, 2010).

적 대응 역량을 강화해 나감으로써 단순한 남북 관계를 넘어 통일의 원대한 구상을 접목한 새로운 평화체제-통일정책의 패러다임으로의 전환을 본격화해야 할 것이다.

북한 정세변화와 향후 남북 관계 추진 방향

2011년 12월 17일 북한의 김정일 국방위원장이 갑자기 사망함으로써 충격에 빠진 북한은 물론 한반도 주변국 모두가 향후 상황 전개에 대해 비상한 관심을 갖게 되었다. 관점은 크게 3가지로 압축될 수 있다. 첫째, 김정일 사망이후 북한을 통치하게 될 김정은이 3대째 세습정권을 안정적으로 이끌어 갈 수 있을 것인가, 둘째, 김정은 체제의 북한이 기존의 선군정치를 유지하면서 핵을 포기하지 않은 채 폐쇄적 자력갱생을 지속할 것인지 아니면 근본적인 핵정책의 변화와 개방개혁을 통해 새로운 북한으로 재탄생할 것인지, 셋째, 그러한 북한에 대한 남한과 주변국의 정책적 대응은 어떻게 이루어질 것인지, 특히 주변국 모두가 리더십의 변화가 예상되는 2012년 이후 한반도를 둘러싼 새로운 질서는 어떻게 구축될 것인지 등이다.

김정일의 사망이후 북한에서는 빠르게 김정은 중심의 후계구도가 정착되고 있는 모습을 보여주고 있다. 김정일 사망을 공식 발표한 조선중앙통신의 '전체 당원들과 인민군장병들과 인민들에게 고함' 이라는 발표문에서 김정은을 계승자이자 영도자로 지목함으로써 권력 공백을 최소화하였다.[1] 장례식 직후 군 총사령관에 추대된 김정은은 김정일의 우상화를 강화하면서 그 후광으로 선군정치 식 유훈 통치를 이어가고 있다. 지난 4월 11일 4차 당 대표자회에서는 김정은은 당 제1비서, 당 중앙군사위원회 위원장으로서 당의 최고 수위가 되었으며 이어 13일 개최된 최고인민회의에서는 김정일의 뒤를 이어 국가최고지도기관인

1) 조선중앙통신의 보도 주체가 당 중앙위원회, 당중앙군사위원회, 국방위원회, 최고인민회의 상임위원회, 내각 등 5대 기관이었음은 이들이 김정은을 영도자로 결정했음을 선포한 것임.

국방위원회 제1위원장에 추대되었으며, 핵심 측근들이 당과 군, 정부 기구 요직에 임명되었다. 그러나 김정은 체제가 안착되었다고 판단하기에는 아직 시기상조인 것도 또한 사실이다. 갈등 징후가 드러나지는 않고 있으나 체제와 정책의 속성상 심각한 조율과 조정을 거쳐야하는 과도기의 특성을 감안할 때 현재의 북한 내부 정세는 정중동 그 자체일 것으로 보인다.

김정은 세습체제 구축과 정책 방향

북한은 1948년 정권 수립 이후 김일성, 김정일 부자가 통치하는 수령독재체제를 유지해 왔으나 2008년 여름 김 위원장이 뇌졸중으로 갑자기 건강이 악화되자 권력 승계구도를 조기에 구축할 필요성이 증대되었다. 따라서 2년의 준비 끝에 당 대회에 버금가는 당 대표자회를 긴급히 개최하면서 김정일 이후의 후계구도의 기본 틀을 구축하게 되었다. 그러나 2011년 12월 17일 지도자 김정일 국방위원장의 갑작스런 사망으로 새로운 시대를 맞게 되었다. 실제로 김정일 장례식이 끝난 직후 당 정치국의 결정 사항으로 김정은을 최고사령관에 추대함으로써 김정은 후계구도를 구축하기 위한 당-군-정의 권력기반조성 작업이 본격화되기 시작하였다. 아울러 노동신문을 비롯한 북한의 공식 매체들은 김정은을 영도자로 호칭하고 당중앙위원회 수반으로 격상 보도하고 4차 당 대표자회 이후에는 최고지도자로서의 통치 행태를 이어가고 있다.

향후 북한은 김정일의 업적을 계승함으로써 체제 안정에 최우선 역점을 두면서 지난 4월 은하3호 미사일 발사 실패에도 불구하고 '인공지구위성'의 제작 및 발사국, 그리고 핵보유국으로서의 위상을 유지하려 할 것이다. 김정일을 신격화하면서 북한을 강성국가로의 대진군을 이끌었던 민족의 정신력을 고양시킨 업적을 유산으로 남겼으며 결국 김정은은 이 같은 유훈을 통치의 기본 정책으로 설정하겠다는 의미로 해석된다. 따라서 김정은은 김정일의 선군정치를 계승하면서 북한식의 경제발전과 내부 결속을 도모하면서 당분간 6자회담의 재개 여부와 관계없이 핵무기를 포기할 의사가 없음을 분명히 할 것으로 보인다.

아울러 북한은 2012년 신년공동사설을 통해 '함남의 불길'을 집중적으로 강조하면서 김정일이 제시한 정책을 한 치도 변함없이 한 걸음도 양보 없이 무조건 끝까지 관철하고 절대로 변함이 없다는 것이 확고한 방침이라면서 김정일 유훈에 따른 기존 정책 노선을 유지할 뿐 본격적인 개혁개방은 수용할 준비가 되어 있지 않음을 명백히 하였다.[2] 나아가 남북 관계에 있어서도 6.15 공동선언과 10.4 선언의 이행을 강조할 뿐 이명박 정부에 대한 비난의 강도를 낮추지 않음으로써 당분간 경색된 남북 관계를 해소할 의향이 없음을 내비치기도 하였다. 대외정책에 있어서도 수년 만에 처음으로 한반도 평화를 위해 주한미군의 철수를 주장한 반면 김정일의 중러 순방을 계기로 강화된 북중,북러 관계를 지속적으로 유지할 것임을 확인하였다. 이처럼 북한은 김정은 세습정권의 조기 정착과 주민 결속이 중요한 만큼 당분간 내부 단속에 집중하되 이명박 정부와의 관계 개선보다는 금년 말 남한에서의 대선 정국에 개입함으로써 차기 정부 하에서 자신들에게 최대한 유리한 환경을 조성하는 데 역량을 결집하는 등 공세적으로 나올 것으로 보인다.[3]

남한 및 국제사회의 대응

북한의 김정은 체제의 구축과 정세 변화에 대해 남한 및 주변 국가들

2) 통일부 "북한의 2012년 신년공동사설 관련 참고자료," (2012.1.1).

3) 정성장, "2012년 북한 신년공동사설과 정책 기조의 변화: 인민생활향상보다 김정은 체제 공고화에 초점," 〈세종논평〉 No.241(2012.1.2).

의 일차적 관심은 한반도의 안정과 평화가 유지되는 것이다. 김정일 위원장의 갑작스런 사망은 일인독재국가의 특성상 가장 중대한 위급 상황이기에 비록 세습에 의한 후계구도가 구축되었고, 비교적 순조롭게 권력승계가 이루어지고 있으나 당분간 유동적인 상황 변화를 예의 주시하지 않을 수 없다. 북한체제의 속성상 후계자로 등장한 김정은에 관해서도 김정일을 수행한 현지지도에 관한 보도 이외에는 거의 모든 정보가 차단되었던 점을 감안할 때 김정은 체제의 변화 방향에 관해서는 여전히 불투명하다.

이명박 정부는 김정일 위원장 사망 후 북한 정권이 조속히 안정을 되찾기를 희망하는 등 북한을 자극하지 않으려 노력함으로써 대북정책을 근본적으로 변경하지 않으면서 한반도의 긴장을 고조시키지 않는 소위 '북한 리스크'를 최소한으로 관리하는데 중점을 두고 있다. 이 대통령은 신년 국정연설을 통해 북한이 도발할 경우 강력하게 대응할 것이지만 "기회의 창"을 열어놓고 북한이 진정성 있는 태도로 나올 경우 새로운 한반도 시대를 함께 열어갈 수 있으며 이를 위해 대화를 통해 상호 신뢰를 구축할 것을 제안함으로써 김정일 사후 북한체제의 안정화와 정책적 변화를 주문하기도 하였다.[4] 통일부의 2012년 업무추진계획 역시 대통령의 발언을 정책적으로 뒷받침하고 있다. "능동적 통일정책'의 대전제하에 한반도의 안정과 평화, 남북 관계의 개선, 그리고 실질적인 통일미래 준비 등 3대 정책과제를 통해 김정일 위원장의 사망으로 조성된 새로운 정세 변화에 적극적으로 대응할 것임을 재확인하였다.[5] 그러나 이명박 정부의 원칙의 토대 위에서 대북 유연화조치의 지속이나 남북 당국자 간 대화채널 구축 노력 등 신중한 접근에도 불구하고 권력이양기에 처해있는 북한의 대내외적 속성에 따라 당분간 남북 간 대화

---

4) 「연합뉴스」(2012.1.2).
5) 통일부 정책자문회의 보고자료(2012.1.17).

분위기는 조성되기 쉽지 않을 전망이다.

과도기 북한의 가장 강력한 후원자인 중국은 북한의 안정을 위해 발빠르게 움직이고 있다. 중국의 입장에서 북한은 외교적 운신의 폭에 한계가 있기 때문에 누가 정권을 장악하던지 중국과 우호적인 관계를 지속할 수밖에 없다고 판단하고 있으며 따라서 중국은 북한의 내부 권력이양이 순조롭게 진행되도록 식량 원조를 포함한 모든 측면에서 김정은 체제를 강력 지지할 것이다.[6] 과도기 북한에 대한 경제적 지원을 밝히지는 않았지만 북한이 당장 필요한 식량을 추가적으로 제공할 가능성이 있으며 북중 간 교역을 신속히 재개함으로써 북한 경제의 안정화를 지원하고 있다. 중국은 김정일 위원장의 수차례 방중 시 나선특구와 황금평 개발을 위한 투자협력과 일반 교역의 확대를 약속하였고 북한 나름의 개방개혁조치를 통해 경제발전을 도모할 것을 직간접적으로 설득하기도 하였다. 김정일 사후 중국의 이 같은 대북입장과 정책기조는 변하지 않을 것이며 오히려 새로운 시대를 맞이하여 북한이 중국식 모델을 좀 더 적극적으로 수용할 것을 촉구할 것으로 보인다. 동시에 6자회담 의장국으로서 참가국들의 조건 없는 회담 복귀를 주장하는 등 북한측 입장을 지지했으나 남북 관계개선과 북미대화진전 등 회담 재개수순을 지켜보는 과정에서 6자회담의 새로운 환경을 조성하는 방안에 대해서도 다각도로 검토하고 있는 것으로 보인다.

김정은 체제의 구조적 모순

김정일 사망 후 대내외적 상황 변화와 각국의 대응을 살펴볼 때 김정

---

6) Cheng Xiaohe, "China's Policy towards North Korea and Sino-ROK Cooperation," 통일연구원 주최 국제학술회의(Political Situation in Post-Kim Jong Il North Korea and International Cooperation) 발표논문(2012.1.18).

은 체제는 대부분의 북한 전문가들의 견해처럼 단기적으로는 안정을 유지할 수 있을 것으로 판단된다.[7] 그러나 세습 체제의 안정성은 유훈 통치기간에 전임 통치자인 김일성과 김정일의 권위에 의지한 과도기적 상황에서의 안정이다, 1월 12일 당 중앙위 결정으로 김정일 생일을 광명성절로 격상하고 동상을 설치할 것 등 사후 우상화를 서두르는 것도 이와 무관치 않다. 실제로 본격적인 김정은 체제가 출범하게 되면 구세력의 도태나 반발세력에 대한 숙청이 이루어지고 그 안에서 정책과 관련한 노선갈등도 예상이 된다. 영도자로 추대된 김정은이 그 같은 권력갈등을 적절히 조율하지 못했을 때 상층부내 구조적 균열이 발생할 수 있다. 구체적 정책의 추진 결과에 따라서 나타날 수 있는 문제점과 위기 상황 등을 감안할 때 중장기적으로 김정은 체제의 안정이 지속될 수 있을지는 여전히 불투명하다. 이는 4차 당 대표자회나 최고인민회의결과 김정은 체제가 정식 출범했음에도 여전히 타당한 분석이다.

김정은 체제에서는 상층부 권력투쟁 가능성 이외에 주민과 엘리트간의 격차, 시장 세력과 반시장 세력, 중앙과 지방, 있는 자와 없는 자 사이의 간극 폭이 점점 커질 가능성이 있다.[8] 김정일 시대의 선군체제를 둘러싼 당 군 관계, 김일성시대부터 거슬러 올라가 주체와 개방 등을 놓고 권력 엘리트내부 및 주민과 엘리트 간 갈등이 증폭될 시점이 올 것이고 이로 인한 구조적 균열 현상은 이미 부분적으로 드러나고 있다. 김정일은 당과 군 간의 갈등을 절대적 카리스마로 해결하였다. 오히려 혼자 모든 부문을 관장하면서 권력기구 및 그 집행자들 간 상호견제, 경쟁을 통해 도전을 용납하지 않고 정점에서 균형을 이루어왔다.

그러나 일정 시점이 경과한 후 김정은이 "폭압과 회유"를 통해서도

---

7) "긴급좌담: 김정일 사망, 북한은 어디로?" Korea Policy Vol.9 (2011.12); "전문가 좌담: 포스트 김정일시대, 북한의 운명은?" NKVision, 통권31호(2012.1); "김정은 시대 정치와 경제 토론회" 「경향신문」(2012.1.4).

8) 박형중, "북한 권력구조와 정책방향 전망," 통일연구원 주최 국제학술회의 『김정일 사후 북한정세 전망과 국제협력』 (2012.1.18).

그 같은 역할을 하지 못할 경우, 기관, 부서들 간에 갈등이 폭발할 수밖에 없다. 반면, 김정일 사망 이후 권력 엘리트들이 합의된 목표와 이해관계 속에서 과도기를 안정적으로 극복하려는 것 이상의 권력 갈등과 이합집산이 이미 시작되었을 수도 있다. 김정일 상중에 발표된 유훈 업적을 기정사실화해서 유훈 통치의 기본전제로 설정하려하는 의도가 자체가 작위적이다.[9] 김정일이 과연 10.8 유훈을 남겼는지 여부와 관계없이 과거 공산권 국가들의 경우처럼 현재 북한의 권력 엘리트들이 유훈을 창작 또는 개작해 자신들의 입지를 강화하는데 활용할 가능성이 크다. 김정일은 생전에 핵무기를 개발하면서도 한반도 비핵화가 자기 아버지 김일성의 유훈이라고 변명했었는데, 핵보유국의 존엄이 김정일의 최대 업적으로 규정한 것은 단순히 핵보유 의지만의 문제가 아닌 정책기조를 선점하려는 전략과 함께 이를 둘러싼 권력투쟁의 전초전적 성격이 짙다. 김정은의 입장에선 아버지 김정일의 업적을 보존 승상할 것인지 조부인 김일성의 유훈을 받들어야 하는지를 놓고 갈등이 생길 수밖에 없을 것이다. 김정일 식으로 가야한다는 것이 김정일 시대의 권력 엘리트들의 생각이라면 김일성 식으로 복귀해야 한다는 측은 김일성을 미래의 모델로 삼아서 기존의 선군정치 식의 권력구도를 변경시키려는 김정은 시대의 새로운 권력 엘리트층일 가능성이 있다. 따라서 권력세습기의 과도기적 안정은 그리 오래가지 못할 것으로 보인다. 주변국의 리더십이 교체되는 2012년 김정은도 나름의 정책 기조와 통치 방향을 설정해야 할 것이고 그 과정에서 상층부 내부는 물론 상층부와 하층부 간의 갈등이 표면화되면서 장기적으로 볼 때 정세가 불안정하게 전개될 수도 있을 것으로 전망된다.[10]

---

9) 「연합뉴스」(2012.1.18).
10) 빅터 차, "중국의 북한걱정," 「중앙일보」(2012.1.25).

북한의 향후 정책 전망

김정은 체제에서 북한경제는 북한의 대외관계, 특히 중국과의 관계와 밀접히 연관되어 운용될 수밖에 없다. 그러나 경제발전모델과 정책을 추진하는 과정에서 북한사회의 모순이 극대화될 수 있다. 대중외교를 둘러싸고 당과 내각간의 주도권 다툼도 예상된다. 단순히 외교권뿐만 아니라 대중교역과 투자 주체를 놓고 이권관계 등 경제적 문제가 제기될 것이다. 현재 북한의 대중 의존도가 심화되고 있는 상황에서 내부자원을 몽땅 중국에 수출하여 외화벌이에 나설 경우 북한 경제의 왜곡과 주체경제의 파탄은 불가피하다. 그동안 강성대국 건설을 선전하기위해 평양시 건설 등에 자금과 물자를 집중 투자했는데 계절적 요인과 겹쳐 석탄수출을 제한하고, 시장에서 외환사용을 중단시키는 등 정책 변화가 성과를 거두지 못할 경우 또 다른 혼란이 초래될 수 있다. 외환사용금지조치를 놓고 제2의 화폐개혁논의가 나오는 상황에서 북한 돈 가치는 걷잡을 수 없이 하락할 수도 있다. 2009년 11월 화폐개혁 실패 후 2년 만에 또다시 위기가 올 경우 중국과의 교역, 유통, 투자를 통해서 형성된 이익집단들 간에 불만과 갈등이 조기에 발생할 가능성이 높다.

북한에서 큰 규모의 외화벌이는 주로 군부의 권한 하에 운영되고 있다. 광물 채굴권 등 각종 외화벌이용 이권사업 중 대략 8할 정도가 군부 관할이고 나머지는 당에서 관리한다는 추정을 토대로 만약 시장의 전면적 개편이 이루어질 경우 단순한 이권다툼에서 이념투쟁으로까지 문제가 비화될 수 있다. 권력구조의 균열과 상승 작용을 할 경우 북한 경제 자체를 마비시킬 수도 있다. 김정은이 CNC, 새 세기 산업혁명을 업적으로 내세우며 주도하고 있지만 이는 절대 권력자 김정일이 강력하게 뒷받침해줄 때 가능한 일이었다. 막대한 외화를 사용해서 성과를 포장 선전할 수는 있겠지만 그 자체가 생산성을 높이고 북한경제를 발전시킬 수 있는 핵심 동력이 되기에는 너무도 미흡하다. 따라서 김정은 시대에도 경제운용을 외국으로부터의 원조나 지원을 받는 방식을 탈피하지 못할 경우 북한 경제는 심각한 침체기에 들어갈 수밖에 없을 것이다.

정책의 성패는 결국 정책의 방향과 내용 못지않게 정책 추진 시 드러나게 되는 엘리트 내부의 균열과 이익 상충에 따른 갈등이 표면화되는 구조적 요인을 수반하게 된다. 체제와 정책간의 기본 모순, 당국가체제와 시장세력 간의 갈등 등 종합적으로 연관된 위기 속에서 김정은 체제 출범 1주년이 되는 2012년 말 경 상징적인 존재만이 아니라면 지도자 김정은의 조정 역량이 본격적인 시험대에 놓이게 될 것이다.

남북 관계에 있어서는 김정은 체제가 안착될 때까지는 내부결속이 중요하기 때문에 남한에 대한 근본적인 정책변화를 시도하기 보다는 기존의 김정일 시대의 정책방향을 유지할 것이다. 유훈 통치라는 입장에서 김정일 체제에 대해 적대적이었던 남한의 이명박 정부와는 대립적 관계를 유지할 가능성이 농후하며, 남한의 총선, 대선 등 가파른 선거정국을 관망하면서 차기 정부와의 관계설정에 더 많은 비중을 둘 것이다. 따라서 2012년 김정은 체제의 출범에 따라 남북 관계가 획기적으로 진전될 것을 기대하기는 어렵다. 이명박 대통령의 국정연설과 통일부의 업무보고를 비난하며 이명박 정부는 더 이상의 기회가 없다고 단언한 것도 같은 맥락에서이다.

다만, 6자회담과 남북 관계를 연계해 볼 때 6자회담 재개가 불투명하다면 남북 관계 역시 현재와 같은 경색국면을 지속하거나 아니면 북한의 도발로 인해 한반도에 새로운 긴장이 조성될 수도 있음을 간과해서는 안 된다. 6자회담이 재개되고 남북 관계가 개선되는 것이 단기적으로 김정은 입장에서 선호하는 전략이라기보다는 6자회담이 결렬되고 남북 관계가 긴장 상태로 복귀하는 것이 체제 결속에 유리하다면 상황은 달라질 것이다. 설혹 6자회담이 재개되더라도 김정일의 최대 업적인 핵보유국가가 인정되지 않는 한 북한의 국제사회로의 복귀는 지체될 것이며 또한 이를 통해 리더십 교체기에 있는 미국 등 주요 국가들에게 영향력을 행사하려 할 것이다. 그런 상황에서 이미 선거 정국에 접어든 남한의 이명박 정부의 선택은 제한될 수밖에 없을 것이다. 이 같은 예상 시나리오를 감안할 때 북한이 대남 도발을 감행할 이유는 많지 않으나 김정일 생일 이후 한미연합훈련과 대북 제재 등을 빌미로 국지적 도발 가능성에 대비하여야 할 것이다.

향후 대북정책 추진 방향

북한 김정은 체제의 불확실성과 한계성을 감안할 때 사실상 대선까지 임기를 6개월여 남겨둔 이명박 정부로서는 대북정책을 근본적으로 전환할 수 없을 것이다. 이명박 대통령이 밝힌 대로 북한의 정세 변화를 감안하여 한반도 평화와 안정을 어떻게 관리할 것인가에 역량을 집중하는 것이 바람직하다. 김정은 시대의 개막과 함께 북한이 보인 대남 비난태도 역시 이명박 정부 보다는 차기 정부를 대상으로 정책을 구상하고 있는 것 같다. 12월 대선을 앞둔 남한은 이미 선거 정국에 들어갔기 때문에 현 정부가 정책을 급전환한다는 것은 현명한 선택이라고 할 수 없다. 더구나 김정일의 갑작스런 사망으로 기존의 원칙 있는 대북정책이 정당성을 확보할 수 있는 부문도 많기 때문에 정책을 전환하는 것 보다는 신중히 유지하는 쪽이 정치적 입장과 남북 관계 및 한반도의 안정적 관리라는 측면에서도 유리하다,

현 정부의 대북정책의 핵심 원칙은 한반도 비핵화와 천안함 폭침에 따른 대북제재안인 5·24조치이다. 6자회담 재개와 관련해서는 한미일 공조를 토대로 북한을 상대로 한 사전 조치들이 해결될 경우 해법의 실마리를 찾을 수 있으나 5.24조치는 이명박 정부의 핵심 정책으로 유지하는 것이 바람직하다. 향후 새로운 국회가 구성되더라도 5.24조치에 대한 전면적 재검토는 북한의 태도 변화에 연계되어 이루어질 수밖에

없다. 물론 12월 대선 결과 구성될 차기 정부는 새로운 남북 관계를 구축할 대북정책을 모색할 때 5.24조치를 우선적으로 고려하겠지만 북한의 태도 여부에 관계없이 현 정부가 5·24조치를 일방적으로 변경하는 것은 바람직하지 않다. 천안함 폭침에 대응해서 발표된 제재 조치가 김정일 사망으로 시효가 소멸되었다는 주장은 받아들일 수 없으며 오히려 천안함 폭침과 연평도 포격에 대한 김정은과 그의 군부 핵심측근들의 개입 여부를 분명히 밝혀냄으로써 책임을 추궁해야 한다.[11)]

대북정책의 궁극적 목적은 평화적 통일인데 우리 사회 내부에서 통일에 대한 기대와 확신이 약화되는 상황에서 새로운 김정은 체제를 상대한다는 점에서 현 정부와 차기 정부의 전략적 접근이 필요하다. 북한인권법과 같은 북한체제 민주화를 위한 법제도를 구비하여 김정은 체제와 같은 세습독재체제가 스스로 붕괴될 것을 기다리는 것이 아니라 내부로부터 근본적 변화가 촉발될 수 있도록 지원해야 하며, 남북한이 스스로 주도하는 통일의 당위성과 정당성을 국제사회로부터 공인받을 수 있어야 한다.[12)] 북한 주민과 엘리트들의 대남한 선호의식을 고취할 수 있는 전략이 통일방안에 포함되어야 하며 수만 명으로 추정되는 재중탈북자들과 2만 3천명에 이르는 남한 정착 탈북자들에 대한 집중적이고도 체계적인 지원을 통해 북한 내부의 대전환의 계기를 마련하여야 한다. 국민들 사이에 존재하는 통일에 대한 우려와 공포심을 극복하고 위기를 기회로 전환시킬 수 있는 비전이 제시되어야 하며 민족공동체 통일방안의 기능주의적 통일방식과 더불어 북한체제의 평화적 전환을 통해 통일한국을 건설할 수 있는 대안도 꾸준히 보완되어야 한다.

한반도의 미래는 북한의 김정은 체제의 불안정성으로 인해 중장기적

---

11) 5.24조치의 해제여부와 김정일 위원장의 사망을 연계하는 방식의 현실적 측면에 대해서, 박기덕, “북한 지도자 교체기 한국의 대북정책 방향,” 「세종논평」No.240(2012.1.2).

12) 김태우, “포스트 김정일 시대 전망과 국민의 자세,” 통일연구원 Online Series 12-02(2012.1.1.).

으로 매우 역동적인 모습을 띄게 될 것이어서 이에 대한 대비책을 상시적으로 보완해 두어야 한다. 김정은 체제하의 북한은 앞으로도 체제붕괴를 초래할 무모한 도발 등 확전을 피할 것으로 판단되나 위협에 따른 효과적 대응이 극단적 위기를 방지할 수 있으므로 최선의 전략과 이를 구현할 수 있는 역량을 갖추어나가야 한다. 현 정부는 물론 차기 정부에서도 북한의 잘못된 행태나 무모한 위협에 대해 절대 굴복하지 않는다는 원칙을 확립하고 위기국면을 통일과정으로 전환하는 계기로 활용할 수 있어야 한다.

북한문제는 북한체제의 구조적 모순과 개방개혁 등 근본적 변화의 제약성으로 인해 스스로 해결되기 어려운 상황이며 김정은 체제 안착과정에서 북한 내부 정세의 불안정성이 대남, 대외적으로 예측 불가의 행태로 나타나고 이로 인해 남북 관계의 진정성 있는 개선과 동아시아의 항구적 평화와 안정이 구축되기까지는 상당한 시간이 소요될 것이다. 김정은 체제의 향후 전망에 기초해서 대북정책의 새로운 틀을 구축하는 작업은 차기 정부의 몫이다. 김정은의 성격이나 리더십이 정확히 파악되지 않은 상태에서 대응책을 마련한다는 것은 위험한 일이나 유훈 통치기간과 그 이후 스스로 정책 방향을 설정할 시점에 북한사회의 모순구조 역시 표출될 것임을 감안해야 할 것이다. 3대세습의 한계와 모순을 기존의 방식대로 해결할 수 없기 때문에 김정은 체제는 유훈을 답습할 경우 결국 실패할 가능성이 높다. 그 같은 북한을 현 정부와 차기 정부는 어떤 정책 기조에서 다루어나가야 할 지 국민적 공감대와 국제적 공조체제를 넓혀 나가야 한다.

북 당 대표자회 이후 남북 관계

후계구도 구축과 당 영도체제의 재건

2010년 3월 26일 발생한 천안함 폭침이후 딜레마에 봉착한 북한은 이례적으로 최고인민회의 제12기 제3차 회의를 6월 7일 2달 만에 개최함으로써 선군정치에 가려 그 역할과 위상이 위축되었던 노동당이 조직과 운영을 일신하고 전통적인 당-국가체제로 복원하는 수순을 공식화하기 시작하였다. '당 중앙위원회 사수'란 표현이 재등장하고, 80세 고령인 최영림 평양시당 책임비서이자 당 정치국 후보위원을 당 중앙위원회 정치국의 제의에 따라 내각 총리에 임명하였다. 새로 내각의 부총리에 임명된 강능수 당 영화부장을 필두로 황해남도 책임비서 김낙희와 평안남도 책임비서 이태남 등을 부총리에 각각 임명함으로써 당의 핵심 간부들을 내각에 전진 배치하였다.

과거 당 조직지도부 제1부부장을 역임하고 당 행정부장으로 복귀된 장성택이 국방위원회 위원으로 선출된 지 1년여 만에 다시 국방위 부위원장으로 선출된 것은 당관료의 국방위원회 핵심 역할 담당의 신호탄이자 김정은으로 예상되는 새로운 지도자의 후견세력이 기존의 김영춘 인민무력부장과 오극렬 당 작전부장 등 군부세력과의 역할 분담 속에 핵심 세력으로의 위상 강화로 해석될 수 있다. 장성택 부장의 비중과 역할 증대는 이례적으로 김정일 국방위원장의 제의에 따라 이루어졌음이 공개됨으로써 2008년 하반기 김정일 위원장의 건강 악화 이래로 파행적으로 운영되던 국정운영시스템이 김 위원장 스스로의 결심에 따라 근본적인 개편 수순에 진입하게 된 것을 의미한다. 결국 당 중앙위 정치국은 2010년 9월 상순 당 대표자회를 개최하여 당 최고지도기관(당 중앙위원회, 정치국, 비서국 등)의 선거를 실시하게 될 것임을 당 중앙위 정치국 결정서를 통해 발표함으로써 김정일 이후 시대를 대비하고 새로운 후계구도 구축을 위한 본격적인 당-군-정의 새로운 권력구조 개편 작업이 이루어지기 시작하였다.

북한은 이미 2009년 4월 개최된 최고인민회의에서 헌법의 일부 조항을 개정하여 국방위원회를 실질적인 국가최고통치기관으로 격상하고 위원장이 과거 주석과 같은 위상과 역할을 수행할 수 있도록 규정하였다. 이는 건강이 악화된 김정일 위원장이 생전에 자신의 통치기반을 유지함과 동시에 후계구도의 조기 안착을 염두에 둔 조치라고 평가할 수 있다. 즉 헌법 개정을 통해 김정일 중심의 국방위원회가 체제안보를 책임지는 최고의 국정지도기구로 격상되어 선군정치를 지속하면서 김정일의 권위로서 후계체제의 정당화를 뒷받침하려고 한 것이다.

김정일은 자신이 그랬던 것처럼 본인이 살아있는 동안 후계자로 지목한 3남 김정은이 안정적으로 차기 지도자, 수령으로의 지위를 확고히 할 수 있도록 후계수업을 진행시켜 나갈 것이다. 김정일은 74년 후계자로 지명되기까지 당 조직지도부 지도원을 거쳐 당 선전선동부 과장, 부장, 그리고 조직담당 비서로 임명되기까지 김일성의 후광과 자신의 역량을 통해 충분한 기반을 구축하였고 이후 80년 6차 당 대회에서 후계자로 공식화된 이후에도 14년간 김일성을 보좌하면서 지도자 수업을 하였다.[1] 그러나 김정은은 촉박한 일정 속에 조속한 시일 내에 후계자로 공식화되기 위해서 국가보위기구 등 핵심 부서에서 압축적으로 업무를 수행했던 것으로 알려지기도 했다. 결국 '청년 대장' 김정은으로의 후계체제 구축 작업은 당 대표자회에 이어 목표 년도로 보이는 2012년까지 체계적이고 단계별로 그리고 매우 압축적으로 진행할 것으로 보

---

1) 정성장, "포스트 김정일 시대 북한 권력체제의 변화전망," 2008년 북한연구학회 공동학술회의 발제논문, pp.250-251.

인다.

당 대표자회는 당초 예고했던 9월 상순 개최를 아무런 설명 없이 연기한 끝에 9월 28일 평양에서 개최되었다. 당 대표자회 개막 직전 북한은 김정일의 여동생인 김경희, 후계자로 오랫동안 거명되었던 김정은을 비롯한 6명을 인민군 대장으로 임명하였다. 당 대표자회는 당 중앙위원을 선출하고, 김정일은 당 총비서로 재추대되었다. 당 중앙위원회는 정치국 상무위원, 정치국원, 비서국 비서를 선출하고, 당 중앙군사위원회는 새로이 부위원장직을 신설하여 김정은과 총참모장 리영호를 각각 부위원장으로 임명하였다. 김정일은 당 중앙위원회 위원에 보임되었으나 군에 대한 당적지도를 총괄하는 당 중앙군사위원회에 김정일 위원장 다음의 서열로 후계자로서의 입지를 공고히 하였다. 이로써 김정일 유고시 즉각 군권을 장악할 수 있는 구도가 마련되었다.

그러나 김정은은 어린 나이와 부족한 경험으로 본격적인 후계자로서 통치를 담당하기에는 내부 반발 등 극복해야 할 과제가 많기 때문에 김정일 생전에는 물론 그 이후에도 일정 기간 원로 및 실무 그룹의 후견이 필요할 것으로 보인다. 따라서 그런 후견집단체제의 역할 수행이 원활하기 위한 사전 정지 작업이 역시 속도감 있게 진행되었다. 2009년 국방위원회에 신규 충원된 인물들은 김정일의 매제인 장성택 당 행정부장, 주상성 인민보안상, 우동측 국가안전보위부 1부부장, 주규창 당 군수공업부 1부부장, 김정각 인민군총정치국 1부부장 등이 김정은의 후견그룹으로서의 역할을 할 것으로 예상된다. 인민무력부장에 임명된 김영춘 국방위 부위원장과 리영호 총참모장은 김정일의 측근이자 고영희 계열의 인물로서 김정은의 후계구도 정착에 주요 역할을 담당할 것이며 이들은 군부 쪽에서 후계자 선정의 당위성을 적극 뒷받침해 나갈 것이다. 이와 함께 당, 군의 핵심 실무부서 책임자들이 김정은 주위에 포진함으로써 향후 본격적인 후계구도 과정에서 통제와 우상화 작업을 병행해 나갈 것이다.

한편 김정은이 후계자로 내정된 이후 준비 작업이 신속히 진행되고 있으며 이에 따라 후계자 김정은의 우상화 선전 사업 역시 내부적으로 진행되어 왔다는 정보들이 다수 보고되었다. 김정은이 후계자로서의 자질과 역량을 과시하기 위해 지구인공 위성발사, 핵실험 등을 단행하면서 초강대국 미국과 국제사회에 대항할 수 있는 최적의 지도자임을 과시함과 동시에 향후 첨단 과학 기술력에 기반한 강성대국 건설을 진두지휘할 것이다. 예컨대, 4.15 김일성의 탄생일인 태양절을 기념하여 초대형 폭죽행사를 컴퓨터제어기술(CNC)을 동원해 성사시킴으로써 김정은의 배포와 과학기술 감각과 역량을 주민들에게 과시함과 동시에 할아버지 김일성을 이어 받아 만경대 혈통의 혁명적 계승과 2012년 주체 100년을 기해 강성대국을 완성함으로써 일체화, 정당화를 이루려하고 있다. 경제건설 분야에서의 150일 전투, 100일 전투 등을 발기하여 김정일이 후계자로 선정된 후 벌였던 70일 전투를 연상시키며 업적 쌓기에도 적극 나서고 있다. 김정은은 군사, 정치, 경제, 외교뿐만 아니라 과학기술, 문학예술, 체육 등 모든 분야에서의 천재성을 발휘하여 북한체제를 국제사회에 재등장시킬 수 있는 인물로 부각시키고 있는 것이다.

김정은 후계체제의 핵심 과제

김정일 이후의 북한의 미래는 북한 정권이 수립된 이후 북한체제를 지탱하던 3가지 핵심요소인 절대 권력자인 수령중심의 독재체제와 노동당 영도체제에 의해 주도되는 사회주의 계획경제 그리고 주체사상이나 선군사상과 같은 사상통제에 의한 폐쇄체제의 존속여부에 달려있다.

북한의 후계구도가 김정은으로 공식화되고 김정일 생전에 실제 권력이동이 이루어는 과정에서 노동당의 위상이 정상적으로 회복되지 않을 경우 조선민주주의 인민공화국의 기본 권력구조와 정체성의 혼란이 발생할 것이며, 나아가 김정일 사후 심각한 권력투쟁이 발생할 가능성을 배제할 수 없어 결국, 북한 지도부는 권력이양을 대비해 당체제정비와 당 중심의 국가체제를 재구축하기로 결정하였다고 볼 수 있다. 북한체제는 출범부터 당-국가체제이며 당이 수령 독재의 근간임으로 이를 김정은의 후계구도과정에서 당이 배제되거나 약화될 경우 엘리트 간의 권력투쟁이 불가피할 것이기 때문이다.

수령 독재체제가 사회정치적 생명체론 등 주체사상의 이념적 기반 없이 보위기구나 인민무력부 등 억압통제기구 중심으로 운영될 경우 주민들에 대한 사상통제와 선전선동, 감시통제 기능이 약화됨으로써 급격한 체제 이완 현상이 발생할 가능성도 있다. 중국과 당 대 당 차원에서 연계될 수 있는 공산당 조직의 약화나 와해 현상이 발생할 경우 친중국계의 집단적 이탈, 반발이 조직화될 수 있음도 배제할 수 없는 상황이다.

포스트 김정일 시대의 주요 정책 과제로서는 핵문제를 비롯한 체제 생존문제와 경제발전을 어떻게 조율하고 병행시킬 것인가 하는 것이다. 북한은 여러 차례 공언한 대로 6자회담 재개를 둘러싼 새로운 한반도 정세를 주도하기 위해 당 창건 65주년을 기해 2년 후 강성대국의 대문을 활짝 열어젖힌다는 명분으로 평화공세를 전격적으로 제기할 것이다. 6자회담 재개 논의가 북한에 일방적으로 불리하지 않은 상태에서 타결될 경우 남북 고위급 회담을 제안할 가능성도 있다.

남북대화가 재개될 경우 금강산 관광 재개와 이산가족 상봉을 맞교환하면서 대북 인도적 지원 차원에서 대규모 식량지원을 요청할 것이다. 실제 북한은 8월 31일 우리 정부가 북측에 제안한 수해지원관련 100억 원 상당의 비상식량과 의약품 등 긴급 인도적 지원 의향에 대해 즉각적인 반응을 보였다. 우리가 제안한 각종 의약품과 라면과 같은 비상식량 보다는 쌀, 시멘트, 재해복구용 중장비 등을 지원해 줄 것을 역제의 하였다. 동시에 인도적 지원과 관련하여 9월 10일에는 추석을 맞아 이산가족 상봉사업을 금강산 지구 내에서 실시할 것을 제안하였다. 이산가족상봉사업과 관련하여 처음으로 북한 스스로가 선제안한 경우가 되었다. 물론, 북측의 의도는 남한이 가장 중시하는 이산가족상봉을 기화로 동결된 금강산관광사업을 재개토록 요구해왔다. 현실적으로 금강산지역내에서 수백 명의 이산가족이 상봉하기 위해서는 우리 정부가 출자한 금강산면회소에 대한 몰수조치를 철회하고 기타 금강산지역 내 우리 시설들에 대한 동결조치들이 해제하여 이들의 숙박과 상봉행사를 진행해야한다. 결국 몰수 또는 동결된 우리 측 시설들을 원상회복하기 위해서는 2008년 7월 이후 중단된 금강산 관광사업이 재개되어야만 한다는 논리로 접근한 것이다.

우리 정부의 공식 입장은 이산가족상봉사업과 금강산관광사업은 별개의 사안이며 북한에 대한 긴급구호용 인도주의적 지원은 약속했던 대로 진행하되, 이산가족상봉사업이 또다시 일회성이 되지 않도록 조속히 후속 협의가 이루어져야한다는 입장을 고수하고 있다. 북한 역시 금강산관광재개를 통해 부족한 외화난의 일부를 개선할 필요성이 커졌으며 따라서 이산가족상봉 장소에 대해 전격 양보하면서 향후 관광사업 재개를 압박할 수순을 모색하고 있다. 반면 미국의 추가 대북제재 등이 효력을 발휘하여 북한에게 극도로 불리한 상황이 전개될 경우, 6자회담은 지연되고 그 과정에서 북중, 북러 관계는 강화되는 반면 남북, 북미, 북일 관계는 경색될 것이다. 다만, 중국의 입장과, 미중 전략적 관계, 한중, 한일, 중일관계 등 거시적, 구조적 측면을 고려할 때 신냉전시대의 구축과 같은 대결구도는 형성되지 않을 것이다.[2)]

김정일 위원장의 건강은 포스트 김정일 시대의 북한의 권력구조 변화를 예측함에 있어 가장 중요한 변수이다. 그의 건강 악화에 따라 권

---

2) 남궁영, 『분단 한반도의 정치경제』(서울: 오름, 2010).

력 통제력이 급속히 약화될 경우 새로 부상하는 김정은 중심의 후계 후견세력 간에는 단기적으로 보완관계를 유지할 것이나 시간이 지남에 따라 새로운 견제와 갈등관계 형성 가능성을 배제할 수 없다. 김 위원장은 국방위원회를 중심으로 친정체제를 유지하려고 하나, 새로운 권력 핵심인 김정은은 당 중앙위를 중심으로 선군정치를 서서히 당-국가체제로 개편하고 내각에서는 중국식 개혁개방을 일부 모방한 북한식 경제 발전을 중요 현안으로 북중 또는 남북 관계 개선을 통해 해결하려는 과정에서 정치적 갈등과 정책 표류가 있을 수도 있다. 경제정책과 당의 지도노선을 둘러싼 보혁 또는 강온파간 대립은 정책의 본질적 논의보다는 이념과 친소관계에 따른 힘겨루기 양상으로 비화되면서 당과 국가의 정체성의 혼란과 정책적 난맥상이 초래될 수도 있다.

김정일, 김정은 부자 세습이자 대를 이어 김일성 왕조를 계승하는 권력구조 변화에 국한될 수도 있으나 이에 수반하는 권력배분에 따른 갈등과 투쟁 양상을 배제할 수 없으며 결국 새로이 권력 핵심부에 진입한 신구 세력 간 힘겨루기가 불가피할 것으로 전망된다. 김 위원장의 의도대로 김정은의 권력이 예상보다 조기에 신속히 안착되거나 시일이 경과함에 따라 대폭적으로 강화될 경우 반 김정은 세력의 선제적 압박 공세와 중국식 개혁개방 모델을 전면적으로 도입할 것을 구실로 중국의 보다 적극적인 개입을 유도함으로써 세력화할 수도 있다.

김정은 후계체제하의 남북 관계

김정일 시대 이후 북한의 군사모험주의가 퇴조하고 당 중심의 국가체제가 개편될 경우에도 단기적으로 남북 관계의 획기적 전환은 기대하기 어려울 것이다. 그러나 중장기적으로 최소한 남북대화와 협력관계의 복원은 가능할 것이므로 이에 대한 대비책을 수립하여야 할 것이다.

동시에 국제사회에서 남북 간, 또는 통일을 위한 지지 확보를 위한 본격적인 외교전에 대해서도 사전에 준비하여야 할 것이다. 북한은 남한의 정치 특성상 어떤 정당이 집권하더라도 정상회담을 비롯한 대화 제의 가능성을 예견하고 이에 대비하고 있을 것이며, 특히 후계구도가 안착된 후 강경세력의 퇴조 시 협상에 응할 가능성이 높다.

김 위원장의 위상과 역할이 약화되는 시점에서 신구 세력 간 권력투쟁이 발생할 가능성이 있으며, 이 같은 내부 정세의 악화는 우리에게 위기이자 기회가 될 수 있다는 점에서 때를 기다리기 보다는 시나리오별 대응전략을 마련하여 전략적 공세를 추진할 필요가 있다. 김정일 이후 시대, 우리에게 유리한 개방협상파의 입지를 고려하여 미중과의 전략대화를 북한을 포함한 4자협의체로 발전시킬 것을 제안할 수도 있다. 2010년 11월 11-12일 개최될 G-20 서울 회의를 빌미로 한국의 대외적 위상 제고뿐만 아니라 북한에게 실질적인 혜택이 돌아갈 수 있는 조치로서 개도국과 선진국의 협력체제 구상을 시범적으로 남북한 경협에 적용해보는 것도 한 방법이 될 수 있다. 문제는 향후 김정일 이후 북한지역에 새로운 개발독재정권의 출현에 대비하여 안보태세는 철저히 강화하면서 북한과의 대화와 협력을 모색하되 북한 주민들의 대안과 희망의 선택으로서의 대한민국의 선진화를 꾸준히 이룩함으로써 평화통일의 기틀을 마련하는 일이다.

북한의 새로운 권력구조 개편과 6자회담이 재개되더라도 김정일 생존 시 핵포기와 같은 전향적인 결단이 이루어지기는 어려울 것이며 동시에 북한의 과도한 핵개발도 뜻한 대로 실현되지 못할 것이기에 포스트 김정일 시대에도 상당 기간 동안 북핵문제는 북한의 체제전환이나 근본적인 정책 변화가 이루어질 때까지 관리 대상으로 남겨질 가능성이 크다. 김정일에 이어 김정은도 그동안 개발한 핵을 끝까지 포기하지 않음으로서 상대방을 지치게 하거나, 북한 핵프로그램을 실질적으로 동결/폐기하는 대신 새로운 명분이나 구실 하에 '거래의 유혹'을 지속할 것으로 보인다. 남한을 포함해 미국, 중국, 일본, 러시아 등 6자회담 참가국이자 동아시아의 주요 핵심 세력들은 각자 자신들의 이해관계와 상대방의 선택에 대한 대응으로서 북핵문제 해법을 추구할 것이며, 이 과정에서 각국의 전략대화가 양자 및 다자차원에서 그리고 6자회담 틀 안에서 또는 6자회담 틀 밖에서 이루어짐으로써 향후 2012년 한국을 비롯한 주변 각국의 정치 일정에 영향을 줄 것으로 예상된다. 북한은 핵개발을 체제 생존의 가장 강력한 보장책으로 간주해온 만큼 김정일 이후 시대에도 상당 기간 이미 확보한 핵무기는 포기하지 않고 핵보유국 지위를 주장하며 미국 등 주변국가와의 평화협정 체결 등 현상유지적 타협책을 놓고 협상을 전개할 것으로 보인다.[3)]

북한의 2단계 핵불능화조치는 2008년 중단되었지만 9.19 공동성명의 중요성을 인식하는 공감대 속에 의장국인 중국의 중재안에 따라 예비회담을 포함하여 결국 6자회담이 재개될 가능성이 높지만 김정일 생전에, 그리고 포스트 김정일 시대에 진입하더라도 완전한 핵포기를 의미하는 모든 핵프로그램의 폐기와 완벽한 신고와 검증 수용 등의 결단은 단행하지 않을 것으로 전망된다. 영변 핵시설에서 추출한 무기급 플루토늄을 비롯한 농축 우라늄 개발 계획 등 핵무기의 폐기와 미사일, 생화학무기 등 대량살상무기의 완전 폐기와 관련한 협상은 지속될 것이나 이 과정에서 벼랑 끝 외교, 살라미전술 등 전통적인 기만전술을 반복 구사할 것이다. 북한은 미국의 모든 대북제재 해제와 안전보장 및 6자회담국가들이 제시할 포괄적 대북 패키지 안이 구체화되면 추가적인 핵과 대량살상무기의 개발을 중단함으로써 미국 및 국제사회와의 대결구도는 피하고자 할 것이나 평화체제 논의 등 새로운 이슈를 적극 제시함으로써 지연 전술을 전개할 것으로 전망된다.

3) 백승주, "북한 핵문제 해결을 위한 대북정책 추진방향," 통일연구원 제1차 국정성과평가 전문가 토론회 발제논문(2010.2.22), p.99.

북한의 경제난은 만성적이고 구조적인 특성을 갖고 있으며 2010년에도 식량생산의 부진과 외부로부터의 지원 감소와 더불어 신의주를 비롯한 전국적으로 수해 등 천재지변 등 악재가 겹쳐 경제난을 극복하지 못할 것이며 박봉주 전 내각총리를 새로 당 경공업부 부부장으로 복권 기용하는 등 변화를 모색하고 있으나 김정일-김정은 과도기 후계구도 하에서 체제 변화를 수반할 본격적인 개혁개방으로의 정책 전환에는 신중하게 접근할 것이다. 김정은 주도로 2009년 150일 전투, 100일 전투 등을 전개했으나 실질적으로 동원할 수 있는 자원이 절대 부족하고, 미진한 개혁개방으로 인해 식량난, 에너지 및 외화난 등 만성적인 경제난은 해소하지 못했다. 따라서 향후 남북 관계 및 대외관계의 부분적 개선을 통해 유입되는 외부 원조를 지속적으로 수주하기 위한 노력을 재개할 수밖에 없을 것이나 이로 인해 파생되는 경제구조 왜곡 현상은 개선되지 못할 것이다. 임시로 시장경제를 허용하는 등 부분적인 경제 회복 노력은 북한 내 신종 빈부격차를 발생시키는 동시에 이에 따라 각종 생계형 범죄는 근절되기 어려울 것이다.

북한은 내부 통신망 확충과 휴대전화 사용 확대 등 정보통신 분야에서의 변화를 모색하고 있으나 외부와의 접촉이나 교류는 적극 차단하고 있으며 이는 향후 핵문제의 부분적 해결과 이로 인한 남한을 비롯하여 미, 일과의 관계 개선이 이루어지더라도 외부, 특히 남한으로부터의 영향력 유입을 차단하기 위해 폐쇄체제를 근본적으로 변경하지 않을 것이며 개방과 폐쇄의 반복적 행태를 보일 것이다. 인터넷 등 정보통신, 통행 등에 대한 차별적 적용 등 각종 차단 조치를 강화할 것이며 화폐개혁이후 당국에 대한 불만과 불신과 각종 유언비어의 난무로 초래된 내부 균열과 체제 이완을 방지하기 위한 체제단속을 완화할 수 없을 것이다. 생계 등 이유로 직장 이탈을 적극 통제할 것이며 북한 사회를 탈출하는 탈북자에 대한 단속과 징벌이 강화함으로써 김정일 이후 후계체제의 통제력과 정당성을 제고하려 할 것이다.

북한 인권에 대한 국제사회의 비난 여론에 대해 법 규정의 보완을 통한 형식적 개선 노력은 보일 것이나 후계구도 구축과정에서 체제 단속과 사상 이완을 방지하기 위해서 체제비판은 허용하지 않을 것이다. 국제사회의 지속적인 인권 개선 압력으로 헌법 개정 시 인권관련 조항을 삽입했음에도 불구하고 일반 주민들에 대한 기본권 보장은 이루어지지 못할 것이며 3대세습의 속성상 근본적인 변화는 체제 안전상 이루어질 수 없을 것이다. 결국, 북한사회에서 전면적인 개방은 체제의 급속한 붕괴 및 흡수 통일에의 위협이 되므로 후계구도 정착에 따라 권력구조의 변동에도 불구하고 사상통제와 체제단속은 유지되거나 오히려 강화될 수도 있다.

북한 내 급변사태 발생과 통일전망

향후 남북 간 대화와 협력은 분명한 원칙과 추진 기조 하에 신축적이고 실용적으로 운영하되 김정일의 신상 변화 및 후계구도 구축과정에서 발생할 북한의 급변사태에 의한 전격적인 한반도 정세 변화에 대해서도 대비하여야 한다. 21세기 탈냉전의 남북 관계는 남북한 정부만의 대화협력이 아닌 남북한과 주변국제사회의 복잡한 연계 속에 다양한 행위자의 참여를 통해 이루어지는 세계화과정의 축소판이다. 모든 면에서 불투명하고 폐쇄된 북한을 상대하는 입장에서 최악의 상태에서 차선책을 추구하는 신중한 접근을 지속하여야 하며, 남북대화협력에서 야당과 민간단체 등 합리적 세력들 간의 소통과 역할분담 및 협력 체제를 강화하되 정부의 유연하고 일관성 있는 리더십이 필요하다.

특히, 김정일 이후에도 북한은 체제유지를 위해 수령제와 핵무기보유를 지속하려할 것이나 이를 정당화하거나 용납될 수 있는 조건이 시간이 지남에 따라 점차 소멸하게 될 것이며 결국 내부의 혼란과 체제전환이 불가피하게 될 때를 대비하여야 한다. 북한 내부의 권력구도 재편 과정에서 북한 주민들의 친남한, 친통일의 환경 조성을 위한 지원과 법적, 제도적 장치를 마련하여야 한다. 통일비용이나 통일 후 후유증에 대한 불필요하고 과다한 공포심을 극복하고 평화적, 단계별 남북 관계 개선과 급진적 통일 가능성을 동시에 감안한 성숙한 국민의식과 국론결집이 필요하다. 동시에, 급변사태에 대비하여 공개적인 언급보다는 상황 변화에 따른 내부치안확보와 긴급구호에 대한 인적, 물적 대비책을 마련하여야 한다. 북한 내 핵무기를 비롯한 대량살상무기를 안전하게 관리할 수 있도록 작계5029를 비롯한 한미연합 군사작전 실시와 미국을 중심으로 국제관리기구가 구성 운영될 수 있을 것이다. 무엇보다 만일 후계체제 정착과정에서 발생할 수도 있는 급변사태가 통일의 기회로 전환될 수 있도록 미, 중, 일, 러 등 주변국가와 유엔 등 국제기구에 대한 통일외교를 적극 추진해야 할 것이다.

북한의 후계구도는 안정적으로 정착되지 못하고 급변사태로 확산되어 한반도의 근본적인 지각변동을 초래할 가능성이 상존하고 있는데 대한 한미 동맹과 함께 동아시아 3국의 전략적 대응책이 마련되어야 한다. 김정일 생전 또는 사후에 후계구도를 둘러싼 권력투쟁이 발생하고 정국이 극도로 불안정해질 경우 한미동맹 뿐만 아니라, 한일 간, 한미일 간 공조체제를 중심으로 중국과 러시아 및 국제사회를 설득하고 협조를 구하는 국제연계망을 구축하여야 한다. 북한의 대량살상무기를 안전하게 확보하는 문제는 미국을 중심으로 이루어질 가능성이 높으나 무법, 무질서한 치안문제 해결을 위해서 평화유지군 등을 파견할 경우에는 한국을 중심으로 주변국의 적극적인 지원을 통해 조기에 안정화 시켜야 한다.[4)]

대량난민이나 보트피플의 발생을 최대한 억제하기 위해 긴급 구호에

---

4) 김석우, 홍성국, 『통일은 빠를수록 좋다』(서울: 기파랑, 2010).

착수하여 식량 등 인도적 지원과 본격적인 경제 지원활동을 위해 중국과 일본의 적극적인 협조가 필요함. 북한의 급변사태가 조기에 수습되고 한반도 통일문제가 전격화 될 경우 미국과 일본은 한반도가 자유민주주의, 시장경제 및 인권을 존중하는 새로운 통일한국으로 재탄생할 수 있도록 중국, 러시아 등 주변 국가를 설득할 수 있는 내부 공감대를 형성해 나가야 할 것이다.[5)]

---

5) 박관용 외, 『북한의 급변사태와 우리의 대응』 (서울 한울아카데미, 2007).

북한체제 특성과 남북 관계 추진 방향

2012년 북한은 김일성 탄생 100주년을 기념하여 강성대국의 문패를 내걸겠다고 호언하고 있으나 1948년 정권 수립 이후 북한은 이제껏 단 2명의 지도자만이 대를 이어 통치해오고 있다. 지난 90년대 사회주의권의 연쇄 붕괴과정에서 북한의 장래에 대한 관심이 증대했었고, 핵문제와 식량난 등 위급 상황이 발생했을 때에도 북한체제의 붕괴 가능성에 대해 국내는 물론 해외 각국의 관심이 증폭되곤 하였다.

현재 68세인 김정일은 최근 건강이 상당히 회복된 것으로 보이나 그가 생존하는 동안 북한체제가 현 상태를 그대로 유지할 지, 후계구도를 조기에 정착시켜 권력이양 준비에 나설지, 아니면 김정일 자신이 일대 결단을 하여 북한체제를 근본적으로 개혁할 지 아직은 알 수 없다. 김정일 정권이 그럭저럭 안정적으로 지속되다가 미래의 어느 시점에서 내외 환경이 급변함에 따라 갑자기 붕괴할 수도 있고, 비록 단기적인 난관은 극복하더라도 장기적으로 서서히 와해될 수도 있다.

이같이 북한의 장래에 대한 다양한 시각과 전망의 중심에 김정일이 있다. 김정일이 살아 있는 한 북한체제의 근본적인 변화는 불가능하다는 시각에서부터 김정일이 살아 있는 동안 정책 변화를 서둘러야 한다는 시각까지 극과 극이다. 김정일을 둘러싼 권력 투쟁이 북한체제를 변화시킬 동력으로 간주하는 시각부터 김정일 사후 후계체제의 성격 여부에 촉각을 곤두세우는 시각까지 김정일은 북한체제 변화 논란의 핵심 요인으로 자리 잡고 있다.

지난 60여 년 동안 분단된 북한은 김일성, 김정일 부자가 통치하는 독재체제를 유지하고 있다. 처음에는 마르크스 이념에 따라 공산사회를 건설하려다 김일성의 주체사상을 중심으로 수령 독재체제로 전환하였다. 장남인 김정일은 주체사상과 함께 김일성의 항일빨치산 전통을 북한역사의 정통성으로 확립하면서 80년 6차 당 대회를 계기로 후계자로서의 지위를 굳힌 후 94년 7월 김일성 주석의 사망이후 북한을 통치하고 있다.

반세기 동안 북한은 중앙집권적 계획경제를 근간으로 군사부문에 과도한 자원을 배분하는 사회주의 경제체제를 유지하였다. 4대 군사노선을 추진한 이래 과도한 재래식 군사력을 보유했을 뿐만 아니라 핵무기와 미사일 등 대량살상무기를 개발하는 위험한 군사국가, 병영국가였다. 소련과 중국과 군사동맹을 체결하고 공산권과의 배타적 외교관계에 의존하는 폐쇄체제였다. 인민들은 출신 배경 등을 기준으로 철저히 구분되고 그에 따른 사회적 차별이 일반화되었다. 탈북자들이 증가하고 개인의 자유는 극도로 통제되고 억압되었으며 인권에 관한 한 세계 최하위 국가로 분류되었다.

북한의 만성적인 경제난은 지난 2002년 시장기능을 일부 허용하면서 경제의 활성화를 꾀하였으나 공급이 절대 부족한 상황에서 악성 인플레의 발생으로 오히려 사회주의 북한에서 빈부의 격차만 심화되는 상황이다. 더구나 탈북자의 대량 발생으로 체제 충성도가 약화되고 외부로부터의 정보와 새로운 사고의 유입은 북한 내부, 일반 주민들은 물론 가장 믿을만한 핵심 엘리트 계층에서조차 체제 정당성에 대한 의구심이 증폭되는 등 체제 이완의 조짐마저 나타나고 있다.

분단 이후 수십 년 동안 한반도는 남북한의 군사 정치적 첨예한 대립으로 점철되어 왔다. 비록 2000년 6월 남북정상회담 이후 남북 관계는 새로운 국면에 접어들었으나 북한체제의 근본적 변화가 이루어지지 않고 있어 진정한 의미의 남북화해나 교류협력은 이루어지지 않고 있다. 개성공단과 금강산관광 사업 등 일부 시범적 단위의 경제교류협력과 대북 쌀, 비료 지원 등 일방적 지원 사업을 제외하고는 진정한 의미에서의 남북 관계의 개선은 실현되지 못하였으나 그나마 2008년 7월 금강산 관광객 박왕자 씨의 피격 사망사건으로 금강산관광은 전면 중단되었고 개성관광 역시 북측의 일방적 폐쇄조치로 중단되었다. 아울러 개성공단 역시 남측 체류인원의 대폭 축소와 출입에 관한 북측의 일방적 제한조치로 인해 파행을 겪고 있다.

북한체제의 특수성

지난 80년대 말부터 전개되기 시작한 구소련, 동유럽, 중국, 베트남 등 당시 사회주의 체제의 변화 과정들을 볼 때 북한은 아직까지 사회주의 체제의 골격을 유지하고 있다. 대부분의 사회주의 국가들에서 의미 있는 체제 변화가 일어나던 시기 북한도 경제난의 가중, 대외관계의 급격한 축소, 주민들의 이탈 등 대내외적 갈등이 증폭되는 양상을 보였다.

그러나 소련의 점령과 지원 하에 정권을 수립한 북한은 동유럽에서와 같은 소련에 의한 일방적 이식에 의한 것이 아니었다. 김일성 정권은 부르주아 계급이 남쪽으로 월남한 북한 지역에서 일본 식민지체제를 청산하는 세력으로 정권을 장악함으로써 인민들의 지지를 획득하여 중국이나 베트남에서와 유사한 자생적 기반을 어느 정도 구축하였다. 동유럽 지역에서 반소운동이 전개되고 소련 내에서도 스탈린주의에 대한 비판과 수정주의 대두할 때 북한에서는 이 같은 외부사조의 유입을 차단하고 김일성의 주체사상으로 체제이데올로기를 더욱 강화해 왔다. 특히 북한 정권은 분단과 한국전쟁을 통해 미국과 남한을 비롯한 서방 자본주의국가들에 대한 적개심과 대항의식이 고조된 상태에서 주체사상을 제창함으로써 지배 엘리트와 인민들 사이에서 정당성을 확보하고자 하였다. 더욱이 이데올로기를 창출하고 전파하는 노동당의 막대한 조직과 광범위한 영향력으로 체제 이데올로기인 주체사상은 지배 엘리트와 인민들 속에 침투하여 체제유지와 강화에 기여하였다.

특히 사회주의권의 붕괴이후 북한은 이데올로기의 변질과 신심의 이반이 결정적인 붕괴요인으로 파악하고 사상의 순결성 고수에 역점을 두고 있다. 즉 사회주의권의 연쇄적인 몰락을 목격하면서 김정일은 "여러 나라에서 사회주의 집권당과 사회주의 제도가 붕괴된 역사적 교훈은 사회주의 위업을 끝까지 완성하자면 사회주의 사상의 순결성을 확고히 고수하여야 한다는 점이다"라고 주장하면서 사상체계의 순수성 고수를 역설한 바 있다. 특히 김일성 사후 김정일은 본인 명의의 논문을 수차례 발표하면서 체제통합과 사상교양을 강조하였다.

북한에 대한 소련의 영향력은 한국전쟁에서의 소극적인 지원과 56년도 소련파의 숙청 그리고 이어 중·소관계의 악화에 따른 북한의 등거리 외교 시행 등으로 인해 동유럽에 비해 상당히 제한적이었다. 경제부문에 있어 소련은 90년대 초까지 북한의 최대 무역상대국으로서 석유를 비롯한 원자재의 최대 공급 국가였다. 그러나 소련 내부의 변화에 따라 북한에 대한 지원을 지속할 수 없게 된 상황에서 북한경제에는 적지 않은 손실을 주었지만 일찍부터 자급자족 경제기반을 구축한 북한에 대해서는 결정적인 영향력으로는 활용될 수 없는 상황이었다. 더구나 소련과 한국의 수교는 북한의 대소 적대감만을 증폭시키는 결과를 초래해 동유럽 사례에서 보듯이 소련의 개혁·개방의 압력이 북한에는 적용되지 않았다. 이러한 외부의 영향이나 압력은 중국에 대해서도 대동소이하며 정치, 경제적으로 긴밀한 관계를 유지하고 있는 중국도 북한 변화에 대한 영향력은 일정한 한계가 있다. 그럼에도 불구하고 북한은 「조-러 우호협력 및 상호원조에 관한 조약」 폐기에 대신하여 러시아와 보다 우호적인 수준의 새로운 조약을 체결하고 중국과의 관계에서도 당과 군을 중심으로 우호협력관계를 더욱 강화함으로써 냉전이후시대의 변화된 국제정세 하에서 이들 국가들과의 관계를 유지 발전시키고자 노력을 경주하였다.

북한은 동유럽 국가들에서 보듯이 시민사회가 형성되지 못하였다.

부르주아 계급, 종교인, 지주등 사회주의 체제에 반발하는 인사들은 분단과 한국전쟁 기간 동안 대부분 남한으로 월남하였으며 이들의 토대는 북한에서 철저하게 분쇄되었다. 대내외적 정보는 철저히 차단되고 공개적인 정보의 교류는 사실상 불가능하며 인적 교류도 철저한 통제하에서만 가능할 뿐이다. 사회주의 체제가 성립되기 이전 사회는 봉건사회나 식민지 통치사회여서 인민들의 의식은 절대군주에 복종하는 신하의 위치에 머물러 있는 상태이다. 따라서 북한사회는 시민사회와는 거리가 먼 신민(臣民)사회를 유지하고 있다.

이러한 북한도 사회주의권 붕괴를 전후하여 외부정보의 유입과 경제난과 계급차별 정책에 대한 주민들의 불만 증대, 그리고 관료와 인민들의 일탈행위 등으로 사회기강이 이완되는 등 사회변화 양상이 나타났다. 북한은 인민들의 불만을 해소하고 사회적 일탈행위를 방지하기 위하여 새로운 사회통합 지침을 마련하여 일탈행위를 단속하고 사회통제를 강화하고자 하였다. 일례로 92년에서 93년에 걸쳐 「비사회주의 그루빠」를 통해 암거래, 범죄, 매춘 등 각종 사회비리를 대대적으로 단속하였으며 김정일의 각종 논문 학습을 통해 사상교양을 강화하였다. 동시에 북한은 정치지도자가 계급출신별 차별 없이 인민을 믿음과 사랑으로 포용한다는 김정일의 '인덕정치'를 새로운 사회통합의 정치구호로 제시하였다. 인민들은 그들이 비록 복잡군중에 속하더라도 사상교양에 의해 개조될 수 있으며 모든 인민들은 그들의 사상과 행동 양식에 따라 평가되어야 한다는 새로운 통합 방식이었다.

북한사회의 또 다른 특징은 김일성이 이끄는 소수 항일 빨치산들이 주축이 되어 정권을 창출하였다는 점이다. 출발부터 무력에 의한 강력한 통치기반을 구축한 북한은 한국전쟁과 분단, 남한과의 군사적 대치상태, 중·소로부터의 자주노선 채택 등으로 자체 강력한 무력을 육성하고 유지하였다. 국가 자체가 군에 의해 유지되는 동시에 군은 수령에 의해 철저히 통제되고 있으며 기타 유사 군사기구 역시 지도자에 의해 일사불란하게 통제되고 있는 상황에서 군은 정권을 유지하는 가장 강력한 기구로 기능하고 있다.

특히 김정일은 군 최고사령관으로서 김일성사후 각급 군부대를 집중적으로 방문하며 현지지도를 실시하고 군의 각종 행사에도 가장 많이 참석하였다. 지난 95년 10월 8일 김정일은 김일성 사후 최초로 대대적인 군부 인사를 단행하였는데 이를 통해 김정일은 군부 원로들의 서열을 상위조절하고 인사권에 대한 확고한 통제력을 과시하였다. 또한 당 창건 기념일 등 주요 행사에서 대규모의 군사퍼레이드를 벌임으로써 막강한 무력을 과시하고 이를 통해 흐트러진 민심을 수습하는 동시에 정권 유지의 핵심인 군의 지지를 확보하고자 하였다. 김정일은 나아가 당내 군사 조직, 국가안전보위부, 사회 안전성 등 유사 군 기관에 대한 장악을 통해 지배 엘리트와 인민들을 효율적으로 관리 통제하고 있어 체제 위기 시 군은 가장 강력한 버팀목으로서 기능하고 있다.

소련을 비롯한 대다수의 사회주의 체제 국가들은 지도자의 사망이나 교체로 인한 파벌형성이나 노선갈등을 경험하였다. 이에 비해 북한은 국가건설이후 김일성 1인의 철저한 권력체제 구축으로 지도력에 대한 반발이나 지도 노선에 대한 갈등이 없었다. 56년 8월의 종파사건과 72년 사회주의 헌법의 개정 등을 통해 철저한 일인지배체제를 시행해온 북한에서 지배 엘리트들은 지도자를 중심으로 철저하게 통제되어왔다. 지도자의 교체로 인한 변화 가능성을 염두에 둔 북한은 이미 김일성이 사망하기 20년 전부터 김정일을 후계자로 선정하여 권력승계를 준비해왔으므로 김일성의 갑작스런 사망에도 불구하고 김정일으로의 안정된 권력이양을 완료할 수 있었다. 부자세습이라는 권력이양방식을 택한 북한은 전임자에 대한 비판과 노선수정으로 변화를 추진했던 여타 사회주의권 국가들과 달리 김일성의 정책과 노선의 변화 없이 기존의 사회주의 체제를 유지하고 있는 것이다.

북한체제의 부문별 현황을 구사회주의권 국가들과 비교사회주의적 관점에서 비교해 볼 때 경제난과 권력구조의 불안정성, 잠재적인 인민들의 불만과 부분적인 일탈행위, 사회주의권의 붕괴 등으로 북한의 상황이 과거 사회주의권 국가들처럼 위기에 처했던 것은 사실이다. 그러나 북한은 부분적인 경제개방을 통해 경제난을 해소하고 대외관계를 다변화하고 군부를 통한 김정일 선군정치체제를 공고함으로써 여타 사회주의권 국가들처럼 급진적인 체제전환이나 광범위한 변화는 사회주의권 대변혁 이후 20년이 경과한 2009년 초반 현재 일어나지 않고 있다.

김정일의 선군정치

북한사회는 유례가 없이 철저한 1인 독재체제이며 권력 승계 방식도 과거 어떤 사회주의국가에서도 볼 수 없던 부자세습체제이다. 공산주의 국가들의 변화과정을 역사적으로 비교 연구할 때 체제 변화의 핵심 동인 중의 하나는 최고 지도자의 교체와 최고 지도자 교체에 따른 정책의 변화였다. 체제의 문제점을 교정하고 정당성을 확보하기 위해서 후임자는 전임자를 비판하고 그 과정에서 자연스런 체제 변화, 체제 이완을 경험하고 1990년을 전후하여 사회주의 대변혁으로 대부분의 사회주의 체제는 붕괴되었다. 그러나 북한은 일찍부터 김정일이 후계자로서 권력을 승계함으로써 김일성 주석이 사망한 이후에도 근본적인 체제 변화 없이 순조롭게 권력이양을 완료하였다.

김정일 위원장은 김일성 사망 이후의 과도기적 상황을 선군정치를 통해 극복하는 한편 1998년 헌법 개정을 통해 강성대국을 목표로 한 선군정치를 새로운 통치구조로 정착시켰다. 선군정치는 북한의 전통적인 수령제와 당국가체제의 근간을 바꾸는 정치 형태로 볼 수는 없으나 군을 중심으로 또는 군을 전면에 내세우는 방식으로 그 자체 새로운 형태의 통치 방식이라고 할 수 있다. 선군정치와 관련하여 당과 군의 위상을 중심으로 다양한 분석이 제기되기도 하였으나 지난 10여 년간 김정일 시대의 정치 전개과정을 살펴볼 때 당과 군, 그리고 내각이 김정일의 절대 권력 하에서 각자 자신의 역할을 분담하여 처리하고 있다고 보는 것이 타당할 것이다.

지난 10여 년간 선군정치는 북한 대내외적 위기에 대응하여 김정일 체제를 수호하고 변화에 수반하는 갈등과 동요로부터 정치적 안정을 유지하는데 효과적인 장치로 작동하였다. 군부는 조직성과 헌신성, 일사불란한 명령 계통을 통해 산적한 난제들을 어느 기관보다 효율적으로 해결함으로써 군의 위상을 높이고 타 부문의 모범이 되었다. 반면 군에 대한 자원의 집중과 정책 선택의 우위를 점함으로써 체제의 경직성과 일원화에 따른 정책적 비효율도 동시에 불가피한 선군정치의 결과이다. 이러한 경직된 조직체계는 각종 정책결정과정에서 비탄력적으로 작용함으로써 신속한 대응을 요하는 변화의 시대에 능동적으로 적응하지 못하고 있는 문제점도 야기하였다.

김일성 사후 김정일 정권은 선군정치를 전면에 내세우면서 정권수립 이후 최대의 정치적 시련기를 안정적으로 극복하였다. 선군정치의 핵심은 기존의 당을 중심으로 이루어지는 당국가체제의 근간은 유지하되 국방위원회를 정권의 최상위 기구로 격상하여 군을 중시하는 군사국가 체제로 개편하는 것이었다. 수령유일지배체제하의 독재체제를 지탱하는 당과 군의 병렬적 구조에서 군이 앞서고 당이 이를 뒷받침하는 체제로 구조 조정을 함으로써 이념과 관료조직에 의한 통제에서 무력과 일사불란한 명령체제하에서 효율적으로 국가를 통제하는 방식으로 전환된 것이다.

일각에서는 선군정치를 임시방편 식 과도기적 위기관리형태로 기능할 것을 예상하였으나 이 같은 선군정치는 이미 10년이 넘게 유지되어 왔으며 선군정치는 북한의 김정일 정권의 통치방식으로 정착되었다고 보는 것이 타당할 것이다.[1] 선군정치 하에서도 당이 정책결정과정에서 배제되거나 현실적으로 그 역할이 무력화되었다고는 할 수 없지만 북한이 당면한 과제의 성격이나 김정일의 통치방식으로 볼 때 향후에도 김정일 생존 시에는 군을 중심으로 한 선군정치는 지속될 것으로 보인다.

김정일이 군을 중시하는 선군정치를 자신의 통치방식으로 설정한 이유는 첫째, 80년대 말 대부분의 사회주의권 국가들이 연쇄적으로 붕괴한 충격 때문이다. 더구나 같은 분단국가였던 동독이 급작스레 서독에 흡수통일 되는 과정에서 군의 역할의 중요성을 새삼 절감하기도 하였다. 동유럽 국가들은 물론 공산권에서 가장 선진화되고 경제적으로 넉넉하던 동독이 무너지게 된 결정적인 이유가 구소련의 군사력에만 의존하였던 배경에 주목한 것이다. 당시 바르샤바조약기구로 결속되었던 동구 사회주의 국가들은 고르바초프의 신사고정책에 따라 소련이 이들 국가들에 대한 무력간섭을 포기하자 바로 붕괴되었다. 결국 자체 무력이 취약한 공산주의 국가들은 내부의 혼란과 민주화의 확산을 공산당 자체 힘만으로써는 감당할 수 없다는 것이 증명된 셈이었다. 김정일은 당시의 충격을 자신 명의로 발표한 일련의 논문들에서 수차 강조하였으며 결국 군대를 통한 체제 안보가 당에 의한 이념적 통제보다 훨씬 현실적이란 점을 굳게 인식하게 되었다.

둘째, 수십 년 김일성의 일인독재체제하에서 유지되던 북한에서 그 체제의 근간인 당 역시 관료화되고 노쇠하였다. 이미 96년 김정일은 당의 노쇠화를 질타하고 군의 노고를 극찬했었다. 북한에서도 관료화의 병폐를 타파하기 위한 사상적 정책적 캠페인을 벌이긴 했으나 전일체적으로 유지되어온 당 중심의 구조를 스스로 타파하기에는 역부족이었다. 김정일으로서는 당의 무능과 관료화를 전면적으로 개선하기보다는

1) 정영태, “김정일 정권 하 정치군사체제 특성과 변화전망,” 『김정일 정권 10년: 변화와 전망』 (서울: 통일연구원, 2004).

당의 역할을 대체하는 세력으로서 군대조직에 기대를 걸게 되었다. 군을 중심으로 정치를 전개하면서 군의 작풍을 노쇠한 당에까지 파급시킴으로써 당의 체질 개선을 도모하기 위해서도 선군정치는 유용한 정치 방식인 것이다.

셋째, 선군정치의 결과이자 원인이 될 수도 있는 북한의 핵개발 계획은 김정일 정권이 가장 믿을만한 체제 안전판이자 향후 외부로부터의 막대한 지원을 유도할 수 있는 확실한 거래선이었다. 핵실험을 성사시킨 북한이 핵무기를 완전 폐기하기까지는 상당한 시일이 소요될 것이며 그 과정에서 예상치 못한 돌출변수들도 다수 발생할 것이다. 자칫 걷잡을 수 없을 정도로 큰 파국도 예상되는 중대한 사안으로 북한으로서는 국가적 총력을 집중해야 하는 일이다. 군사적 위협과 군사적 대결을 전제로 한 핵문제를 끝까지 밀고 갈 수 있는 세력은 군 밖에는 없는 상황에서 선군정치는 핵문제와 끝까지 궤를 같이할 수밖에 없을 것이다.

김정일은 자신의 왕성한 대외활동의 상당 부분을 군부대 시찰이나 군 관련 행사에 할애하였다. 비상시국에서 선군정치의 핵심인 군 관련 현지지도를 강화하는 것은 당연한 일이나 그만큼 김정일으로서는 군을 의지하고 신뢰한다는 표현일 수도 있다. 빈번한 군부대 방문이 군의 충성심이 의심되거나 직접 통제를 목적으로 한다는 것은 설득력이 부족하다. 김정일 시대의 가장 믿을만하고 가장 선호하는 집단으로서 군에 대한 격려와 관심의 표현이라고 봐야 할 것이다. 2009년 공동사설에서도 북한체제의 안정적 유지 비결을 선군정치라고 강조했듯이 2009년에도 김정일이 창출했다는 선군정치를 지속적으로 추진해 나갈 것이다.[2)]

2) 통일연구원, 『2009년 북한 신년 공동사설 분석』(2009.1).

사상통제와 실리 사회주의

김정일이 지난 10여 년 동안 선군정치를 시행해 오면서 단순히 무력에 의한 통제, 군 중심의 정치질서만을 강조한 것은 아니다. 이미 북한은 선군정치를 선군사상에 따른 북한식 정치제도로 정당화하는 노력을 기울여왔다. 김일성은 50년대 종파투쟁을 겪으면서 외부의 압력과 내부의 분열상을 극복하는 최상의 방식으로 주체사상을 내세웠고 이를 토대로 수령유일지배체제를 확립하였다. 마르크스, 레닌이즘에 기반을 둔 노동당 규약을 개정하면서까지 주체사상을 체제 이념으로 격상시키면서 수령 독재를 합리화하였다. 주체사상은 사회 각 분야의 지도원리로서 작동하면서 시대의 변화와 현안 해결을 위해 조선민족제일주의 등 각종 실천이데올로기들을 생산해냈는데 그 과정에서 주체사상은 결국 김정일 후계체제를 확립하는데 결정적인 기여를 하였다. 김정일 스스로 주체사상에 대한 해석권을 장악함으로써 부자세습의 비판을 극복하고 후계자로서의 지위를 공고히 할 수 있었다.

사상의 역할과 중요성을 누구보다 잘 알고 있는 김정일은 자신이 내세운 선군정치를 정당화하기 위한 이론적, 사상적 검토 작업을 병행하였다. 90년대 후반 극심한 식량난 등 소위 고난의 행군시기 김정일은 '붉은 기 사상' 등 실천 이데올로기들을 제창하면서 김일성시대의 주체사상을 이데올로기차원에서 보완하는 한편 자신의 선군정치를 직접적으로 합리화할 수 있는 사상적 기반을 구축하기 위한 노력을 기울였다.[3)]

김정일의 선군정치를 합리화하는 선군사상은 그 뿌리는 김일성의 항일유격대정신으로까지 확대되지만 결국 김정일의 통치방식을 정당화하는 통치이데올로기라고 할 수 있다. 선군사상은 철학적 이론으로서의

3) 정성장, 백학순, 『김정일 정권의 생존전략』(성남: 세종연구소, 2003), 13~15.

사상이라기보다는 어떤 난관에도 불구하고 김일성이 설립한 북한정권, 북한체제를 안정적으로 유지 계승한다는 것이다. 소위 혁명의 수뇌부를 결사옹위하거나 총폭탄 정신이나 혁명적 수령관으로 표현되는 선군사상은 그 핵심이 김일성, 김정일의 생명과 권력을 무력으로 끝까지 보위한다는 것이다.

사회전체를 선군사상으로 무장하기 위해서는 군대 내에서 만의 사상교육이 아니라 전당, 전인민 차원에서 사상적 강화 노력이 요구된다. 선군정치를 시행할 당시의 분위기는 김일성 사망과 극심한 식량난, 대외적으로 고립무원이던 상황이었다. 이러한 상황에서 엘리트들의 패배주의적 신심이반이 노출되고 탈북자 등 일반주민들의 체제이탈 현상이 속출하게 되었다. 선군정치는 엘리트들에게 체제에 대한 믿음과 확신을 심어주고 주민들에게는 보다 강력한 통제기제로서 작용하였다. 지난 10년간 안팎에서 가해지는 위협에 대해 핵개발 등으로 위기의식을 고조시키면서 주민들을 결속시키는 동시에 외부에서 유입되는 각종 정보와 사상에 대해 선군정치의 기치 하에 각종 캠페인과 사상재교육을 통해 방지하는 노력을 기울여왔다.

그러나 재교육을 통한 사상적 통제에는 한계가 있어 실질적인 사상통제를 위한 각종 방안들을 시행하고 있다. 2004년도 룡천역 사고를 통해 확인된 외부와의 무분별한 교류접촉을 차단하고 인권문제에 대한 국제적 압력에 대처하는 차원에서 각종 통신 정보나 인적 왕래를 통한 정보유입과 전파를 차단하고 있다. 최근까지 북한 지역에서 발견된 김정일 비판 벽보나 삐라, 또는 즉결처형 등 인권 유린 현장에 관한 동영상 등의 유포를 적극 차단하기 위한 통제를 강화하였으며 남한 민간단체들이 보내는 대북전단 살포에 대해 극도로 민감하게 반발하고 있다. 북한에서 김정일의 선군정치가 유지되는 한 선군사상을 통해 지도부의 정통성을 확립하고 비판세력의 존재를 발본색원하기 위해 군과 당 조직은 물론 각종 보안조직과 외곽 단체들은 사상적 통제를 지속할 것이다.

선군사상에 의한 사상적 통제는 김일성, 김정일의 권위를 유지하고 체제를 지속하기 위한 수단인 동시에 북한이 처한 경제적, 외교적 난제를 해결해나가는데 있어서도 필수적이다. 북한은 이미 2002년 7.1 경제개선조치를 통해 부분적으로 경제적 유통망을 가동시키면서 소위 실리 사회주의를 도입하였다. 실리 사회주의를 통해 경제적 효율성을 제고하고 생산성을 증대시키는 효과는 어느 정도 입증되었으나 반면 새로운 빈부격차의 발생 등 사회내부의 갈등현상이 표출되고 동시에 근본적인 개혁이 수반되지 않는 부분적 개선으로는 한계에 봉착할 수밖에 없다.[4)]

2005년 하반기 북한 당국이 시행하기 시작한 배급제 부분 환원조치는 실리 사회주의에 수반되는 사회적 갈등을 해소하는 동시에 추락한 국가 위신을 배급제 부활을 통해 회복하려는 조치로 보인다. 그러나 이미 실시되기 시작한 시장기제 등 실리 사회주의적 요소는 포기하기에는 너무도 많은 문제점을 내포하고 있어 시장 접근 차단과 규제를 가하여도 사실상 억제할 수 없는 것이 현실이다.

2006년 초 김정일 위원장은 측근들을 대동하고 중국의 경제개방의 신호탄이 되었던 광저우와 선전 지역을 방문하였다. 비록 공식 방문은 아니었으나 대규모 방문단을 인솔하고 중국 최남단 지역까지 열차로 횡단하면서 중국의 실상을 목격하고 중국식 개방모델인 특구개발에 대한 현지 실사는 북한 지도부로서는 결단이자 모험이 아닐 수 없다. 시급한 현안인 6자회담의 재개와 위조지폐문제로 인한 미국의 경제제재를 중국 지도부와 협의할 필요가 컸지만 경제개방에 대한 감각과 중국의 적극적 지원과 협력을 담보하기 위한 행보였다고 평가할 수 있다. 이러한 개방의 노력이 가시화되기 위해서는 중국식 사회주의의 경험을

---

4) 스티븐 해거드, 마커스 놀란드, 하태경 옮김, 『기아와 인권: 북한 기아의 정치학』 (서울: 시대정신, 2006).

살려 북한에 맞는 통제장치를 마련해 두어야 하는데 김정일의 판단으로선 선군정치, 선군사상이 가장 효과적인 방식일 것이다. 따라서 향후 북한체제가 안정되고 실리 사회주의에 입각한 체제 정비가 이루어지게 되더라도 선군사상, 선군정치에 기초한 내부결집과 사상통제는 지속적으로 추진될 것이다.

선군정치와 후계구도

김정일 시대 북한에서는 선군정치와 함께 권력 엘리트들의 대대적인 교체 작업이 추진되었다. 북한의 정치체제를 지탱해온 혁명 1세대가 퇴진하고 2, 3세대가 당, 정, 군의 주요 핵심 요직에 등용되었다. 북한에서는 김일성의 빨치산집단이 각 분야를 총괄 지휘해 왔으나 이들 원로세대가 사망 또는 은퇴하는 과정에서 새로운 신진 세력으로 지배 엘리트들이 교체되어 왔다. 과도기간에 1.5세대의 등용이 있긴 했으나 21세기 신사고, 실리 사회주의를 구현하기 위해 당과 내각에 40대 전후, 군부에는 50대가 주류를 형성할 정도로 대대적으로 엘리트 교체가 이루어졌다.

2000년 남북정상회담을 전후하여 김정일 위원장은 중국 및 러시아를 방문하면서 신진 세력이 수행케 함으로써 엘리트 세대교체를 예고하였으며 2003년 최고인민회의를 새로 구성하면서 본격적인 엘리트 교체를 단행하였다. 신진 엘리트들은 대부분 김일성 종합대학을 비롯하여 최고 학부 출신들이며 대외활동의 경험들도 갖고 있어 유연하고 실용적인 태도를 갖추고 있다. 신진 엘리트들은 초기 대남관계, 경제부문, 대외관계 등 특정 분야에 국한되어 교체되다가 최근에는 군부와 치안담당 부서에도 집중적으로 배치되고 있다.

선군정치를 실시하고 있는 북한에서 군 주요 간부들이 북한을 통치하는 주요 인물들이란 점은 의심의 여지가 없다. 국방위원회가 최고위 권력기관이기 때문이기도 하지만 현재 북한을 주도하는 엘리트는 군부 인사들이 다수를 점하고 있어 향후 이들의 향배가 북한의 전략적 선택의 관건이 될 것이다. 2006년 초 김정일의 중국 방문에도 군부 지도층 상당수가 수행했다는 보도도 이를 뒷받침하고 있다.

김정일은 자신의 통치 구상을 실현하는데 있어 혁명의 선배를 존중한다고 하면서도 실질적으로 당, 정, 군 등 요직을 3,4세대로 대폭 교체하는 작업을 진행해왔다. 이미 경제부분을 총괄하는 내각에서는 30대, 40대의 인물들이 주요 직책을 담당하고 있으며 대남사업에서도 이미 40대가 주축이 되어 각종 회담과 현안 실무를 맡고 있다. 2005년도 가장 보수적이라고 할 수 있는 치안과 보안부문에서도 세대교체를 단행하였고 군부 인사들도 최상층부의 원로 장성들을 제외하고는 일선 지휘관들을 젊은 층으로 교체하였다.[5)]

김정일의 적극적이고 대폭적인 세대교체 작업은 본인이 구상하는 개혁 모델을 담당하기에는 기존 혁명 1, 2세대로서는 불가능함을 인식하고 새로운 교육과 사고를 가진 젊은 세대에게 주요 직책을 맡겨왔다. 중국의 개혁 모델도 참고했을 부분이다. 신사고를 실현하기 위한 신세대의 등장은 북한을 내부적으로 변화시키는 주요 동력으로 작용하고 있다.

또한 김정일이 세대교체를 추진하는 배경에는 자신의 후계구도와도 무관하지 않다. 김정일은 이미 30대 초반 김일성의 후계자로서 공식 업무를 담당했고 김일성 생존 시 30년을 당 사업을 총괄하기도 하였다. 현재 68세인 김정일은 2008년 여름 본인의 건강에 이상이 발견되자 후계구도의 조기 정착 필요성을 절감했을 것으로 보인다. 또한 북한체제의 속성상 후계구도를 마련하지 않고는 후일을 장담할 수 없다. 따라서

5) "북을 움직이는 100인," 『민족 21』 2007년 2월호.

최근 들어 북한에서는 후계구도와 관련한 움직임이 일부 포착되었고 실제 12기 최고인민회의 기간 동안 김정일의 직계 자손인 김정철과 김정운 중에서 후계자를 옹립하는 문제가 적극 검토될 것으로 보이며 일부 보도에는 막내인 김정운에게로 최종 낙점이 이루어져 구체적 준비작업에 착수했다는 보고도 잇따르고 있다. 매제인 장성택의 중용이나 측근인 오극렬을 국방위원회 부위원장에 임명하고 리영호 평양방어사령관을 인민군 총참모장에 등용한 배경에는 직계 자손이 나이어린 관계로 믿을만한 원로그룹에서의 강력한 후견 역할을 담당토록 하려는 의도가 있는 것으로 보여 지기도 한다. 그러나 2005년 말 김정일은 자신의 후계구도에 대한 공식, 비공식 언급을 일절 금지하는 조치를 내렸고 아직까지 공식 움직임은 포착되지 않고 있어 현재까지 후계자 선정이 이루어지지 않았거나 이루어졌더라도 초보적 검증 단계일 것이란 추측을 낳고 있다.[6)]

반면, 김정일이 자신의 생전에 후계구도를 완성하되 3대 세습을 중단코자 한다면 군부에서 특출한 인물을 발탁하여 후계자로 지명하거나 군부 중심의 집단지도체제로의 전환도 구상할 수 있다.[7)] 김일성, 김정일의 혁명전통에 충실하면서 북한체제가 직면한 난제들을 해결하는 동시에 가장 강력한 후원국가인 중국의 지지를 받을 수 있는 인물이나 집단지도체제로서의 군부중심후계구도가 선정될 것이다. 따라서 직계나 측근을 망라하여 어느 누가 후계자로 선정되더라도 선군정치, 선군사상은 매우 효율적인 정권 승계 정당화 논리가 될 것이며 가장 강력한 후견세력이 될 것이다.

---

6) 김정일은 김기남, 박재경 등 당, 군의 핵심 간부들에게 후계구도와 관련한 언급을 일절 하지 말도록 지시하였다고 한다. 한겨레신문, 12월 12일자.

7) 국회 정보위원회 연구보고서, 『북한의 위기관리체제와 우리의 대응방안』(2006.11).

김정일 이후의 북한

김정일 이후의 북한을 전망함에 있어 김정일 신상 변화에 따른 북한 변화에 관한 다양한 시나리오를 상정할 수 있다. 김정일의 신상 변화의 속도와 내용에 따라 중장기 또는 급변사태로 나누어질 수 있고, 개혁 또는 반개혁의 상황 전개를 예상할 수 있다.[8] 그러나 현실적으로 김정일의 신상에 돌발적인 급변사태가 발생하지 않는 한 북한체제는 김정일의 생존 시까지는 무난히 존속할 가능성이 높을 것으로 보인다. 그 이유로서는 북한체제의 특수성과 함께 지난 10년 동안 김정일 주도의 선군정치가 그 본연의 정책적 평가와는 무관하게 북한의 대내외적 정세변화와 맞물려 체제보존의 성과를 상당 부분 거두었기 때문이다.[9]

김정일 이후 북한의 향방은 김정일의 퇴장 상황과 밀접히 연관되어 있다. 현재로서 가장 가능성이 높은 경우는 김정일이 향후 후계구도를 완성하여 새로운 지도부에 의해 안정적으로 북한체제가 유지되는 것이다. 2.13합의에 따라 북핵문제의 평화적 해결과 북미, 북일 관계의 개선, 남북 관계의 지속 등 북한체제가 안정화되는데 유리한 상황이 조성된다면 김정일 이후의 북한은 김일성, 김정일의 이념과 역사적 정통성을 기반으로 부분적인 개방과 개혁을 도입한 중국이나 베트남식의 사회주의-시장경제 체제로 전환될 가능성이 높다.

그러나 김정일 이후 북한체제가 선군정치를 고수하면서 실리주의를 넘어 시장경제체제로의 전환이 가능할 것인지는 속단할 수 없다. 김정일 이후 북한에서 실리주의가 확대될 경우 간부들의 재량권 확대와 경쟁의 논리 도입은 기관별 개인별 실리주의와 충돌될 가능성이 매우 높기 때문이다. 2002년 이후 실리주의를 표방한 북한에서 공장, 기업소,

---

8) 박관용 외, 『북한의 급변사태와 우리의 대응』 (서울: 한울 아카데미, 2007).
9) 전현준 외, 『북한체제의 내구력 평가』 (서울: 통일연구원, 2007).

협동농장, 병원, 학교 등 대부분의 비군사적 기관에서 새로운 관리자, 지배인들의 성향은 자신이 맡고 있는 기관의 이익 제고를 우선시하고 있어 중앙 및 지방 행정기관의 분권화가 진행되고 간부들의 전문성이 중시되는 상황에서 개인 또는 기관본위주의의 행태가 나타났는데 김정일 없는 북한에서 이 같은 갈등이 해결될 수 있을지 아직은 미지수이다.

김정일 시대 선군정치하의 북한체제는 군대식 중앙집권적 집단주의 방식의 개발정책을 선호했지만 김정일 이후 일반 기관에서 기관중심의 집단주의 또는 개별 단위 차원의 실리주의를 모색함으로써 실적 위주의 정책구도가 확산될 경우 새로운 이념 갈등도 예상되고 있다. 어느 기관, 어느 단위에서도 김정일 위원장의 절대 권위에 역행하는 인식이나 행동 조짐은 드러나지 않았으나 김정일 이후 북한에서 개인 차원에서의 구조의 모순에 대한 인식 변화는 불가피할 것으로 보인다. 이러한 상황에서 선군정치를 주도했던 김정일의 신임을 받았던 군부 엘리트들이 급변하는 국제정세와 경제사회적 실리주의에 대한 인식과 대응이 향후 정책방향 및 선군정치 그 자체의 성패를 결정하게 될 것이다.

김정일 이후 북한의 대내적 정치체제의 변화와 함께 대외관계 부분에 있어서의 변화도 주목해야 한다. 김정일 이후의 북한에서도 핵문제와 장거리 미사일 등 대량살상무기개발의 평화적 해결 없이는 북한사회가 올바른 방향으로 변화할 수 없을 것이다. 북한은 핵과 미사일 등 대량살상무기개발문제를 생존권과 자주권의 차원에서 접근하고 있어 완전한 핵무기 폐기와 대량살상무기 개발 동결, 북미, 북일 관계정상화 및 인권문제 등이 원만히 해결되기까지는 숱한 난관이 예상되고 있다.

김정일은 끊임없이 군사와 이념에 의한 체제 정당성 제고에 노력하고 있다. 그럼에도 2002년 이후 실리 사회주의의 등장으로 북한 내부에서는 혁명적 이념성이 퇴조하고 있다. 특히 일반 사회는 물론 선군정치의 주체세력 내부에 대한 단속이 필요할 정도로 외부사조의 유입은 지속되고 그 파급 효과의 의미가 적지 않다. 탈북자의 증가 및 성격 변화도 북한체제에 의미 있는 영향을 주고 있으며 이에 따른 일반 인민들의 민심 이탈 조짐은 선군정치의 추동력을 약화시키면서 북한사회 내 전반적인 인식 변화를 초래할 가능성도 제기되고 있다. 탈북자들이 장기 체류하는 중국 동북지역의 급속한 발전상은 북한을 더욱 이질적인 사회로 인식케 하고 이 같은 탈북자들의 사회문화, 심리적 괴리감은 탈북자의 재북 가족과 친지를 통해 북한사회 내부로까지 파급되고 있다. 가족단위의 탈북 등 새로운 형태의 탈북자 문제의 발생은 인민들의 혁명성을 약화시키고 이들과 직간접적으로 연결된 체제 중심세력에게까지 영향을 주고 있다. 경제난의 지속과 기관 및 개인 차원에서의 경쟁을 유발시키는 실리 사회주의의 도입으로 부정과 부패가 수반될 것이고 이를 계기로 사회주의 대가족의 혁명적 동지애로 구축된 체제 구속원리를 밑으로부터 해체시킬 가능성이 커지고 있다. 김정일 이후 북한에서는 이러한 현상이 더욱 가속화될 것이고 김정일 없는 북한체제가 이를 효과적으로 관리할 수 있을지 의문이다.

지난 60년 동안 북한체제는 스탈린식 전체주의의 정치구조와 동양적 전제 군주제의 복합적 정치체제를 유지해 왔으나 김정일 이후 증대하는 외부와의 접촉을 통한 중상위권 엘리트들 내부의 각성은 향후 선군정치의 정치체제의 근본적 변화를 초래할 것이다. 사회주의 체제의 이념적 정통성과 효율성에 대한 회의와 비판으로 신심이반과 무기력증이 팽배하는 가운데 이를 극복하기 위한 수단으로서 김정일 선군정치가 등장하였으나 김정일 없는 선군정치가 과연 그 공백을 메울 수 있을지 모르겠다. 김일성을 신격화한 우상화 정책이나 김정일에 대한 칭호가 수백 가지로 추산되는 북한체제에서 수령 독재와 이를 뒷받침하는 선군정치의 전면 등장은 무너지는 북한 수령체제의 생명력을 지탱하는 마지막 보루였지만 김정일 이후 내부적으로 일탈을 통제할 수는 없을 것이다.

김정일 시대는 선군정치 10년을 통해 체제유지 및 발전을 도모하였으나 선군정치가 정상정치로 복귀하기보다는 김정일 특유의 정치행태로 고착되는 근본적 모순구조에 빠졌다. 김정일이라는 절대적 통치권자가 체제와 동일시되는 또는 동일체로 유지하기 위한 선군정치는 비록 김정일 생존 시 안정적인 권력 이양의 도구가 될 수 있겠지만 김정일 이후 밑으로부터 형성되어온 새로운 대안체제에 대한 인민과 엘리트들의 욕구를 감당할 수 없을 것이다.

김정일은 선군정치를 자신의 후계구도 등장을 안정적으로 구축하기 위한 수단으로 삼거나 군부집단지도체제를 등장시킬 구실로 삼고 있을지 모른다. 그러나 이러한 후계구도의 예비적 조치들이 정작 김정일 이후 새로운 권력투쟁의 빌미가 될 가능성이 높다. 특히 갈수록 대북 영향력을 증대시키고 있는 중국이 김정일 이후의 권력구조를 근본부터 재구축하고자 할 경우 북한 내부 정세는 정책 혼선뿐만 아니라 1958년 이후 중단된 종파투쟁이 재개되는 혼란 양상을 보이게 될 것이며 이러한 혼선과 혼란으로 북한에도 드디어 수령유일지배체제 하의 독재가 종식되고 사회주의 정치가 복귀하는 새로운 시대의 서막이 열리게 될 수도 있을 것이다.

이명박 정부의 대북정책

이명박 정부는 2008년 3월 25일 통일부 업무보고를 통해 금년도 주요 과제 및 향후 5년 동안의 대북정책 구상을 발표하였다. 주요 내용은 경선 때부터 제시했던 북핵문제 우선 해결과 〈비핵·개방·3000〉을 중심으로 이루어져 있다. 〈비핵·개방·3000〉은 북한이 핵을 포기하고 개방의 길을 택하면 국제사회와 협력하여 10년 안에 북한 주민 소득이 3000달러에 이르도록 돕겠다는 북한판 경제개발전략이다.

이명박 정부의 대북정책관련 주요 과제는 ① 북핵폐기의 우선적 해결, ② '비핵 · 개방 · 3000' 구상 추진, ③ 남북 간 인도적 문제의 해결이며 그 밖의 '나들섬 구상 추진' 과 '남북협력기금의 투명성 강화' 등 일반과제들이 있다. 이명박 정부의 대북정책 구상들은 지난 10년간 추진되어왔던 대북포용정책에 대한 비판적 검토와 향후 남북 관계의 새로운 10년을 내다보면서 마련되었다.

이명박 정부에 대한 북한의 반응

이명박 정부 출범 후 북한 측은 대남 경고성 비난 성명을 발표하였고 당국자들의 방북을 불허하고 있으며 이명박 대통령 당선 이후 지난 1년간 남북 당국 간 대화는 전면 중단되었다. 따라서 이명박 대통령이 취임사에서 '남북 정상이 언제든지 만나서 가슴을 열고 이야기해야 한다'고 밝히고 기회가 있을 때마다 정부 당국자들도 정상회담 합의 사항에 대해 존중한다고 언급하였으나 아직까지 남북대화 재개를 위한 구체적 조치는 이루어지지 못하고 있다.

실제 북한은 2008년과 2009년 3월 제네바 유엔 인권위원회에서의 한국 측 대표 발언들에 즉각적으로 반발함으로써 불만을 표출하였다. '키 리졸브' 한미 연합훈련에 대해서도 경고하고 서해안 해안포 등을 시위 발사하기도 하였다. 통일부장관의 발언을 구실로 개성공단근무 공직자 11명을 강제로 퇴거시키고 김태영 합참의장 발언을 선제타격으로 규정하여 사과, 취소를 요구하면서 '잿더미'발언으로 위협하기도 하였다. 북한은 서해 남포앞바다에서 함대함 미사일 수발을 시위 발사하고 서해 북방한계선 무력화 경고 등 위협의 수준을 고조시킨 바 있다.

이명박 정부의 〈비핵·개방·3000〉에 대해 북한 당국은 노동신문의 논평원 논평과 북한의 입장을 국제사회에서 대변하는 조총련 기관지 〈조선신보〉 등을 통해 '비현실적이고 일방적'이라고 불만을 표출하였다. 북한이 〈비핵·개방·3000〉을 비판하는 요지는 남한 주도의 북한경제 발전 계획에 대한 원론적인 반발과 함께 〈비핵·개방·3000〉이 제시하는 각종 계획안이 결국 북한체제의 근본적 변화를 의미한다는 점에서 체제 붕괴용으로 의심하고 있기 때문이다. 다만, 〈비핵·개방·3000〉을 통해 얻을 수 있는 혜택이 워낙 대규모여서 선불리 거부할 수만은 없다는 점에서 향후 남북대화가 재개될 경우를 대비하는 측면도 없진 않았다.

북한 당국의 당면한 최대 관심은 이명박 정부가 '6.15 공동선언'과 '10.4 정상선언'을 준수하고 이행할 것인지 여부이며 따라서 앞으로도 상황을 지켜보면서 공세적인 대남정책을 전개할 것으로 판단된다. 북한은 김정일 위원장이 합의한 사항에 대해 이명박 정부의 전면적인 이행을 요구하고 있으나 이명박 정부가 다른 어느 것보다 경제부분에서 합의한 사항들은 선별적이고 선택적으로 이행할 것이라고 밝힌데 대해 불만을 표시하고 있다. 아울러 북한은 지난 10년 동안처럼 남한의 새 정부가 남북 관계를 민족공조의 틀 속에서 최우선 과제로 선정할 것을 기대하였으나 이명박 정부가 한미동맹 및 국제협력 중심으로 남북 관계를 전개하자 이에 대해 강력히 반발하고 비판하는 것이다.

이제까지 남북 간에 합의된 각종 회담의 이행 여부는 대체로 남한 정부가 제공해온 쌀, 비료 지원에 연계되어 있으나 북한은 아직까지도 이명박 정부에 대해 구체적 요구 사항을 제시하지 않고 있다. 쌀, 비료의 지원을 남북대화와 이산가족상봉사업과 사실상 연계해온 북한으로서는 이명박 정부 출범 이후 지원 요청을 하지 않고 있으나 미국의 50만 톤 식량 지원에 대해서는 적극적으로 수용하였다. 그러나 2009년 3월, 임박한 미사일 발사와 미국의 분배투명성 요구 등에 반발하여 미국의 지원을 더 이상 수용치 않을 것임을 통보하고 미국 측 요원들의 철수를 요청하기도 하였다.

북한 및 한반도 주변 정세 전망

북한 정세

2단계 핵불능화조치의 이행에도 불구하고 모든 핵프로그램의 정확한 신고와 검증 등 핵무기 완전 폐기에 이르기까지 상당한 시일이 소요될 것이다. 북한의 정치체제는 2010년 당 창건 65주년, 2012년 김일성 탄생 100주년을 전후하여 강성대국의 완성을 선포하면서 후계구도를 완성하고 제7차 당 대회를 개최하여 전통적인 당국가체제로의 전환을 모색할 것으로 전망된다. 특히 최근 들어 급격히 건강이 악화되고 있는 김정일 이후를 대비하고 김일성이 창건한 북한 사회주의 체제유지를 위해 후계구도 구축에 박차를 가할 것이다. 이 경우 세습 3대에 대한 부담에도 불구하고 김일성 가계를 중심으로 형성된 혁명전통의 정당화를 위해 당 국가체제 복원과 김정일 직계 중에서 후계자를 옹립할 가능성이 높다.

중장기적으로 개혁개방 없이 만성적인 경제난을 해소할 수 없기 때문에 중국 또는 베트남 식 모델을 따라 시장경제기재를 선택적으로 도입하여 초기 단계 개혁개방을 시도할 것이다. 북핵문제 해결에 연동하여 북미, 북일 관계 개선을 도모할 것이며 이에 따라 국제경제체제로의 부분적인 편입이 불가피해질 것이다.

그러나 체제의 급속한 붕괴 및 남한으로의 흡수통일에 대한 우려 때문에 후계구도 정착과 초보적 경제개방개혁에도 불구하고 사상통제와 체제단속은 유지될 것이다. 북한 인권에 대한 국제사회의 비난에 대해서는 법 제도의 부분적 보완을 통해 형식적 개선 노력은 이루어질 것이나 체제비판을 비롯한 사상, 종교의 자유는 허용하지 않을 것이다. 그럼에도 불구하고 가장 강력한 우방이자 인접국인 중국 사회의 변화와 국제사회 및 남한과의 교류를 통해 유입될 외부 영향을 완벽히 차단할 수는 없을 것으로 전망된다.

한반도 주변 환경

북한의 미사일 발사에 대한 국제사회의 입장이 정리되면 6자회담의 재개가 본격 논의될 것이다. 미국 오바마 정부는 아프카니스탄, 이라크, 이란 문제의 해결과 함께 북한 핵과 미사일문제 해결에 본격 나설 것으로 보인다. 향후 오바마 정부의 정책 순위 도에서의 변화가 불가피할 것이며 관련 실무책임자들의 인선을 통해 전반적인 방향 조율과 구체적 의제들이 제시될 것이다. 북한이 3단계 핵폐기 조치에 대한 명백한 입장 정리를 단행하지 않고 2단계 완료 이후 버티기 전략을 재개할 경우 오바마 정부는 완벽한 북핵폐기 목표에서 보다 현실적 목표로 수정하여 북핵문제의 본질적 쟁점들을 우선 처리할 가능성도 배제할 수 없다.

중국의 후진타오 정부는 집권 2기를 맞이하여 한반도를 비롯한 주변정세에 보다 적극적인 간여정책으로 나설 것으로 보이나 국제금융위기의 여파를 수습하는 동안 국내외 사태의 안정적 관리에 중점을 두게 될 것이다. 중국은 북핵문제 해결과정에서 대북 영향력을 지속적으로 유지하기 위해서 북한체제의 내부 불안정 요인을 제거하는데 초점을 두고 필요시 추가 대북 식량지원 등 경제지원과 군사적 안전보장 조치들을 제공할 것이다. 특히 국교수립 60주년인 2009년에는 북중 간 교류협력이 증대되고 양국 간 정상 방문외교 가능성도 있다.

일본의 아소 내각은 북한의 미사일 발사에 극도로 민감하게 대응하고 있으며 북한에 대한 제재에 있어서도 가장 적극적이다. 비록 일본이 6자회담틀 내에서의 대북접근 기본 방향을 유지할 것이나 당분간 대북 강경자세를 변화시키지는 않을 것으로 보인다. 북핵문제-미사일문제-납북 일본인 문제를 출구론에 입각하여 접근하고 있으나 북일 관계 정상화 논의는 미사일발사에 대한 제재가 구체화되고 6자회담 재개 후 북핵 불능화 2단계 조치가 완료된 후에나 본격화할 수 있을 것이다. 일본은 미일동맹관계를 중심으로 이명박 정부의 대미, 대일관계 복원에 기초하여 새로운 한미일 공조체제 구축에 큰 기대를 걸고 있으며 대북정책 역시 이러한 구도 하에서 추진되고 있다.

이명박 정부의 대북정책과 남북 관계 발전 방향

햇볕정책 평가와 교훈

참여정부는 북한에 대한 낙관적인 인식과 국제관계 특히 한미관계에서의 부적절한 처신 등으로 북한 핵문제 해결에 효과적으로 대응하지 못하였다. 북한에 대한 총체적 평가를 객관적으로 실시하고 한미 간 신뢰관계를 완전히 복원하여 북한문제 해결에 주도적이면서 효율적으로 임할 수 있는 기반구축이 필요하다.

북한체제의 선순환적 변화를 위해 남북 관계 중심 틀에서 벗어나 국제사회의 입장과 역할을 최대한 활용할 수 있는 국제협력 구도를 구축하여 남북 관계와 국제관계를 상황별, 과제별로 전략적이고 유연하게 연계 운영하여야 한다. 북한만을 바라보고 추진된 대북정책은 북한의 자주노선에 호응하여 우리의 국익을 훼손하고 국제사회의 보편적 규범으로부터도 벗어나게 되었던 과오를 철저히 청산하여야 한다.

참여정부의 대북정책은 경협 및 인도주의 지원에 있어 고비용, 저효율이었던 점을 감안하여 원칙에 입각하되 비용 대비 효과 극대화 전략을 추진하여야 하며 호혜적 상호주의에 입각한 건전한 남북 관계를 구축하여야 한다. 일방적이고 조건 없는 대북접근은 남북 관계의 주도권을 상실하고 대한민국의 정체성을 훼손함으로써 북한 주민들에게 희망을 전하지 못한 반면 '퍼주기'논란 등을 중심으로 극심한 남남갈등을 초래하였던 점도 극복하여야 한다.

이명박 정부의 대북정책 기본 방향

이명박 대통령의 국정 철학과 각종 국민여론을 통해 수렴된 의견들 그리고 북한 및 주변정세를 종합한 이명박 정부의 대북정책은 한반도 비핵화 달성 등 3대 목표와 남북 관계발전과 국제협력의 병행 등 3대 추진 기조를 바탕으로 북핵문제 해결 등 5개 분야별 과제들을 임기 내 추진하고자 한다.

3대 추진 목표

- ■ 한반도 비핵화 달성
- ■ 북한의 개혁개방 유도
- ■ 남북한 평화적 통일기반 조성

3대 추진 기조

- ■ 남북 관계발전과 국제협력의 병행
- ■ 남북한 호혜적 상호주의
- ■ 국론 결집과 국민 합의

분야별 주요 추진 과제

■ 북핵문제 해결과 한반도 안보

- · 북핵 불능화를 통한 북핵프로그램의 완전 폐기와 '한반도 비핵화 공동선언' 복원
- · 한미동맹 강화 및 대북 군사억지력 유지

■ 남북경협

- · 남북경협의 법 · 제도 장치 정비 및 4대합의 실천
- · 개성공단의 확대 발전
- · '10.4 정상선언' 내용의 선택적 이행
- · 〈비핵 · 개방 · 3000〉의 단계별 이행

■ 사회문화

- · 민간사회단체의 교류협력사업 지속
- · 과학기술 및 각종 학술교류협력 확대

■ 화해 · 통일

- · 정전체제의 평화체제로의 전환
- · 남북 관계 발전 및 북한체제 변화를 통한 남북기본합의서 이행
- · 서울과 평양에 남북 상주대표부 설치
- · 북한 급변사태 대비

■ 인도주의

- · 이산가족상봉사업 지속
- · 납북자 및 국군포로 문제의 실질적 해결
- · 대북 인도적 지원의 분배투명성 제고
- · 탈북자문제의 인도적 해결과 탈북자들의 국내정착 지원 확대
- · 국제사회와의 협력을 통한 북한 인권문제 개선

정책추진 시 고려사항

이명박 정부는 남북 관계 및 통일문제를 국정의 최우선 과제의 하나로 격상하여 대통령의 통치철학과 이념, 통일의지를 남북문제 해결에 접목시켜야 할 것이다. 남북 관계는 국정의 핵심 분야로서 국가 안보는 물론 모든 분야와 밀접히 연관되어 있으며 통일이라는 최고의 목표를 달성하기 위해서도 최고 통치자로서 절대 등한시할 수 없는 과제이다.

남북 관계의 발전은 현 단계 한반도의 평화와 안전, 남북한의 공동번영뿐만 아니라 궁극적으로 민족의 평화적인 통일을 달성하기 위한 전단계로서 대북정책은 대외정책뿐만 아니라 '통일 대전략'의 일환으로 수립, 추진되어야 한다. 민족의 평화적 통일은 북한이 정상국가화 되고, 남북 관계가 정상관계로 그리고 분단이란 비정상성이 해소되는 됨으로써 가능하다. 무엇보다 통일 대전략은 모든 경우의 수에 대비하되 상황별로 가장 실현 가능성이 높은 전략을 선택적으로 채택할 수 있도록 마련되어야 한다. 따라서 대북정책은 남-북-국제사회 간 공식-비공식, 공개-비공개, 전략-전술이 유기적으로 배합되는 다면적, 다층적 복합적으로 구성되어야 하며 남북 관계는 통일이 달성될 때까지 이중적, 특수적, 모순적 관계를 절묘하게 유지하면서 발전되어야 한다.

북핵문제 해결과 한반도 비핵화 복원은 우리 대북정책의 핵심 목표이자 과제이나 6자회담에서 진행 중인 북핵문제 해결 방식이 단계별로 이루어지고 있는 만큼 우리의 대북정책도 북핵문제 해결의 진척상황과 단계별로 연계되어야 한다. 북핵문제 해결이 장기간 지체되더라도 북핵문제가 관리 가능한 수준에서 협상이 진행된다면 기존의 남북대화 및 각종 협력사업은 계획대로 추진되어야 한다. 북한에 대한 대규모 지원책인 〈비핵·개방·3000〉은 비핵화 단계와 북한의 개방화 단계별 추진 구도임을 명확히 하면서 세부 실천 방안을 마련하되 시급한 사항이 아닌 까닭에 현재로선 이에 지나치게 구속될 필요는 없을 것 같다. 북핵문제나 미사일문제 등이 악화될 경우 미국과 긴밀히 협조하되 중국 등 주변국과의 협력 틀 속에서 대응책을 마련하도록 하여야 한다.

남북 관계에서 상호주의는 모든 분야에 걸쳐 유연하고 신축적이며 전략적으로 적용하여야 한다. '7.4 공동성명,' '남북기본합의서,' '한반도 비핵화 공동선언,' '6.15 공동선언' 및 '10.4 정상선언' 등 남북 당국 간에 이룩한 기존의 합의를 존중하고 기타 각종 현안별 합의사항이나 약속 등의 성실한 이행을 지속적으로 천명하되 북한도 이에 상응하는 약속 이행을 다짐토록 하여야 한다. 핵문제 해결에 있어서 남북한이 한반도 비핵화 공동선언의 실천 당사자임을 중심으로 모든 남북대화와 교류협력에서 비핵화의 중요성을 제기하여야 한다. 북한이 비록 기본합의서상 정치군사부문 합의를 일방적으로 파기한다고 선언했으나 서해 북방한계선 문제 및 군사적 긴장완화문제 등도 기본합의서의 존중과 한반도 평화체제 구축과 연계하여 '행동 대 행동'의 방식으로 해결하는 것이 바람직하다. 남북경협 및 각종 교류협력 사업은 상호 경제적 이익을 보장하되 경협과 교류협력에서의 투자 대상과 규모는 북한의 시장 친화적 개혁개방 노력에 상응하여 사안별, 단계별로 신축적으로 설정하여야 한다. 쌀, 비료 등 인도주의적 대북지원사업은 이산가족상봉사업추진과 연계하여 추진하되 구체적 실태를 정확히 파악한 연후에 북한 인민들의 생존권 차원에서 분배투명성을 제고하여 추진하도록 한다.

남북 관계는 북한 및 국제사회의 다양한 이해관계뿐만 아니라 국민여론이 중요하게 작용하는 복합구도 속에 추진되는 사항이며 단기간의 가시적 성과도 중요하지만 장기간에 걸쳐 구조적 변화를 모색해야 하는 까닭에 고차원의 상징, 선전, 설득 작업이 수반되어야 할 사항이다. 아울러 과거의 정책을 단순 비판, 폐기하기 보다는 건국 후 이제까지 시대별, 상황별, 현안별 추진되었던 정책 모두를 수렴한 정책이어야 한다. 남북문제에 대한 우리 사회의 소극적, 냉소적 반응과 무관심은 남북 관계발전에 가장 큰 저해 요인으로서 진솔하고 허심탄회한 소통의 기회들이 다양하게 마련되어야 한다.

점증하는 북한의 위협 행태

2009년 들어 북한의 각종 대남, 대외적 위협 행태가 도를 넘어 자행되고 있다. 북한은 남한의 이명박 정부에 대한 비방을 계속하면서 남한에 대한 정치적, 군사적 위협 수위를 지속적으로 고조시키고 있으며 미국 오바마 정부 출범 이후 기대와 함께 관망하던 자세에서 점차 비타협적이고 도발적 행태를 드러내고 있기도 하다. 중국 및 러시아 등과의 우호관계는 유지하면서도 인권문제와 핵문제를 둘러싼 강경한 입장을 고수하면서 일본을 비롯한 국제사회에 대한 위협적 행태를 지속하고 있다.

북한은 2009년도 신년 공동사설을 통해 남북 관계의 경색 책임을 전적으로 남한의 이명박 정부에 돌리면서 원색적인 비난을 서슴지 않으면서 한반도의 긴장 조성을 통해 남남갈등을 유발시키고 반정부투쟁을 선동하고 있다. 북한은 2008년 4월 1일부터 이명박대통령에 대한 실명 비난을 시작한 이래 매월 평균 52회 정도, 그리고 2009년에는 매월 무려 90회 정도의 비난을 함으로써 그 빈도수와 강도가 증가하고 있는 상태이다. 2009년 1월 17일 북한군 총참모부 대변인은 군복을 입은 채 방송에 출연하여 남북 관계가 전면 대결상태에 진입했다고 선포하였고, 1월 30일 조평통은 남북기본합의서의 정치군사부문 합의 전면 무효화 성명을 발표하고 기본합의서의 핵심 사항인 서해 북방한계선을 항구적 평화가 정착되기 전까지 잠정적으로 존중한다는 합의를 전면 파기를 선언하기도 하였다. 아울러 북한 군부의 핵심 직책인 인민무력부장과 총참모장을 강성인물들로 교체하고 김정일 위원장의 오랜 측근인 오극렬을 국방위원회 부위원장으로 임명하는 등 군 지휘부를 교체함으로써 체제 공고화를 도모하고 있다.

북한은 당면한 핵문제 해결을 위한 6자회담의 2단계 완료를 위한 검증체계 수립과 관련한 논의는 뒤로 미룬 채 '조선반도의 비핵화' 등 과거 주장을 되풀이 하면서 6자회담의 파기와 함께 언제라도 핵개발을 재추진할 것임을 위협하고 있다. 핵무기 폐기는 미국 등 핵보유국간의 핵군축을 통해서만 가능하다는 주장과 함께 남한에 대한 미국의 핵우산 철거 요구 등 자신들의 핵무기 보유 정당성을 피력하기도 하였다.

북한은 미사일 개발에 대한 국제사회의 우려와 경고에도 불구하고 함경북도 화대군 무수단리의 미사일 발사장에서 4월 5일 오전 11시 30분 장거리 탄도미사일을 발사함으로써 한반도 주변 및 국제사회의 평화와 안전을 위협하고 있다. 북한의 장거리 미사일 발사는 그들의 주장대로 우주를 평화적으로 이용하기 위한 시험통신위성인 광명성 2호를 은하 2호 로켓에 실어 발사했더라도 핵탄두를 탑재한 대륙간탄도 미사일과 같은 기술을 개발하기 위한 군사용임은 명백한 사실이다. 미사일 발사 후 광명성2호 인공위성이 지구궤도를 순항하고 있다고 호도하면서 군중집회를 개최하는 등 체제결속에 적극 나서고 있다.

북한은 이미 유엔 안보리에서 대북제재가 논의될 경우 주권침해행위로 간주하여 북핵문제 해결을 위한 6자회담이 파탄 날 뿐만 아니라 9.19합의 자체를 파기할 것을 협박한 바 있으며 향후 사태 전개에 따라 재차 핵개발에 나섬으로써 추가적인 핵실험 실시도 가능함을 시사하였다. 북한의 미사일 발사에 대응하여 남한 정부가 검토 중인 대량살상무기 확산방지구상(PSI)에 정식 가입하는 것을 북한에 대한 선전포고로 간주하여 즉시 단호한 대응조치를 취할 것이라고 응수하는 등 초강경 자세로 위협하기도 하였다.

북한은 지난 3월 9일부터 20일까지 실시되었던 한미연합 군사훈련(키리졸브)에 대해 '북침전쟁연습'이라는 비난과 함께 고조된 한반도의 긴장상황을 반증하는 일련의 조치들을 취함으로써 대내외의 관심을 유도하면서 위협의 수준을 극적으로 극대화시킨 바 있으며 6년 6개월 만에 유엔사와 북한군간의 장성급 회담을 요청하고 훈련의 중단을 요구하기도 하였다. 훈련기간 중 북한 영공을 통과하는 남한 민항기의 안전을 보장할 수 없다고 선포함으로써 우회 항로로 변경토록 하였으며 남북 간 마지막 남은 군사통신을 차단함으로써 개성공단에 출입하는 우리 민간인들을 일시적으로 억류하고 차단과 재개를 반복함으로써 개성공단의 정상 운영에 차질을 초래하기도 하였다.

북한은 3월 17일 두만강 접경지역에서 탈북자문제를 취재하던 미국 국적의 여기자 2명을 불법입국 협의로 체포, 억류하는 한편 개성공단에 근무하는 남한 직원을 북한체제비방과 북한 근로자의 탈북을 책동했다는 협의로 억류하는 등 민간인 억류 행위가 자행되고 있다. 미국 기자들의 협의는 불법입국 이외에 적대행위를 추가함으로써 북한 법에 의거 정식 기소하려는 움직임을 보임으로써 사태가 심각해지고 있다. 또한 남한 민간인 억류사태 역시 개성공단 체류 및 출입에 관한 규정을 적용하더라도 북한법의 자의적 해석이 가능함으로써 개성공단의 법적 성격과 체류 민간인들의 안전 보장을 위태롭게 하고 있다.

북한의 최근 이 같은 일련의 위협 행태로 볼 때 북한은 초기 불만, 반발 표출 등 소극적 자세를 탈피하여 전면대결상태, 전쟁접경단계, 선전포고 등 극단적이고 초강경적인 위협적 발언 수위를 고조시킴과 동시에 미사일 발사, 군통신선 차단, 개성공단 출입 제한, 민간인 억류 등 구체적 행동으로 옮겨가고 있으며 위협의 주체가 외무성, 조평통 등 정부기구에서 국가안전보위부, 군총참모부, 최고사령부 등 보안 및 군부 핵심 기구로 확대되는 양상을 보이고 있다.

우리의 대응책과 향후 남북 관계의 과제

북한의 위협행위는 그 종류와 수위를 확대 고조시킴으로써 이에 대한 면밀한 의도 분석을 통해 효과적인 대응책을 마련하여야 한다. 북한의 위협은 단순 위협을 넘어 구체적 행위로 전이되고 있음에 주목하여 만반의 대비를 갖추어 나가야 하되 북한의 위협에 대한 과민반응이나 과잉대응은 북한이 의도한 전략에 넘어갈 위험이 있으므로 신중하고 차분한 대응이 필요하다.

북한은 이명박 정부에 대한 비방과 위협을 점차 남한 사회 전체로 확대시키는 동시에 국제사회에 대한 위협으로까지 비화될 것임에 대비한 종합적이고 총체적인 대응태세의 확립이 필요하다. 이명박 정부를 집중타격함에도 불구하고 소기의 목적을 달성하지 못한 북한은 전방위적으로 위협을 확산시키고 있기 때문에 초기 단계에서부터 남한은 물론 국제사회의 긴밀한 협조와 공조체제의 확립이 필요하다.

북한은 체제붕괴를 감수할 정도의 무모한 도발 등 확전을 피할 것으로 판단되나 위협에 따른 효과적 대응이 극단적 위기를 방지할 수 있으므로 적절한 시점에 적당한 대응책을 마련하여야 한다. 북한 정권이 선택할 수 있는 대안을 제시하되 유엔 안보리를 비롯한 북한을 제외한 6자회담 참가국 전원이 합의할 수 있는 위기 극복방안을 구체적으로 모색하여야 한다. 미국과 중국의 건설적인 협력관계 구축과 리더십이 필요하고 한국은 유엔 및 미, 중, 일, 러 각국 간의 협력안 도출에 주도적인 외교 역량을 발휘해야 한다.

북한의 위협에 대한 대응책은 현실적이고 실용적 입장에서 모색하되 북한의 잘못된 행태나 무모한 위협에 대해 절대 굴복하지 않는다는 원칙과 의지를 국제사회와 더불어 확립함으로써 자신감 있게 현재의 위기 국면을 전화위복의 계기로 활용하여야 한다. 유엔 안보리에서의 북한의 미사일 발사와 관련한 규탄과 제재안이 재확인될 수 있도록 회원국과 긴밀히 협력하여야 한다.

그러나 남북 관계의 경색과 점증하는 한반도의 군사적 긴장에도 불구하고 한국민들의 일반적인 인식과 대응은 우려스러운 것이 사실이다. 햇볕정책으로 인한 지나친 낙관주의와 전반적인 국력격차로 인한 방심은 위험 수준에 이르렀다. 북한의 일방적인 비방과 협박에도 불구하고 국민들의 반응은 무관심하거나 안보 불감증에 가까울 정도로 안이한 것 같다.

북한의 육, 해, 공 위협에도 불구하고 군 위주의 대응태세는 민방위 차원으로 조직화되지 못하고 있다. 지나친 과응 반응과 불필요한 우려는 불식되어야 하지만 북한의 군사적 위협이 상존하고 도발 가능성이 증대하며, 만일의 사태 발생 시 우려되는 피해 규모가 엄청난 상황에서 피부에 와 닿는 대비책은 마련되어있지 못하다. 북한의 미사일 위협과 핵무기 또는 화생방 공격에 대비한 대응조치들은 민간차원에서 전무한 실정이다. 아울러 국가비상사태에 대비한 민방위체제를 재검점하고 남북 관계의 현실과 북한의 실체에 대한 현실적인 교육과 홍보체제를 시급히 구축하고 우리 현실에 맞는 대비책을 마련하여야 한다. 민주평통, 통일 교육원 등 국가기관 뿐만 아니라 대북, 통일교육 등 관련 학계 및 민간단체의 재구성과 육성에 좀 더 적극적인 노력이 있어야 할 것이다.

북한의 남남갈등 책동은 한반도의 긴장과 남북경색의 책임을 이명박 정부에 돌리는 한편 과거의 통일전선전략을 재가동하고 있다. 민간차원의 교류협력은 민간의 자율적 판단에 따른 결과이나 내부 정치적 갈등 요인으로 확대해 나가려고 할 것이다. 실제 그동안 국내 친북/종북 세력은 이명박 정부의 국내외 정책을 대북정책과 연결시키려는 이간책을 지속적으로 구사해 오고 있다.

이명박 정부의 대북정책 원칙은 한반도의 비핵화와 함께 올바른 남북 관계의 정립에 있으며 과거의 포용 일변도 정책과 차별화된 전략을 수립하여야 한다. 아쉽게도 그동안 국내외 산적한 현안으로 상생과 공영 정책에서 드러난 대북정책의 원칙은 기존의 패러다임을 그대로 유지한 채 새로운 비전을 제시하는데 미흡한 점이 있다. 또한 남남갈등과 소통 및 통합의 부재는 철학과 원칙을 재정립함으로써 부단히 해결해 나가야 하는 과제로서 정부의 집권 의지를 재점화 할 필요가 있으며 이를 설득할 기구와 인원에 대한 보완 작업이 병행되어야 한다. 남북 관계 및 통일정책 수립 시 이명박 정부의 국정철학과 비전을 포함하여 대한민국의 합법성과 정통성을 재정립하는 노력이 필요하다. 이명박 정부의 대북정책에 대한 국민의 높은 지지는 현 정부가 비교적 흔들리지 않고 인내하는 모습에 긍정적인 점수를 부여한 것과 북한의 터무니없는 무리수에 대한 반발이 합쳐진 결과임을 잊지 말아야 한다.

새로운 남북 관계를 구축하기 위해 현재의 정부 기구나 기능을 고려할 때 외교통상부, 국방부, 통일부, 청와대, 국정원 등 관련 부처의 유기적이고 체계적이며 종합적인 대북정책을 추진할 수 있는 구조적 보완이 필요하다. 미국의 대북전담 기구나 정책에 기민하고 효율적으로 대응할 수 있는 카운터파트가 현실적으로 부재한 상태이며 이는 주변국, 특히 중국과 일본에 대해서도 동일한 상황이다. 북한의 일방적 무리수에 대해 기다리는 동안 우리 내부의 체제와 제도를 정비하여 향후 남북 관계 재개 시 보다 본질적인 개선을 이룩할 수 있을 것이다. 북한의 강경정책에 즉각적 대응은 불필요하나 단호하고 확실한 정책을 일관성 있게 추진할 수 있는 의지와 자신감을 피력해야 한다.

대북정책과 남북 관계의 중장기적 차원에서 탈북자, 납북자, 국군포로 및 북한 주민들의 인권문제를 해결하기 위한 비전을 제시하고 제도적 해법을 마련하기 위한 법적 구속력을 갖추어야 하는데 현재까지 미진한 상태에 머물고 있다. 지난 회기부터 미루어온 북한인권법의 제정 등 필요한 입법 사항에 대해 정부와 집권 여당의 진정성 있는 노력이 요구된다. 북한인권법 제정은 국제사회의 대북인권개선권고안 채택 분위기에 맞게 현재처럼 남북 관계의 재정비 기간에 달성하는 것이 적절

할 것이다.

지난 10년 동안 남북 관계의 피상적이고 양적인 확대만을 염두에 둔 까닭에 대북정책이 통일정책과 유기적인 연관관계가 파기되고 통일의 비전과 희망이 소진되고 있음을 주목해야 한다. 대북정책의 궁극적 목적은 평화적 통일인데 통일을 달성하기 위한 구체적이고 전략적인 노력은 보이지 않고 있다. 통일에 대한 기대와 확신이 약화되는 상황에서 보다 적극적인 자세 확립이 필요하며 특히 정부, 여당에서의 분발이 필요한 시점이다.

북한의 급변사태에 대한 우려와 공포심을 극복하고 위기를 기회로 전환시킬 수 있는 비전도 제시되어야 한다. '비핵개방3000'은 통일에 대한 비전으로서는 한계가 있으며 통일을 향해 북한을 개방함에 있어 정보의 확산과 헬싱키프로세스와 유사한 국제적 협조방안으로 발전되어야 한다. 이와 동시에 북한 주민과 엘리트들의 대남한 선호의식을 고취할 수 있는 전략이 마련되어야 한다. 끝으로 북한의 급변사태 발생 가능성과 북한 내부의 균열, 미국과 중국의 정책 변화, 미중관계의 변화 등 한반도 주변 패러다임이 바뀌고 있음에 주목하여 기능주의적 통일 방식을 탈피하여 북한체제의 전환을 통해 통일한국을 건설하는 적극적인 통일관과 대비책 마련에 서둘러야 한다.

제3부

변화하는 북한의 대외관계

북한체제 변화의 환경적 요인과 관점

2000년 6월 남북정상회담을 전후하여 그리고 그 후 2년여 동안 북한은 특히 대외관계와 경제발전에 있어 과거와는 질적으로 구분되는 모습을 보여 주고 있다. 전방위 외교와 IT 산업육성을 통한 경제개건 등 생존과 발전을 도모하겠다는 북한 지도부의 생각과 의지는 그간의 북한 행적의 변화에서 충분히 감지할 수 있다. 그러나 내부 분열을 방지하고 경제를 발전시키기 위해 선군정치와 강성대국건설 체제 보존 주장과 함께 지난 7.1 경제개선조치와 최근의 신의주특구개방 등 과감한 시장경제도입 노력도 동시에 이해할 필요가 있다. 정상회담 이후 김 위원장의 발언과 행적에서 체제유지와 경제발전의 고뇌와 의지를 함께 발견할 수 있으며 이 점에서 북한의 변화에 대한 인식에서의 혼란과 답답함이 배어나올 수밖에 없을 것이다.

북한체제가 생존과 발전을 위해 직면한 최대 과제이자 난제는 남북관계 및 북미 관계임은 틀림없으나 이 문제 역시 북한 내부의 전략과 진로와 밀접하게 관련된 사항이다. 정상회담 이후 2년여 동안의 대러, 대중, 대일 외교정책과 관련한 북한의 활발한 대외활동에서, 북한은 분명 변화의 모습을 보였으나 남북 관계 및 북미 관계의 전개과정을 살펴보면 활성화와 경색국면을 왔다 갔다 하면서 반복하고 있는 측면도 발견할 수 있다. 따라서 이러한 북한의 태도와 정책에 대해 믿을 수 없다거나 숨은 전략의 결과라는 비판과 오해로부터 북한 지도부, 특히 최고지도자 김정일 위원장은 벗어날 수 없다. 결과적으로 대외관계와 경제부문에서 이룩한 진성 변화가 있다면 이 역시 당연히 수반되어야 할 혜택을 충분히 누리지 못하는 손실을 감수하지 않을 수 없었던 점도 간과해서는 안 된다.

남북정상회담 이후 북한은 과거 어느 때보다 많이 외부로 노출되었다. 남한 사람들을 비롯하여 수많은 외국인들이 북한을 방문하였고 그 수는 과거에 비해 엄청나다고 할 정도로 증가하였다. 그러나 북한이 단순히 과다 노출되었다기보다 점차 자신의 모습을 과감하게 노출하였다는 측면도 있다. 노출된 북한의 모습 그리고 북한이 노출하고자 하는 모습은 우리가 상상하던 모습과는 다른 측면도 있고, 아직은 북한이 노출하지 않거나 못하는 부분도 많이 남아있다. 또한 노출되거나 노출하고 있는 부분도 결국은 겉모습에 한정되어 있어 내부의 속마음까지는 아직은 알 수가 없다.

본 논문에서는 그러한 북한의 드러나거나 숨겨진 모습 못지않게 과연 북한의 이러한 변화의 의도는 무엇이며, 그러한 변화를 초래한 이유와 원인은 어디에 있는 것인지 살펴보고자 한다. 북한이 변화의 의도가 있다면 그러한 변화를 현실에서 추진할 수 있는 역량은 과연 있는지, 그리고 역량이 있다면 이를 어떤 전략을 통해 구현하고자 하는 것인지 등에 대해 검토하고자 한다.

북한의 지도부가 한반도의 평화와 안정, 남북한의 화해와 협력, 그리고 북한 인민들의 생존과 인권을 진실 된 목표로 상정하고 있다면 이를 달성하기 위한 전략을 보다 확고히 정립하고 이를 보다 안정된 대내외적 환경위에서 이행하여야 할 것인데 이를 위한 조건 무엇인지, 그리고 그러한 조건을 형성하는데 우리는 어떤 인식과 방식을 택해야 할 것인지 등을 다루어 보고자 한다.

남북정상회담과 북한의 변화

2000년 6월 북한 김정일 국방위원장이 남한의 김대중 대통령의 남북 정상간 회담 제안을 받아들임으로써 남북분단사상 최초의 남북정상회담이 평양에서 개최되었다. 역대 남한 정부 중에서 북한에 대해 가장 우호적인 김대중 정부가 출범한 지 2년이 지난 시점에서 정상회담 개최 제안을 수용한 것은 내부적으로 김정일 위원장이 강력한 권력 기반을 확립하여 대내정세가 안정되었다는 점과 그동안 북한이 직면했던 심각한 경제난을 타개하기 위해 남한 당국의 지원과 협력이 절실했다는 점이 가장 큰 이유라고 할 수 있다. 1995년 이래 북한이 심각한 식량난을 겪어 왔고 특히 사회주의권 붕괴 이후 만성적 경제난에 시달려왔음에도 인도적 차원의 식량 지원을 제외하고 현실적으로 북한 경제를 소생시킬 수 있는 지원을 해 줄 국가가 남한뿐임을 북한도 깨달았기 때문이다. 김대중 대통령이 정상회담을 제안하면서 베를린선언에서 제기하였던 대규모 경제 협력 구상은 이러한 북한 처지에서 볼 때 당면한 에너지난, 식량난, 외화난 등 3대 경제난을 단번에 해결할 수 있는 지원책이라고 판단하였던 것이다.

그러나 남북 관계의 현실에서 정상회담의 의미와 성격을 명확하게 인식하고 있는 북한은 정상회담에서 논의할 협상 의제 및 그 수준에 대해 사전에 분명한 한계를 설정하기도 하였다. 정상회담을 통해 김 위원장 자신의 위상을 대내외에 걸쳐 확고히 정립하고 김대중 대통령이 베를린 선언에서 제기했던 각종 경제적 협력과 지원을 최대한 얻어내고자 한 것은 실제 목표와 의도에 비추어 본다면 드러난 반쪽만의 모습이었을 것이다. 북한의 또 다른 목적과 성과는 정상회담 이후 발표된 6.15 공동선언, 특히 제1항과 제2항을 통해 남한 정부와 국민들을 자주적 통일의 기치아래 끌어들임으로써 남한 내 연공연북세력의 활동 공간을 확대하고 주한미군 철수의 당위성을 확고히 하려 함에 있었다고 보인다.

나아가 정상회담과 6.15 공동선언을 통해 남북 관계 개선 분위기를 대내외에 과시함으로써 북한체제 생존의 중심 고리인 대미관계 개선의 돌파구를 마련하기 위함이었을 것이다. 한반도의 안전보장 및 평화정착과 관련해서는 양 정상간 비공개 회담에서만 논의되었다고 알려져 있을 뿐 정상회담을 총결하는 6.15 공동선언에는 이에 관해 논의되거나 합의된 내용이 전혀 언급되어 있지 않다. 이는 북한이 남한과의 정상회담을 계기로 새롭게 구축된 유리한 입장에서 미국과의 미사일문제를 비롯하여 주한미군 철수문제 등 양국 간 관계정상화를 위한 협상을 본격적으로 진행하기 위한 뜻이 있었다고 여겨진다. 특히 클린턴 행정부와의 협상을 통해 이룩한 제네바 북미기본합의문과 페리프로세스 등은 남북정상회담을 통해 더욱 그 실천력을 보장받을 수 있다는 점에서 일거양득의 전략이 숨겨져 있었다고 볼 수 있다. 이는 향후 북한이 미국과의 본격적인 미사일협상이나 수교협상에서 경제적 실리를 획득하는 동시에 무너져버린 체제 복구를 위한 시간을 안정적으로 확보할 수 있다는 점에서 더욱 큰 의미가 있다. 나아가 궁극적으로 이러한 분위기 속에서 주한미군의 철수가 단행될 경우 '통일 대통령'으로서의 김 위원장의 한반도 전체에 대한 통치구상을 현실화할 수도 있다고 희망했을 수도 있다.

또한 김 위원장은 6.15 정상회담 직전에 중국을 전격 방문하여 북중관계를 공고히 하였으며 남북정상회담 직후에는 푸틴 러시아 대통령을 초청하여 북러 관계를 완전 복원하였다. 이를 토대로 북미정상회담을 추진하고, 또 향후 북일 정상회담도 계획하고 있음을 감안하면 김 위원장은 정상회담의 개최를 통해 한반도 문제에서 자신이 주도권을 갖고 이 같은 양자관계 중심으로 풀어나가는 전략에 자신감을 갖게 되었다고 볼 수 있다.

북한은 클린턴 행정부 집권 초기 핵사찰문제로 인해 조성된 극도의 위기상황을 제네바 기본합의문 체결로 극복하고 대포동 미사일 발사와 새로운 핵개발 의혹 등으로 야기된 새로운 위기를 협상을 통해 해결함으로써 결국 페리프로세스를 도출하여 단계적인 북미 관계 개선의 로드맵을 설정하는데 성공하였다. 이 같은 과정을 통해 미국으로부터 체제 보장을 받아내는 동시에 대규모 식량지원 및 대북경제제재완화 등 경제적 지원을 얻어내는 성과를 거둔바 있다. 그러나 답보상태인 남북 관계와 미국의 소극적 입장으로 더 이상의 대미관계 개선에는 이르지 못한 채 결국 남한과의 정상회담이라는 빅 카드를 선택한 것으로 보인다.

따라서 정상회담과 6.15 공동선언을 통해 남한과 대등한 위상을 확보하고 서방 국가들을 대상으로 한 적극 외교에 대한 지지를 확보한 북한은 특히 클린턴 행정부와의 관계개선에 극적인 돌파구를 마련하려고 노력을 집중하였다. 정상회담 직후 미국의 전격적인 경제제재완화 발표가 이루어지고, 남북 간 다양한 형태의 당국 간 회담 및 이산가족 상봉행사가 성사되면서 김 위원장의 최측근이자 국방위원회 제1부위원장이며 인민군 총정치국장인 조명록 차수의 역사적 워싱턴 방문이 이루어졌다. 조명록 차수는 김 위원장을 대신하여 클린턴 대통령을 면담하고 북미 간 입장을 조율한 조미 커뮤니케도 발표하였다. 이어 역사상 최초로 올브라이트 미 국무장관이 평양을 방문하여 김 위원장과 2차례 회담하고 북미 간 주요현안들인 북한의 미사일 개발과 수출문제, 테러와 인권에 관한 문제, 한반도 안보와 긴장완화 및 양국 간 외교대표부 설치문제 등에 대해 논의했다.

이처럼 급속히 진전된 북미 관계는 기본적으로는 양자 간의 오랜 적대관계를 청산하고 정상화한다는 측면에서 긍정적인 일이지만 남북 관계의 특수성 측면에서 그렇지 않은 측면도 있다. 앞서 조명록 차수의 미국 방문 시 채택한 공동성명에는 한반도 긴장완화의 방안으로서 정전체제를 평화체제로 전환하는 문제를 북미가 주도적으로 추진하려는 듯한 표현을 담고 있기 때문이다. 이 상황에서 북한은 비록 정상회담 이전의 통미봉남으로 회귀하지는 않더라도 주미종남의 입장을 표출했던 것으로 보인다. 북한이 주미종남 정책을 선택한 것은 북한문제의 핵심 관건인 미국과의 관계개선에 모든 역량을 집중할 필요가 있기도 하지만 미국과의 관계가 개선될 경우 남한으로부터 보다 좋은 조건에서 더 많은 경제적 지원 혜택을 확보할 수 있을 것이라는 계산도 숨어있었다고 할 수 있다. 또한 체제 정당성 제고와 경제적 실익을 쫓아 남북정상회담에 임했으나 6.15 공동선언의 합의 내용 중 이산가족문제를 비롯한 각종 경제, 사회문화 교류협력을 지속적으로 확대할 경우 내부적으로 발생할 후유증과 부작용을 염려하여 나름대로의 속도 조절이 필요했을 수도 있을 것이다. 북한이 미국과의 대화에 집중하는 동안 남북대화에 무성의한 태도를 표출하거나 남북 관계에서의 자주 및 통일문제 등만을 집중 거론했던 것도 그러한 정책적 선택과 무관하지 않은 것 같다.

2001년 1월 4일 「로동신문」에는 '21세기는 거창한 전변의 세기, 창조의 세기이다'라는 제목의 김정일 위원장의 발언 내용이 보도되었다. 정상회담 이후 김 위원장의 새로운 포부와 각오를 드러낸 내용으로서 향후 북한의 모든 분야에서 새로운 기풍이 일어날 것을 예고한 것이다. 신사고론이 제창된 직후 김 위원장 스스로 최측근들을 대동하고 사회주의 개혁·개방의 성공지인 중국의 상해를 방문함으로써 강성대국 건설을 위한 신사고와 그 같은 변화의 움직임에 안팎의 관심이 집중되었다.

수령으로서의 위상과 권력을 안정적으로 계승한 김 위원장은 자력갱생에 입각한 경제 강국 건설을 통해 강성대국을 완성하겠다고 선언하고 과거 국방력 강화에 매진했던 결과 군사강국을 건설했던 것과 같이 향후 강력한 자립적 민족경제건설을 위한 집중적인 투자를 통해 경제강국도 건설할 수 있을 것이란 강한 자신감을 드러낸 바 있다. 그러나 정상회담 이전 북한은 경제난 해결에 우선적으로 매진하되 그 방식은 이데올로기 중심의 자력갱생에 토대를 둔 민족경제발전방식을 주창하였다. 구사회주의권이 경제해결 방식으로 채택했던 시장 기재의 도입을 통한 개혁·개방 대신에 철저한 사상무장을 통해서 생산 활동의 증대를 도모했으며 「제2의 천리마 대진군 운동」, 「최후 승리를 위한 강행군 앞으로」 등 새로운 동원구호를 지속적으로 창출하는 등 주민의 노력동원을 극대화하고자 하였다.

1998년 9월의 개정 헌법에서 소유주체 및 개인소유의 확대, 경제관리·정책의 변화 모색, 제한적 경제개방의 확대 추진과 거주·여행의 자유허용 등의 부분적인 개방정책의 내용을 담고 있기는 하지만 이는 극심한 식량난을 지방행정기관 및 주민들의 자체 노력과 외부의 지원확대로 해결할 수밖에 없는 상황적 요인이 더욱 컸었다고 할 수 있다. 또한 만성적인 경제난의 근본적인 해결을 위해 남한을 비롯한 미·일 등 자본주의국가들과의 경제교류·협력이 불가피하다고 인식하면서도 사회 각 분야에서 자본주의적 요소들의 침투를 방지하기 위해 「모기장」을 든든히 설치하는 등 내부체제 단속 강화에 심혈을 기울이기도 하였다.[1)]

그러나 정상회담 6개월이 경과한 시점에서 강성대국을 건설하기 위한 신사고가 제창되고 사회주의 개혁·개방의 진원지를 최고 지도자 스스로가 직접 방문하여 '천지개벽'이라고 찬양하는 등 변화된 모습을 보여주었다. 김 위원장의 신사고론은 북한이 처한 경제적 낙후성과 체제의 비효율성으로 인해 기존의 경제운용방식으로는 해결 불능이라는 평가에 기인한 것 같다. 식량난은 남한을 비롯한 외부의 지원으로 극복이 가능하겠지만 급속한 과학기술시대에 적응하지 않고서는 경제 강국 건설은 이룩할 수 없기 때문이다.

지난 20여 년 동안 개혁, 개방을 추진해온 중국의 사회주의식 발전모델에 대해 북한은 부정적인 평가를 서슴지 않았다. 그러나 과거 사회주의권의 개혁 추진과정에서 기존의 정치질서가 붕괴된 것과 달리 중국의 정치체제는 건재할 뿐만 아니라 경제적으로도 고도성장을 구가하고 있으며 특히, 중국이 남한과의 급속한 관계개선에도 불구하고 변함

1) 오승렬, "북한의 경제개방과 남북경협," 경남대극동문제연구소 통일전략포럼 보고서 2001-1, No. 22 (2001.2), p. 20.

없이 북한을 지지하는데 대한 신뢰가 북한의 입장 변화를 촉진한 것으로 보인다. 더구나 중국식 모델은 기존의 공산당 중심의 정치체제는 유지하면서 시장경제기재를 전면적으로 도입하는 동시에 통일문제에 대해서는 一國兩制 방식을 적용하는 것인데 이는 6.15 공동선언에서 합의한 방식과도 일맥상통하는 측면이 있기 때문이기도 하다.

북한이 2001년 신년 벽두에 강성대국 건설의 신사고를 내세운 것은 정상회담이후 전개될 남북 관계의 전반적 상황이 북한이 변화하지 않으면 안 될 상황임을 보여주었던 것도 한 요인이었다고 할 수 있다. 이미 남쪽에서 착공된 경의선이 북쪽과 연결되어 개통되고 개성 인근에 남한 전용공단이 건설되는 등 새롭게 전개될 남북경협시대를 적극적으로 활용하기 위해 간부들과 주민들의 사상 및 운용시스템을 앞장서 정비하지 않으면 안 되기 때문이다. 동시에 6.15 공동선언에서 약속한 김위원장의 서울 답방을 성공적으로 이행하기 위해서는 신사고와 개방된 중국 현지견학을 통해 간부들과 일반 주민들을 사전에 준비시킬 필요도 있었다.

정상회담과 6.15 공동선언은 의도하지 않은 결과로서 북한의 간부뿐만 아니라 일반인들도 남한 사회에 대한 정보와 지식을 넓힐 수 있는 계기를 제공하였다. 고위급회담을 비롯하여 각급 실무회담들이 연이어 개최되고 수백 명의 이산가족들이 서울과 평양에서 상봉하는 기회가 잦아지게 되었다. 서울을 비롯하여 남한 내 여러 도시와 발전상을 그대로 접할 수밖에 없는 이들은 북한이 가장 우려하는 체제 동요를 가져올 위험 요인이 된 것이다. 정상회담과 6.15 공동선언에 따라 불가피한 외부 정세의 유입과 변화의 욕구를 막을 수 없는 상황에서 강성대국과 신사고는 북한이 택할 수 있는 최선의 방어책이자 정당화 논리인 셈이다.

북한의 전방위 외교와 9.11 新세계질서

2000년 6월 정상회담 이후 북한은 클린턴 행정부 하에서 획기적인 대미관계 개선의 돌파구를 마련하고자 했으나 2001년 미국의 정권교체로 인해 새로운 도전에 직면하게 되었다. 미사일문제를 포함한 전반적인 관계개선 문제가 마지막 단계에서 좌초된 이후 새로 출범한 부시 행정부는 북한과의 모든 협상 의제들을 원점에서 재검토하기로 하였다. 동시에 이미 합의한 사항들에 대해서도 엄격한 상호주의와 검증, 그리고 포괄적 접근 원칙을 천명함으로써 북미 관계 개선은 난항에 봉착하였다. 북한은 미국의 강경 방침에 맞서 미국과의 실질적 대화에 나서지 않을 뿐만 아니라 남한 당국과의 대화와 협상을 비롯하여 각종 교류협력을 중단함으로써 북미 관계와 남북 관계 모두 급속히 경색되었다.[2)]

북한이 이렇게 미국 및 남한과의 관계를 경색시킨 것은 새로 출범한 미국의 부시 행정부가 클린턴 행정부와는 달리 북한에 대해 강경 입장을 고수하고 있는 데 대해 불만 표출과 동시에 향후 협상에서의 우위를 확보하기 위한 전략적 고려가 있었기 때문이다. 반면, 남북 관계를 경색시킨 것은 2001년 3월 워싱턴에서 개최된 한미정상회담에서 양국 간 대북정책 공조방침이 재확인된 데 따른 대응인 것으로 보인다. 남한 정부가 부시 행정부의 대북 정책기조에 상당히 영향을 받고 있는데 대해 불만을 표출하는 동시에 보다 적극적으로 대미 설득에 나서도록 압력을 가하기 위한 방편으로 남북 대화 중단이라는 극단적인 방식을 취한 것이다. 또한 미국과의 본격적인 회담이 재개되기 전까지는 남북대화를 통한 실질적인 소득이 별로 없을 것이며 동시에 에너지 지원 등 남한으로부터 얻을 수 있는 실리가 6.15공동선언 채택 당시 기대했던 것보다

---

2) 최진욱, “부시행정부의 대북정책방향과 남북 관계 전망.” 통일연구원 학술회의 발표논문 (2002.5.9).

훨씬 부족했기 때문이기도 하다.

그러나 남북 관계와 미북 관계가 경색된 상황에서 북한은 EU 등 서방국가들과 잇달아 국교를 수립하는 등 활발한 전방위 외교를 펼쳐 나갔다. 북한은 2001년 「신년공동사설」에서 "자주권을 존중하는 나라들이라면 그 어떤 나라든지 관계를 개선해 나갈 것"이라고 활발한 대외정책을 전개할 것임을 시사하였다. 북한은 1980년대 말 사회주의권이 붕괴되고 1990년대 초 러시아와 중국이 남한과 외교관계를 수립하는 등 국제정세가 급변하는 상황에서 「우리식 사회주의」를 고집하면서 상당기간 폐쇄적 외교 행태를 지속하였다. 그러나 2000년 역사적인 남북정상회담을 계기로 과거의 동맹국들과의 관계를 복원하려는 적극적인 노력과 함께 미수교국이던 서방국가들을 상대로 활발한 수교정책을 펴는 등 전방위 외교를 전개하였다.

북한의 전방위 외교로 전환한 것은 강성대국을 건설하기 위해 필요한 자본과 기술을 선진국으로부터 도입해야 했기 때문이다. 2001년 4월 최고인민회의 제10기 제4차 회의에서 홍성남 총리가 새 시대의 요구에 맞는 강력한 국가경제력 건설을 위해 상품수출 확대 등 대외무역을 발전시켜 경제를 활성화하고 세계 모든 나라들과 관계를 발전시키면서 국제기구사업에도 적극 협력하겠다고 보고한 것도 이러한 정책전환의 배경을 보여주는 것이다.

북한이 전방위 외교를 적극 추진할 수 있게 된 또 다른 배경은 북한의 정책 변화 못지않게 서방국가들의 대북인식과 정책이 변화했기 때문이기도 하다. 2000년 남북정상회담과 이에 따른 남북 간 화해협력 등 한반도의 정세 변화는 냉전의 잔재가 남아있는 동북아지역의 질서를 평화체제로 전환시킬 수 있는 가능성과 북한의 개방을 통한 이 지역의 새로운 경제 성장 및 시장 형성의 경제적 효용 가치를 높여주었다. 이러한 상황에서 북한을 고립시키기 보다는 국제사회에 적극적으로 동참케 유도하는 것이 동북아 지역질서의 안정뿐만 아니라 북한 내의 인권 개선에도 기여할 수 있기 때문이기도 했다.

김정일 위원장도 2001년 초 중국을 방문한데 이어 7-8월에는 러시아를 국빈 방문하였고 9월 초에는 중국 장쩌민 주석이 북한을 방문하는 등 북중, 북러 관계도 사회주의권 붕괴이후 최고조에 달했다. 다만, 일본은 기본적으로 미국의 대북정책의 구상에 따라 대북정책을 추진함으로써 북미 관계의 개선 없이는 획기적인 북일 관계 개선 역시 기대할 수 없는 상황이다. 더구나 새로 출범한 고이즈미 내각은 우경화의 성향을 갈수록 강화함으로써 북한과의 수교에 적극적으로 나서지 않고 있어 북한의 전방위 외교에서 한미일 3국과 북한과의 관계는 주변부에서 벗어나지 못했다.

그러나 북한의 전방위 외교는 2001년 9.11 테러로 인하여 전혀 새로운 국면을 맞게 되었다. 출범 이후 힘에 의한 일방주의적 외교정책을 추진해 온 부시 행정부는 9.11 테러참사에 대한 대응으로서 강력한 군사적 응징을 최우선적으로 단행하였다. 이러한 방식은 테러와의 전쟁 결과에 따라 출현한 새로운 국제질서 하에서 북한과 같은 위험제공 국가들에게 그대로 적용될 가능성이 높아짐으로써 북한으로서는 운신의 폭이 한결 위축될 수밖에 없었다.

9.11 테러참사 이후 미국이 힘에 의한 응징을 현실화하고, 이에 대해 러시아, 중국을 비롯하여 국제사회의 지지와 동참이 확산됨으로써 미국을 배제한 채 추진되던 북한의 전방위 외교는 그 탄력을 잃게 되었다. 북한은 테러참사 이후 러시아 및 중국이 미국의 조치들을 지지하는 상황에서 미국에 대해 간접적으로 애도를 표시하고 테러에 반대하는 국제협약에 잇달아 가입하는 등 협조적 입장을 취할 수밖에 없었다.

그러나 북한의 행동은 신속하지 못했으며 또한 철저하지도 않음으로서 미국의 기대를 충족시키지 못하였다. 부시 행정부는 이처럼 미진한 북한의 태도와 정책으로 미루어 북한이 근본적으로 변화하지 않았다는 인식을 바꾸지 않았다. 또한 북한이 태도를 바꾸어 협상에 나선다 해도 북한 의도대로 끌려 다니지 않을 것이라는 기조를 더욱 공고히 하였다. 21세기 새로운 형태의 전쟁인 테러와의 전쟁을 성공적으로 수행하고 있는 미국은 힘에 바탕을 둔 외교정책의 효력을 충분히 입증하였다고 믿게 되었다. 동시에 부시 행정부는 9.11 테러참사에 대한 대응으로서 테러와의 전쟁 결과에 따라 출현한 새로운 국제질서 하에서 북한과 같은 위험제공 국가들은 확실히 제압해야겠다는 의지를 굳건히 하였다. 이처럼 강경한 미국의 공세적 대응에 대해 북한은 다시금 자신의 진로에 대해 고심하지 않을 수 없게 되었다.

김정일 국방위원장은 김일성 주석이 반세기에 걸쳐 구축한 거대한 가부장제 가족사회를 대를 이어 통치하고 있다. 김 위원장은 사회주의권 붕괴이후 악화된 경제난과 식량난 등 위기상황에서 북한체제 최후의 보루로서 군에 의지하면서 선군사상을 전면에 부각시키고 외부로부터의 압살 위협과 내부의 변절 가능성을 차단하기 위해 붉은 기 철학을 높이 들고 수령 유일체제를 고수하였다.

김정일 위원장은 일찍부터 군을 중시하고 군에 의지하는 성향을 보여 왔으며 이러한 군 중시의 경향이 급격한 국제질서의 개편과 북한의 식량난 등 경제·사회적 심각한 위기상황에 직면하여 더욱 상승작용을 하여 선군정치가 등장하였다. 선군정치하의 북한군은 수령을 결사옹위하며 체제를 무력으로 보장하는 강력한 세력으로 그 위상과 역할이 강화되었음은 의심의 여지가 없으나 김정일 위원장 스스로 당의 역할에 대한 기대를 접어두지 않고 있으며 기회가 있을 때마다 당의 분발을 촉구하고 있음을 볼 때 전통적인 당 국가체제에 근본적인 변화는 없는 것 같다.

그럼에도 불구하고 김정일 시대에 등장한 선군정치가 북한이 처한 식량난을 비롯한 경제난과 미국의 강경 대북정책의 지속, 그리고 국제사회의 북한에 대한 압력과 음모에 대한 피해·위기의식 등이 군의 무장력에 의존함으로써 나타난 결과라고 할 때 북한이 처한 위기 상황에서 완전히 벗어날 때까지 북한군의 위상과 역할은 계속 강화된 채 북한의 진로 결정에 중요한 변수로 작용할 것이다. 나아가 북한체제를 유지하는 사상적 토대로서 주체사상의 비중이 약화되고 그 공백을 강성대국 사상이 채우게 되면서[3] 선군정치 역시 단순한 위기관리를 넘어 제도화할 가능성도 배제할 수 없다. 2002년 「신년공동사설」에서 수령, 사상, 군대, 제도 등 4대 제일주의를 특별히 강조한 것에서도 김 위원장이 최고 사령관이며 금년이 인민군 창건 70주년이라는 점을 감안하더라도 9.11 테러로 조성된 신세계질서에 대처하기 위해 선군정치를 강화해야 하고 따라서 군대의 비중과 역할이 절대적임을 다시 한 번 보여주었다.

2001년 남북대화가 중단되고 북미 관계의 경색국면이 장기화되면서 북한의 경제정책 역시 남한 및 미국과의 관계개선을 전제로 적극화할 것 같던 개방적 경제정책 기조에 변화가 감지되었다. 김 위원장의 경제부문 현지지도가 증가하였지만 경공업이나 무역제일주의보다 발전소 등 기간산업 및 중공업우선주의를 강조하는데서 북한 경제의 자력 갱생적 경향을 엿볼 수 있다. 정상회담을 전후하여 중국을 방문하고 중국식 모델의 장점을 인정했던 김정일 위원장은 비우호적인 주변 정세 속에 북한의 경제정책과 관련한 획기적 개방으로 전환하는 데는 좀 더 시간이 필요한 것 같다.

붕괴 직전의 북한 경제난을 극복하기 위해 개방과 개혁을 통한 급진적 경제정책의 변화에 앞서 좀 더 안전하고 단계적인 방법으로 사회주의적 집단생산문화를 고양할 필요에서 2001년 말 라남의 봉화가 새 모델로 제시되기도 하였다. 중앙집권적 통제와 집단적 소유 등 사회주의 경제체제의 본질을 유지하면서 북한식 경제운영방식인 대안의 사업체계를 시대에 맞게 변용한 것이 라남탄광기계연합기업소에서 시작한 라

3) 서재진, "김정일시대 통치이념의 변화: 주체사상에서 강성대국론으로," 통일연구원 개원 11주년 기념학술회의 발표논문(2002.4.9).

남의 봉화이다. 공장 당 위원장의 솔선수범과 노동자들의 자발적인 참여 속에 기술 혁신과 참신한 노동기풍의 진작을 통해 자재난과 연료난 등 어려운 경제 환경 속에서도 경제적 성과를 높인 라남공장의 사례는 내부자원을 최대한 동원하고 자체 혁신 노력을 극대화함으로써 과도기를 넘길 수 있는 대안으로 채택된 것이다.[4)]

그러나 북한식 자력갱생을 강조하면서도 사회주의 형제국인 중국과의 새 파트너십을 강화함으로써 중국의 자본과 기술을 활용하려는 정책 구상을 포기한 것은 아니며[5)] 경제난의 근본적인 해결을 위해 남한을 비롯한 미·일 등 자본주의국가들과의 경제교류·협력이 불가피하다는 인식에도 큰 변화는 없는 것 같다. 이러한 인식이 자력갱생을 강조하면서도 폐쇄적이라기보다는 개방형 자력갱생을 염두에 두고 내부체제 단속을 강화하는 모습으로 나타나고 있다. 「모기장」을 든든히 침으로써 사회 각 분야의 자본주의적 요소들의 침투를 방지하자는 주장도 이미 개방의 요소와 흐름을 거스를 수 없음을 인정한 것인지 또는 향후 본격적인 경제정책변화에 대한 사전 대비책인지 알 수 없으나 경제적 개방에 따른 폐해로부터 체제를 보존하려는 방어책임에는 틀림없어 보인다.

2002년 초 부시 미국 대통령은 연두교서에서 북한을 이라크, 이란과 함께 신 세계질서의 최대 걸림돌인 「惡의 軸」으로 규정하였다. 부시 대통령의 「악의 축」 발언 이후 한반도에는 북미 관계에 대한 우려의 목소리가 커지고 한반도에는 다시금 긴장이 조성되었다. 북한은 대량살상무기인 핵, 생물무기 및 화학무기를 이미 보유하고 있거나 이를 지속적으로 개발하고 있다고 의심받고 있으며 이들 무기들을 운반할 수 있는 수단으로서의 중장거리 미사일을 보유하고 있거나 개발·수출하고 있기 때문에 대테러 전을 수행하고 있는 미국으로부터 우선 타도의 대상으

---

4) 「민족21」, 2002년 6월호.

5) 오승렬, "북한의 경제개방과 남북경협," 경남대극동문제연구소 통일전략포럼 보고서 2001-1, No. 22 (2001.2), p.20.

로 지목된 것이다. 물론 부시 대통령의 발언이 곧바로 북한을 비롯한 주축 국들에 대한 군사행동이 임박했음을 의미하는 것은 아니나 9.11 테러가 미국의 대외정책과 세계정세의 변화를 감안할 때 부시 대통령의 언급은 결코 수사적 차원만은 아니었다.

부시 행정부는 북한 정권에 대한 근본적인 불신과 함께 핵과 미사일 등 대량살상무기를 보다 확실한 검증절차를 통해 근본적으로 해결하는데 중점을 두어 왔다. 9.11 테러사건은 이 같은 북한의 대량살상무기 개발과 확산 노력은 미국의 새로운 세계전략과 충돌이 불가피해졌으며 이러한 상황에서 부시 대통령은 미국의 의지와 역량을 보다 분명히 피력한 것이 「악의 축」발언이다.

금년 2월 부시 대통령은 한국을 방문하면서 북한과의 조건 없는 대화입장을 재천명하였다. 그러나 부시 대통령 자신과 미국 행정부 고위 당국자들의 발언을 보면, 북한과의 대화는 대화를 위한 대화보다는 보다 실질적인 대화와 협상을 요구하고 있다. 대량살상무기는 핵과 미사일을 포함하여 어떠한 경우에도 억제할 것임을 분명히 하는 동시에 한반도에서 우리 군과 주한 미군을 겨냥한 가공할만한 재래식 군비를 갖추고 있는 북한에 대해 구체적인 감축 노력을 요구하고 있다. 이러한 요구 사항은 경우에 따라서는 단순한 위협의 단계를 넘어 보다 구체적인 행동으로 나설 수도 있음을 밝히고 있다. 부시 행정부가 의회에 보고한 비밀문서인 핵태세 검토보고서(Nuclear Posture Review)는 이러한 부시 행정부의 의지와 역량의 일단을 보여주는 대표적 사례라고 할 수 있다.[6)]

부시 대통령의 「악의 축」 발언 이후의 북한의 대응을 살펴보면 북한도 상황의 심각성은 충분히 인식하고 있는 것 같다. 북한의 강경한 발

---

6) 「미국의 핵태세검토와 한반도 안보」, 한국전략문제연구소 정책토론회 결과보고서 02-03(2002.3).

언에도 불구하고 북한은 국제 테러와의 연계를 강력히 부인하고, 대량살상무기문제에 대해 미국과의 대화와 협상의 필요성을 동시에 제기하고 있다. 북한 내부에서도 김정일 위원장의 60회 생일, 김일성 주석의 90회 생일, 인민군 창건 70주년 등 각종 축하 행사에서 특별히 군사적 긴장을 고조시키는 행동을 보이지 않고 있는 반면 중국과 러시아를 통한 외교적 해결을 간접적으로 시사하고 있다. 반면에 체제 불안과 경제난 등 내적 위기 상황을 외적 긴장을 통해 해결하려는 노력은 상대적으로 하지 않고 있다.

부시 행정부가 북한을 '악의 축'으로 지목한 이유는 북한이 스탈린식 공산주의 독재국가이며 국민들은 굶어죽는데 지도자는 향락에 빠져있기 때문은 아니다. 북한은 미국 주도의 안정적 국제질서와 가치체계를 위협하는 소위 불량국가군(rogue states)에 속해 있다. 탈냉전시대를 맞아 이들 불량국가들을 효과적으로 억제하고 나아가 제거하는 것이 미국 대외정책의 주된 과제였으나 지난 9.11 테러사건은 역설적으로 이 같은 미국의 정책을 실현할 수 있는 절호의 계기와 가능성을 마련해 주었다고 할 수 있다. 테러공격에 대한 일차적 응징으로서 탈레반정권을 무력을 통해 신속하고 효과적으로 붕괴시키는데 성공한 미국으로서는 대테러전의 경험과 자신감을 토대로 어떤 형태로든 불량국가군에 대한 근본적인 제거 작업에 착수할 것이며 연두교서는 이를 위한 사전 경고로서 주목해야 한다. 이러한 미국의 입장과 태도가 부시 대통령의 연두교서가 발표되던 미 의회에서의 초당적 협조 분위기와 미국 국민들의 절대적인 지지에 의해 뒷받침되고 있다.

반면, 북한을 '악의 축'으로 규정한 이래 비록 언술적 차원에 국한되어 있으나 연이어 압박을 가하고 있는 미국 행정부의 또 다른 의도는 동북아지역 및 한반도에서 미국과 군사적으로 직접 대치하고 있는 북한의 특정 정권에 대한 미국의 전략적 입장을 관철하기 위한 것으로 보인다. 클린턴 행정부 하에서 미국의 대한반도정책은 제네바북미합의와 페리프로세스에 입각하여 추진되었다. 그러나 이러한 대북정책의 기본 틀은 미국에 대한 잠재적 위협 국가를 다룸에 있어 일시적 미봉책에 불과할 뿐 북한체제의 근본적인 변화를 수반한 항구적인 안전보장과는 거리가 멀다는 점을 부시 행정부가 인식한 결과라고 할 수 있다. 북한을 일정한 틀 속에 묶어두면서 시간이 경과함에 따라 북한을 안정적 변화시킬 수 있다는 기대가 단지 희망사항에 불과하다는 사실이 부시 행정부로 하여금 무한정 기다릴 수 없다는 결론을 내리게 하였다고 할 수 있다. 적어도 지난 해 6월 부시 행정부의 무조건적인 대화 제의에 대해 북한이 소극적 대응으로 일관함으로써 기회를 살리지 못하고 이제 오히려 미국 측의 불만을 초래하게 된 것으로 보인다.

미국이 북한을 상대함에 있어 불량국가군의 제거와 3만 7천명의 주한미군을 포함한 10만의 아태지역 주둔 미군의 안전을 담보하기 위해 보다 적극적인 문제 해결에 나서고 있는 상황의 심각성을 북한의 지도부도 점차 현실을 있는 그대로 인식하기 시작한 것 같다. 9.11 테러 이후 이를 응징하는 과정에서 전개된 21세기형 전쟁의 양상을 목도한 북한으로서는 최악의 상황을 전제로 대비하지 않을 수 없었을 것이다. 북한은 부시 대통령의 경고 발언 이후 외무성 대변인 성명을 통해 사실상의 선전포고라느니, 타격의 선택권은 미국에만 있는 것이 아니라는 등 강경 발언을 쏟아내었으나 성명의 전체적 내용이나 그 후 발표된 논평과 보도를 통해 협상과 대화의 가능성을 열어놓는 등 이중적 모습을 보여줌으로써 그러한 추정을 뒷받침하고 있다.

북한의 변화와 내부 갈등

2001년 평양 8.15 민족통일대축전에 참가했던 남한 민간단체들의 행적을 놓고 적지 않은 파문이 있었다. 방북단의 허가 여부를 놓고 정부가 갈팡질팡하는 모습을 보이더니 정작 방북단 중 일부는 정부와의 사전 약속을 어기고 3대헌장 기념탑 제막식에 참석하였는가 하면 만경대를 방문한 남측 참석자 중 일부가 '만경대정신' 운운하는 글들을 방명록에 남기기도 하였다. 방북한 통일연대는 북 측의 연방제 통일방안을 볼온 시 하지 말 것과 보안법철폐 주장도 제기하였다. 이 사건으로 남한 내에서 남북정상회담이후 대북정책을 놓고 분출되던 각종 이견들이 소위 남남갈등으로 표출되고 행동화됨으로써 북한이 뒤에서 이러한 상황이 벌어지도록 전략적으로 연출한 것은 아닌가 하는 비판과 의혹의 목소리가 커지게 되었다.

'남남갈등'은 비단 8.15 통일축전에만 국한된 것은 아니다. 2000년 10월 노동당 창건 기념식이나 2001년 6월 금강산에서 개최된 각종 행사에 참석한 방북단들 사이에서 내부 갈등이 도처에서 발생했고 그 같은 갈등을 둘러싼 북한 측의 의도가 외부에 노출될 정도로 노골화되기도 하였다. 정상회담과 6.15 공동선언에도 불구하고 북한은 일부 남한 언론을 수구언론으로 매도하는가 하면 야당인 한나라당을 극우 반통일분자로 몰아붙임으로써 남남갈등을 유발하기도 했다. 방북 행사에 참여자들을 선별 초청하는가 하면 시민단체들 중 민화위와 통일연대, 그리고 통일연대마저도 분리 접근함으로써 갈등을 야기하는가 하면 낮은 단계의 연방제에 대해 애매한 입장 표명을 통해 정상회담과 6.15 공동선언의 성격을 놓고 남남갈등을 촉발시키기도 하였다.

한편, 북한은 2002년 4월 29일 평양에서 아리랑축전을 시작하였다. 6월 29일까지 2달 동안 평양 릉라도 5월 1일 경기장에서 연인원 10만 명을 동원하여 아리랑공연을 하고 있다. 북한은 아리랑 공연에 외국인, 해외동포 및 남한 주민들의 대거 참석을 유도하기 위해 많은 노력을 기울이고 있다. 특히 김정일 위원장이 직접 아리랑 공연에 대규모 관광객을 유치하도록 지시했다는 보도도 있어 북한 당 지도부가 직접 간여한 행사인 것으로 보인다.[7]

금년은 북한으로서 기념해야 할 명절이 겹쳐있는 해이다. 통상 북한은 5년, 10년을 단위로 소위 꺾어지는 해를 크게 기념해왔는데 김정일 국방위원장의 환갑(2.16), 김일성 주석의 90회 생일(4.15), 조선인민군 창건 70주년(4.25) 등 굵직한 행사가 몰려 있는 금년 봄은 이전에 없던 초대형 행사를 개최할 이유가 있었다. 그러나 아리랑을 주제로 공연을 기획한 것은 단순히 북한 내에서 만의 기념 축제를 넘어 남한 주민, 해외동포 및 외국인들을 대상으로 확대된 것은 상황 변화에 대한 북한 나름의 대응 의도를 담고 있다고 볼 수 있다. 당초 김일성 주석의 90회 생일을 기념하여 대집단체조 〈태양의 노래〉를 계획했다가 2001년 9월경 김정일 위원장의 직접 지시로 〈아리랑〉으로 변경, 확대되었다는 것은 이러한 북한의 의도를 엿볼 수 있는 대목이다.[8)]

6.15공동선언이후 한때 활발히 추진되던 남북 간 교류협력이 답보상태를 벗어나지 못하고 민간급 교류협력행사인 2001년 8.15 통일축전 역시 소기의 성과를 거두지 못하고 남북 관계가 전반적으로 경색된 국면을 지속되는 상황을 돌파하기 위해서 민족의 오랜 정서를 내세운 아리랑을 내세운 것으로 보인다. 동시에 해외동포와 외국인을 적극 유치하기 위한 노력을 경주하는 것도 미국의 부시 행정부의 출범 이후 악화된 북미 관계와 국제사회에서 악화된 대북인식을 회복하기 위해 중국, 러시아, 일본, 유럽 등 국제사회에 대해 대집단체조와 더불어 예술 공연을 접목한 아리랑을 창작, 이를 평화의 메시지로서 대대적으로 홍보하는 것 같다.

아리랑축전 행사 기간이 과거 1989년의 평양 세계청년학생축전 때보다 길다. 5월 말 한국에서는 월드컵이 개최되어 6월까지 계속되는 기간이 바로 아리랑 공연 기간과 겹치는 기간이다. 전 세계의 이목이 한

---

7) 「연합뉴스」 2002년 3월 13일자.

8) 「북한동향」 제572호(2002.1.5), p.25.

국과 일본에 집중되는 세계적 스포츠 축제기간에 북한으로서는 이에 대응하는 무언가를 하지 않을 수 없었다고 본다면 소위 '맞불'이라고 볼 수 있는 측면이 있다. 다만 과거 '맞불'이 경쟁적, 소모적 형태로 이루어 졌다면 이번 아리랑은 그 보다는 세련되고 복합적인 의미를 갖추고 있다. 북한 고유의 특색을 살리면서 남한에서의 세계적 행사에 뒤지지 않을 문화상품과 관광 상품을 개발하여 '선의의' 경쟁을 하면서 부분적으로 북한사회의 대외개방과 외부와의 접촉 통로를 확대하려는 의도도 담겨있다고 보인다. 북한의 이 같은 의지와 노력은 아리랑을 홍보하는 과정에서 교통편을 서울과 평양으로 연결하려는 의도에서 어느 정도 그 윤곽이 나타나고 있다.[9)]

북한이 아리랑공연을 계기로 관광 상품과 연계하고 북한의 체제를 적극적으로 홍보하고 있으나 아리랑은 내부적으로 북한 인민들을 결속하고, 그들에게 자신감을 부여하는 데에 많은 비중을 둔 행사이다. 그러나 보여주기 위한 행사로서의 아리랑축전은 6.15 공동선언 이후 남북한, 해외동포사회에서 불기 시작한 통일의 열기를 활성화하기 위한 노력의 일환이면서 미국, 일본, 유럽 국가들을 비롯하여 중국, 러시아 등 국제사회에 북한의 문호를 제한적이나마 개방하고 문화수준과 체제 결속력을 과시함으로써 외화획득과 향후 평화적 교류협력의 토대를 구축하기 위한 북한사회의 변화된 모습을 보여주는 행사라고 할 수 있다.

임동원 통일외교안보 특보가 김대중 대통령의 특사 자격으로 2002년 4월 3일부터 6일까지 북한을 방문하여 김정일 국방위원장과 면담 및 만찬을 함께 하고 김용순 대남담당비서를 상대로 회담을 한 후 판문점을 통해 귀환하였다. 임 특사의 귀환 직후 서울과 평양에서는 한반도의 안정과 평화, 그리고 경색된 남북 관계를 개선하기 위한 실천적 과제들이 망라된 6개항의 공동보도문이 발표되었다. 남한 특사의 방북은

9) 「민족21」 2002년 4월호, p.40.

미국의 부시 행정부의 출범 이후 북미 관계가 악화되고 이에 따라 남북 관계 역시 경색된 상황에서 한반도의 위기를 극복하고 남북 관계를 새롭게 개선해 나갈 수 있는 돌파구를 마련하기 위해 이루어진 특단의 조치였다. 금년 초 부시 미국 대통령의 '악의 축' 발언 이후 한반도에 긴장이 고조된 상태에서 향후 북한의 대량살상무기와 미사일문제, 그리고 경수로 건설과정에서 북한에 대한 핵사찰문제가 첨예한 이슈로 등장함으로써 한반도에는 93-94년도의 핵 위기 상황을 능가할 위기설들이 도처에서 제기되기 시작하였다. 특히 힘을 통한 외교를 추구하고 있는 부시 미국 행정부는 작년 9.11 테러사태 이후 조성된 새로운 국제질서 하에서 만약 북한이 미국이 제기한 현안들에 대해 성의 있는 조처를 취하지 않을 경우 북한도 예외가 될 수 없음을 지적함으로써 이 같은 위기설이 단순히 엄포에만 그칠 것이 아님을 강력히 시사하곤 하였다.

공동보도문 제1항에 따르면 한반도의 위기 상황에 대해 남북한이 인식을 공유하고 향후 이를 해결하는 데 함께 노력하기로 하였다. 임 특사는 김대중 대통령의 친서를 김정일 위원장에게 전달하고 5시간에 걸친 대화를 통해 상황에 대한 양측의 입장을 솔직히 교환하였다고 한다. 김정일 위원장의 면전에서 미국의 부시 행정부는 전임 클린턴 행정부와는 다르다는 것과 9.11 테러사건의 국제정치적 의미를 소상히 설명한 것은 북한체제의 속성상 현재 북한의 대외인식과 대미, 대남정책의 기조를 바꿀 수 있는 유일한 길이 바로 김정일 위원장 자신의 결단에 달려있기 때문이다. 우리의 일반적인 인식과는 달리 오랫동안 폐쇄체제를 유지해 온 북한으로서는 급변하는 한반도 정세를 비롯하여 국제정세 전반에 대해 정확한 사실 판단을 하지 못하고 있으며 설혹 어느 정도 사태 파악을 하였더라도 절대 권위주의체제하에서 최고 지도자의 판단에 이반하는 사실을 직보할 수 있는 인물도 없다는 분석도 일리가 있다. 따라서 이러한 상황에서 북한 최고 지도자에게 사실을 있는 그대로 솔직하게 전달하고 그의 결단을 촉구하기 위한 특사의 방북은 평가할 만한 일이었다. 실제 우리 측의 그 같은 의지와 방식에 대해 충분히 공감하는 분위기였음은 김 위원장 자신이 만찬까지 이어질 정도로 경청했음을 통해서도 알 수 있고, 공동보도문에서도 이를 재차 확인할 수 있다. 특사 방북 이후 북한은 미국과의 실질적인 대화 시작과 일본과의 적십자회담 재개를 위한 준비 작업에 착수한 것으로 보인다.

그동안 경색되었던 남북 관계 역시 일차적으로 북미 관계의 악화에 따른 결과였는데 그동안 북한은 소위 '선미후남' 또는 '주미종남'의 입장에서 남북 관계를 바라보았다. 6.15 공동선언의 역사적 의의와 민족적 과제의 중요성을 강조하면서도 궁극적으로는 체제생존을 위해 미국과의 관계에 더욱 집착하는 모습을 보여주었다. 따라서 부시 행정부의 출범 이후 북미 관계가 악화되자 모든 남북 관계는 사실상 중단될 수밖에 없었다. 이번 특사의 방북은 이 문제에 대해서도 김정일 위원장의 인식 전환을 촉구하는 계기가 되었던 것 같다.[10] 공동보도문 제2항에서 제시된 '일시 동결되었던 남북 관계의 원상회복' 조항은 남북 관계를 바라보는 기존의 북한측 입장으로부터의 대전환을 의미한다. 남북 관계의 순탄한 개선을 통해 북미 관계를 비롯한 북한의 제반 문제들을 해결하는, 소위 '선남후미' 식의 해결 방식으로의 대전환이다. 이처럼 6.15 공동선언에서 합의한 대로 추진되던 각급 회담과 각종 사업이 중단되거나 지지부진한 상황에서 이를 일시에, 그리고 북미대화 재개에 앞서 전면 재개하기로 합의하는데 김정일 위원장의 결단 없이는 이루어질 수 없었다. 귀환 후 임 특사도 밝혔듯이 김정일 위원장이 먼저 동해선 철도-도로 연결을 제의하고 경제시찰단 파견 시 구체적 요구 사항들을 제기한 점들은 김정일 위원장과의 면담의 성격과 성과를 단적

---

10) 이종석, "특사회담 이후 한반도 정세: 평가, 전망, 과제," 「정세와 정책」 통권 70호(세종연구소, 2002-05).

으로 말해 주고 있다. 특히 한반도 안보 및 각종 남북 간 협력사업의 핵심 관건인 남북군사당국자회담의 재개에 대해 김정일 위원장이 결단을 내린 것은 향후 한반도 안정과 남북 관계 개선에 대해 기대를 갖게 하는 대목이다.

임 특사는 이번 방북 회담에서 가장 힘들고 어려웠던 점을 북한이 제기한 '주적론' 문제와 '민족공조 대 외세공조' 문제였다고 밝혔다. 이 문제들은 그동안 북한이 꾸준히 제기했던 문제들로서 새삼스러운 것은 아니지만 이번 특사 방북에서 이 문제들에 대해 북측의 최고위 당국자들과 허심탄회하게 논의했다는 점은 특기할 만하다. 사실 '주적론'과 '외세공조'는 그 용어가 갖는 상징성뿐만 아니라 한미동맹을 축으로 하는 우리의 안보현실로 볼 때 결코 간과할 수 없는 중대한 문제임에는 틀림이 없다. 더구나 북한이 단순히 협상에서의 우위를 점하거나 우리로부터 더 많은 양보를 얻어내기 위한 전술에 그치지 않고 통일전선전략과 무력침략을 염두에 둔 전략적 접근을 고수하고 있다면 심각한 상황이 아닐 수 없다. 그러나 '주적론'과 '외세공조'는 감상적으로 접근하거나 단기간에 해결해내야 할 과제라기보다는 한반도의 이중성과 특수성을 고려하여 남북한이 함께 풀어나가야 할 중·장기적 과제라고 인식하는 것이 중요한데 이번 특사의 방북을 통해 북한이 이 같은 우리의 입장에 대해 공감을 표시했다면 이는 북한의 기존 입장에 비추어볼 때 주목할 만한 변화라고 할 수 있다.

북한은 김정일 시대의 정책 목표로서 경제개건을 통한 강성대국 건설, 과학기술의 현대화 등을 제시하고 이 같은 목표를 달성하기 위해 컴퓨터의 보급과 연구의 활성화를 적극 추진하였다. 김 위원장 자신이 직접 컴퓨터와 인터넷을 즐겨 다루고 있으며 정상회담 직전 중국을 방문했을 때도 IT 관련 시설들을 돌아보았으며 2001년 초 중국을 다시 방문했을 때도 IT 관련 첨단산업시설에 많은 관심을 표명했다고 한다.[11)]

북한은 기존의 소프트웨어 개발과 관련하여 김일성 종합대학, 김책공대를 비롯하여 각 분야별 전문 연구소들을 중심으로 활발히 진행되고 있으며 우수한 연구 인력을 양성하기 위해 학교를 신설하기도 하고 각급 학교 별로 영재들을 모아 특별 교육을 실시하고 있다. 또한 전자공업성 산하 기구로 추정되는 평양 전자제품개발회사 등에서 컴퓨터를 생산하여 학교 및 산업체에 보급하여 컴퓨터 소프트웨어뿐만 아니라 하드웨어 분야에서도 개발을 활발히 진행하고 있다.

북한은 IT 산업을 통한 기술 발전과 첨단산업 육성이 과학기술의 발전 이외에도 경제적으로도 이득이 될 수 있다고 판단하여 적극적인 관심과 노력을 기울이고 있다. 또한 정보통신산업의 발전을 위해서 남한의 지원과 협력이 필수적임을 잘 이해하고 있다. 실제로 남북정상회담 이후 다른 여타 분야의 경제교류협력에 비해 IT 산업의 남북교류는 매우 활발한 편이며 북한은 이 분야에서의 적극적인 교류협력을 기대하고 제반 조치들도 최우선적으로 강구해온 것도 사실이다. 북한이 남북정상회담이후 형성된 신남북 관계와 9.11 테러 이후 조성된 신세계 질서 하에서 자체 생존과 경제 강국 건설을 위해 IT 산업을 통한 단번도약을 최대의 목표로 설정한 것이다.

북한에서 IT 산업이 김 위원장의 신사고론 구상에 따라 적극적인 현대화가 추진될 경우 향후 남북경협 및 각종 교류사업에서도 새로운 돌파구가 마련될 수 있을 것이다. 금년 하반기부터 IT 산업관련 핵심 인재들을 양성하는 김책공대에서 남한의 대학교수들이 직접 강의를 담당키로 한 것도, 남북한 최초의 합작 대학인 평양과학기술대학이 2002년 6월 드디어 착공된 것도 이러한 북한의 단번도약의 의지를 반영하는 것이라고 할 수 있다.

북한이 IT 산업을 통해 단번도약을 이룩하려는 시도가 지도자의 의

11) 고수석, 박경은, 「김정일과 IT 혁명」 (서울: 베스트북, 2002).

지와 지원 하에 이루어지고 있음은 북한의 산업구조와 경제발전단계, 그리고 사회적 성숙도에 비추어 일종의 단선돌파적 구도를 보여주고 있다. 취약한 농업기반과 낙후된 공업, 그리고 폐쇄적이며 타율적인 사회구조를 유지한 채 가장 선진화된 첨단 IT 산업으로의 단번도약은 단선돌파 식 이행 구도 하에서만 가능한 일이다. 산업화의 제발전 단계에서의 격차를 고려할 때 후진국은 고도성장전략만으로는 선진국을 따라잡을 수 없는 구조적 제약이 있다. 이러한 구조적 조건에서 단번도약은 후발 국가들 사이에서는 대단히 매력적인 발전 전략이다. 북한이 IT 산업에 관심과 노력을 집중하는 것도 바로 그러한 단번도약의 장점과 가능성에 매료되었기 때문일 것이다. 그러나 북한 지도부가 현대 과학기술의 장점은 이해할 수 있는 수준으로 발전하게 되었다고 하더라도 실제 이러한 인식과 특정 분야 기술 축적이 북한의 경제와 사회를 한 단계 도약시킬 수 있기 위해서는 북한의 전반적인 사고체계와 정치경제적 구조 및 구체적 정책 변화를 수반하지 않고는 성사되기가 어려운 것이 사실이다.

서해교전 이후 북한의 태도와 정책변화 및 전망

북한은 지난 6월 29일 서해에서 기습적 군사 도발을 감행한 이후 1달이 채 못 되어 조평통 명의로 '유감'을 표명하고, 이어 개최된 장관급회담 실무접촉과 제7차 장관급회담에서도 이러한 태도를 견지하였다. 북한의 유감 표명 시 사건의 본질을 우발적 사태로 규정한다거나 사태의 해결을 위해 남북한이 공동으로 노력해야한다는 등 우리 입장에서 여전히 미흡한 측면이 있으나 북측이 이례적으로 신속히 사과했고 이후 장관급 회담 및 유엔사-북한군 장성급 회담이 개최되었고, 북미, 북일 대화가 재개됨으로써 남북 관계 및 한반도 정세는 6.29 서해교전 이전의 상태로 복원되었을 뿐만 아니라 한 단계 더 나아가 급물살을 타고 있다고 볼 수 있다.

북한이 이처럼 그들의 도발행위에 대해 유감을 표명하고 그들의 대외관계에서 적극적인 개방의 자세로 나서게 된 이유는 그들의 대내외적 정세 판단과 현실적 필요성 때문이다. 서해교전은 북한이 의도적으로 감행한 도발사건이며 김정일 국방위원장이 어떤 형태로든 연관되어 있는 것은 사실이나 현재 그 정확한 의도와 김 위원장의 개입 정도는 확인할 수 없다. 다만, 서해교전을 통해 북한이 얻고자 했던 것이 있었다면 실제 결과적으로 얻은 것보다 잃은 것이 많은 만큼 어떤 형태로든 사태를 신속히 수습하고자 했던 것으로 보인다.

첫째, 사건 직후 북한은 현 단계에서의 무력 도발은 더 큰 위험을 감수하지 않는 한 의미가 없음을 받아들일 수밖에 없었다. 둘째, 한반도 정세를 순식간에 얼어붙게 한 북한의 무력 도발에 대해 남한 국민들의 대북정서가 북한의 무모함을 질타함을 넘어 그동안 북한에게 도움을 주었던 '햇볕정책'에 대한 전면적 비판으로 돌아서게 된 정세 악화를 북한이 외면할 수는 없었다. 셋째, 서해교전이 우발적 충돌보다는 북한의 의도적 도발로 밝혀짐에 따라 북한에 대한 국제 여론은 급속도로 악화되었다. 미·일 등 서방국가들은 물론 북한의 우방인 중국도 남북한에 대해 중립적인 자세를 표방하는 등 북한으로서는 예상치 못한 결과가 초래되었다. 특히 북한은 부시 행정부 출범 이후 미국과의 실질적 대화 단절로 인해 초래된 불이익의 실체를 체감하는 한편 미국의 소위 '선제공격론' 등 공세적인 군사외교적인 정책에 우려하고 있던 차에 서해교전으로 미국이 특사파견을 즉각 연기하는 등 강경한 반응을 보인데 대해 사건의 당사자로서 해결의 실마리를 마련하지 않을 수 없게 되었다.

북한이 서해교전 발생의 원인과 그 책임자에 대해 명확한 표명은 않고 있으나 서해 도발이 의도한 최소한의 목표(99년 연평해전의 참패에 대한 보복)를 달성했거나 의도하지 않은 역풍이 너무나 거세다고 판단하여 신속한 유감표명을 할 수밖에 없었던 현실적인 상황도 고려하지 않을 수 없다. 미국과의 직접적인 대결이 불가피한 상황을 피해가기 위해 유감표명과 동시에 남북대화 및 북미, 북일 대화의 무조건적 수용 의사를 밝힌 것으로 보인다.

동시에 북한은 7월 초부터 임금, 물가의 대폭적 인상과 함께 각 사업장에서의 실리 보장(지역에 따라서는 농업의 일부 자영 경작 포함) 등 일련의 경제 개혁들을 시행하고 있는데, 이런 조치들이 효과적으로 실시되기 위해서는 첫째, 외부환경이 안정되어야 하고, 둘째 외부로부터의 경제 지원과 협력이 불가피한데 이러한 상황에서 남한을 비롯해 미국, 일본과의 대화 재개는 선결 요건이 될 수밖에 없었다. 김 위원장이 러시아 극동지역을 방문하여 푸틴 대통령과 회담을 갖고, 북러 간 군사·외교 및 경제협력과 시베리아철도 연결 등 중요 안건을 논의할 수 있었던 것도 이러한 남북 관계 및 북미, 북일 간의 관계 개선 노력이 뒷받침되지 않고서는 이루어질 수 없었다.[12)]

북한의 경제 개혁 조치들의 근본 목표와 실천 범위가 불분명하지만 북한이 자력으로 해결할 수 있는 범위내의 조치일 경우 최소한 북한 주변의 정세가 또 다른 분쟁이 야기되지 말아야 할 것은 두말할 필요도 없다. 나아가 좀 더 실질적이고 중장기적인 성장을 위해서는 외부 지원이 관건인데 중국, 러시아 등으로부터의 지원은 한계가 있어 결국 미국, 일본을 비롯한 남한으로부터의 경제적 지원이 필수 불가결한 상황을 감안하지 않을 수 없었다. 이러한 배경과 맥락에서 북한은 서해 도발에 대해 유례없이 신속히 유감을 표명하고 남북대화를 비롯하여 적극적인 북일 정상회담 및 미국 특사인 제임스 켈리 국무성 차관보와의 평양회담 등 대외관계 개선에 나서게 되었다.

북한은 북일 정상회담을 전후하여 신의주 일대를 경제특구로 지정하

12) 이종석, "북한의 신전략과 한반도 정세변화," 「정세와 정책」 제75호(2002.10).

여 각종 제도와 법률을 마련하는 등 많은 변화를 보이고 있고, 더구나 특구지역의 초대 행정장관에 네덜란드국적의 중국인인 양빈을 임명하는 등 획기적인 변화를 보이고 있다. 중국 당국이 양빈을 세금 미납 등 중국내 문제를 이유로 전격 연행하고 현재까지 조사를 벌임으로써 북중 간 미묘한 긴장이 조성되는 등 급격한 북한의 변화에 제동이 걸리고는 있으나 북중 관계의 중요성과 북한의 경제난 등 내부 정세의 절박성 등을 감안할 때 조만간 해결책이 제시될 것으로 보인다.

그러나 문제는 미국 부시 행정부를 비롯하여 일본 고이즈미 내각이 북한이 의도한대로 움직여 줄 것인가 하는 점이다. 현재로선 미국이 북한에 대해 특사를 파견하고 대화를 재개하였지만 대화재개 수준 이상을 기대하기는 어려운 실정이다. 미국 부시 행정부가 북한과의 대화의제로서 제기한 핵사찰, 미사일 문제 등 대량살상무기문제 및 재래식 전쟁 위협 감소, 그리고 북한 내 인권문제 등은 북한으로서 쉽게 수용할 성격이 아닐 뿐만 보다 근본적인 부시 행정부의 대북인식과 접근자세가 바뀌지 않는 한 실질적인 대화마저도 난망인 상태이다. 동시에 미국으로서도 9.11 테러 이후 이라크에 대한 무력 응징 등 현안에 묶여 있어 대북대화가 본격화되기까지는 시간이 걸릴 수밖에 없다. 북일 정상회담에서도 김정일 위원장이 일본인 납치문제에 대해 예상을 넘는 파격적인 수준에서 사실 시인과 사과 및 재발방지를 약속함으로써 일본과의 수교협상은 재개되게 되었지만 납치문제의 일본 내 여론 및 향후 처리문제가 복잡한 양상을 띠게 됨으로써 비록 북일 관계가 미북 관계보다는 속도를 낼 수 있겠지만 고이즈미 내각 하에서의 미일관계 속성상 한계가 있을 수밖에 없다. 또한 남한의 경우 년 말의 대선을 앞두고 현 정부가 '햇볕정책'의 성공적 마무리를 위해 남북대화 및 교류협력을 적극 추진하고자 하나 실질적인 경제적 지원문제는 대선 정국을 감안할 때 북미, 북일 관계에서처럼 당분간 한계가 있을 수밖에 없을 것이다.

따라서 북한으로서는 당분간 대화를 통한 대외적 환경의 우호적 토대를 조성하는데 주력하면서 내부 경제 개혁조치들이 성과를 거둘 수 있도록 전념할 것으로 보인다. 다만 이 경우에도 개혁(변화)조치들이 성과를 거두지 못하거나 신의주 특구구상이 차질을 빚고 내부 경제개선조치들이 물자부족과 과도한 인플레이 현상이 발생하는 등 예상보다 빨리 실패로 귀착한다면 그 파탄의 책임을 남한의 보수 반통일 세력 및 미국 부시 행정부의 대북강경정책 등에게 돌릴 가능성도 배제할 수는 없다.

북한 변화의 특징과 향후 우리의 대응

80년대 이후 사회주의권 국가들의 변화 양상을 보면 마르크스주의 등 이데올로기적 영향의 퇴조, 공산당 중심의 권력구조 및 소련과의 관계를 포함한 국제관계의 변화, 그리고 주민들의 인식 변화와 시민사회의 형성, 소유제와 시장메커니즘을 포함한 경제방식 도입 등이 변화의 주요 요인으로 작용하였다. 이러한 체제 변화의 변수들은 각기 독립적으로 작용한 것이 아니라 상호 영향을 주면서 그리고 그 상호작용에 의해 기존의 사회주의 체제가 변화하면서 다양한 형태의 유형을 창출하였다. 특히 이들 변수들 간의 상호작용에 의해 체제가 변화할 때 개별 사회주의 국가의 지도자 또는 지배 엘리트들의 전략적 선택과 일반 주민들의 입장과 처지, 그들의 지향 가치에 근거하여 그 변화방향과 범위가 결정되곤 하였다.

이러한 변수에 따라 사회주의권의 변화 양태를 회고할 때 정치와 경제 등 사회 전반에 걸쳐 대폭적인 개혁과 개방을 이룩한 구소련과 동유럽 일부 국가들의 체제 전환적 변화와 일부 정치, 사회적 구조의 이완은 허용하였으나 사회주의 체제의 근간을 유지하는 선에서 적극적인 자본주의 시장경제를 도입한 중국과 베트남 등의 부분적인 체제 변화로 구분할 수 있다. 또한 전반적인 체제전환적 변화를 이룩한 경우에도 시민사회의 성장에 따라 정치적 대안세력이 형성됨으로써 집권 사회주의 정부와 타협에 의해 체제가 변화된 중부유럽형과 미약한 시민사회의 형성으로 정통성을 상실한 사회주의 정부가 전복됨으로써 체제가 변화한 동부유럽형, 그리고 집권 엘리트의 자체 판단에 따라, 그리고 집권 엘리트간의 분열 결과 체제가 변화한 소련 형 등으로 세분화할 수도 있다.

사회주의권의 대변혁과 동서독의 통일이라는 역사적 전환기에서 체제를 고수한 채 살아남은 북한은 궁핍함과 체제 붕괴 위협의 공포 속에서도 이 같은 역사적 교훈을 나름대로 해석하고 대응책을 마련하는 데 총력을 기울여 왔다. 그 결과 수령 독재체제에 근간을 둔 북한식 사회주의 체제를 보존하는데 일차적 관심을 두되, 대내외적 환경 변화와 내부 경제의 궁핍함을 타개하기 위한 대담한 변화를 모색하고 있는 것으로 보인다.[13] 작금의 북한의 변화는, 그것이 진성 변화인지 여부에 관계없이, 분명 최고 지도자인 김정일 위원장의 의지와 총체적 지도에 따라 이루어지고 있다. 최측근 일부를 제외하고는 변화의 방향과 구체적 변화 내용마저 이해하지 못할 정도로 변화 추진세력은 제한적인 상황이다. 북한식 사상체제도 사회주의를 유지하면서, 오히려 계몽 군주로서 김정일 위원장의 절대적인 권한은 오히려 더 강화된 상황이다. 경제특구 개발과 경쟁을 통한 성과급제의 도입 노력은 중국식을 따르는 것 같기도 하다. [14]위로부터의 개혁이면서 사상과 제도는 고수하고, 자본주의적 시장기재와 경쟁체제는 도입하면서 급진적이고 '통 크게' 추진

13) 허문영, "최근 북한의 변화 어떻게 볼 것인가," 통일연구원, 충청정치학회 워크샵 발표논문(2002.10.10).

14) 오승렬, "북한 경제개혁 조치의 의미: 중국사례와의 비교," 통일연구원 국내학술회의 발표논문(2002.9.19).

하려고 한다. 따라서 이러한 북한의 변화 실험은 기존의 사회주의권의 변화 노선과는 구별되는 독특한 형태로 역사 경험상 모순될 수밖에 없는 상황과 방식으로 진행될 수밖에 없으며 이에 대한 우리의 대응 역시 과거와는 구별되는 방식이 되지 않으면 안 될 것이다.

향후 북한의 변화 노력이 소기의 성과를 거두기 위해서는 외부로부터의 투자 등 대폭적인 지원과 참여가 있어야만 한다.[15] 이는 북한이 얼마만큼 이들 외부 자본이 안심하고 참여할 수 있는 여건을 조성하느냐, 북한이 한반도의 긴장완화와 대량살상무기문제 등 국제 안보환경에 얼마나 긍정적인 자세로 나올 것인가에 달려있다. 남북 간에 합의된 사항들을 성실히 이행하고, 최근 보도에서와 같이 북한 군대의 감축은 북한이 취해야할 여러 조치 중의 하나가 될 것이다. 동시에 현재 북한 내부에서 진행되고 있는 일련의 변화 조치들에 대해 기존 엘리트와 일반 주민들이 어떠한 반응을 보일 것인가도 중요한 관건이 될 것이다. 경쟁기재의 도입과 개방 등 가치 변화가 확산될 경우 불가피하게 동반될 사회 분화와 보혁 갈등을 변화의 주체들이 얼마만큼 효과적으로 통제할 수 있을 것인가, 또는 변화에 따른 고통과 희생이 약속된 기대 시한까지 견딜 수 있을 것인가가 중요한 과제로 등장할 것이다.

최근 북한의 변화는 지난 2-3년간의 일진일퇴의 정책 변화 시도 결과, 한편으로는 자체 해결이 불가능한 내부의 위기상황과 그리고 또 다른 측면에서 외부로부터의 압박 요인 등이 중첩되어 나타난 것이다. 동시에 남한을 비롯한 중국, 러시아, 일본 등의 우호적인 분위기도 북한 지도부가 내부의 혼란과 갈등을 우려하면서도 새로운 변화의 시도를 감행할 수 있는 요인이 된 것도 사실이다. 그러나 정작 문제는 이러한 변화가 과연 무엇은 위한 변화인지, 그리고 그러한 변화를 통해 한반도에는 어떠한 변화가 초래된 것인지에 대한 냉철한 분석 토대위에서 우

15) 임강택, "북한의 경제정책 변화: 함의와 전망," 안민포럼 발표 논문(2002.9.25).

리, 그리고 주변의 대응이 이루어져야 한다는 점이다.

2000년 남북 정상회담은 남북 정상회담은 분단 50년간의 적대관계를 극복하고 화해협력의 시대를 열기 위한 만남 그 자체에 보다 큰 의미가 있었다. 우리 정부는 우선 양보하고, 경제적 지원과 교류협력을 확대하며, 쉬운 문제부터 처리한다는 일방주의적이고 유화적인 태도를 견지하였다. 그러나 북한이 지속적으로 변화하고, 그 변화가 의미 있는 발전으로 연결되기 위해서는 보다 전략적으로 접근하지 않으면 안 된다. 북한의 경우 비록 초기 단계에서 대내외적 상황에 따라 촉발된 변화라 할지라도 그것이 진성 변화로 이어지기 위해서는 내부로부터의 진정한 변화가 없이는 변화를 지속할 수 없을 것이다. 북한이 보다 장기적인 안목에서 내부 개혁과 남북 및 대외관계에서 실질적 진전을 위한 진성 변화를 도모하여야 한다.

북한이 진성 변화를 도모하기 위해서는 한반도의 긴장완화와 평화구축을 위한 의지의 표명과 동시에 이를 위한 실질적 조치들을 적극 추진하여야 한다. 이러한 북한의 조치들에 수반하여 북한의 사상체계와 수령 독재체제가 근본적으로 이완되는 단계로 변화되어야 한다. 북한의 지도부로서는 고통과 갈등이 수반될 조치들이지만 이러한 조건이 형성되지 않고는 외부로부터의 지원은 물론 내부적인 동력을 확보할 수도 없을 것이다. 동시에 외부로부터 북한에 대한 접근과 지원협력에 있어서도 이제는 대다수 북한 일반 주민들의 처지와 입장이 적극적으로 고려되어야 할 것이다.[16] 이 같은 환경조성과 지원협력이 무계획적이고 낭만적으로 흐를 경우 이는 북한 정부에게도 잘못된 메시지로 작용하고 특히 일반 주민들을 더욱 어렵게 만들 수도 있다는 점을 유의해야 한다.

16) 통일연구원, 「북한의 7.1 '경제관리개선' 조치가 주민생활에 미칠 영향」, 정세분석 2002-05(2002.8).

북한 변화 실상에 대한 균형적인 인식과 정확한 상황 정보를 심층적으로 수집하고 체계적으로 분석하여 향후 북한의 장래뿐만 아니라 남북통일 및 동북아의 평화라는 큰 틀 속에서의 정책 구상으로 이어져야 한다. 이를 위한 입체적, 전략적 접근만이 55년간 굴절되어온 북한 역사를 올바른 궤도 위에 올려놓을 수 있을 것이다.

북한의 외교 전략과 남북 관계 전망

남북 관계의 소강상태와 북한의 전방위 외교

작년 6.15 정상회담이후 활발히 추진되던 각종 대화는 지난 9월 초 남북이 다시금 중단된 제5차 장관급회담과 적십자회담을 재개하기로 전격 합의하기 전까지 북측의 일방적 연기나 무응답으로 개최되지 못하고 있었다. 이번에 개최된 회담에서 구체적 성과가 도출될 가능성도 있으나 남북 경제 분야 교류협력사업 역시 경협실무접촉에서 채택한 투자보장 등 4개 합의서에 대한 후속 조치가 이루어지지 않고 있으며 임진강 공동수해방지사업이나 대북 전력지원사업 등도 타당성 조사의 필요성만 제기된 채 구체적인 사업에는 착수하지 못하고 있다. 김 대통령은 개최 예정인 제5차 장관급회담에서 경의선 복원 사업이 타결될 것으로 전망하고 있으나 북한 측이 합의서 서명을 일방적으로 미루고 공사를 착공하지 않음으로써 당초 개통 예정 시간을 사실상 지키지 못하고 있다.

당국 간 대화 및 사업이 중단된 것과 같이 민간부문에서의 남북 관계 역시 중단되거나 파행을 면치 못하고 있다. 남북 간 교류협력사업의 대표적 성공 사례라 할 수 있는 금강산관광사업은 관광객의 급감과 이에 따른 채산성의 악화로 관광공사의 참여에도 불구하고 사업 규모가 상당히 축소된 상태로 명맥을 이어가고 있다. 금강산과 평양에서 민간 통일단체들을 중심으로 한 개최된 일련의 행사들은 북측의 순수하지 못한 의도와 참여 인사들의 돌출행동으로 파행을 면치 못하고 있고 민간 차원에서 이루어지고 있는 이벤트성 교류협력은 행사에 따른 비용만 증가했을 뿐 성격이나 효과 면에서 6.15 정상회담 이전과 비교할 때 차이가 없는 실정이다. 대북 지원과 관련한 국내 NGO들의 사업도 점차 탄력을 잃어가고 있으며 불필요한 남한 사회 내부에서의 갈등만 증폭되고 있다.

6.15 정상회담에서 남북 정상은 한반도의 평화와 관련한 문제는 합의하지 않았으나 북한이 주한미군의 주둔을 인정했다거나 남북 간 화해, 협력교류를 통해 신뢰구축과 평화체제 건설로 이어질 것이라는 낙관적 견해가 표출되기는 하였다. 그러나 남북 관계의 양대 축인 안보 및 평화구축과 관련하여 남북 간에 아무런 공식적 논의나 협상 창구가 개설되지 못하였으며 오히려 우리 국방백서에 표기된 주적론을 빌미로 북한은 공세적 톤을 유지하고 있으며 간간히 이어오던 주한미군의 우선적 철수 주장은 김정일 위원장의 러시아방문에서 채택된 공동선언을 통해 공개적으로 제기되었다. 북한 선박의 우리 영해 침범과 NLL의 무단 통과 등의 행태로 볼 때 한반도 긴장완화를 위한 가시적인 성과는 나타나고 있지 않다.

그러나 이처럼 남북 관계가 소강상태에서 벗어나지 못하고 있는 상황에서 북한의 김정일 국방위원장이 연초 중국을 방문한데 이어 EU 등 서방국가들과 잇달아 국교를 수립하는가 하면 지난 7-8월 러시아를 방문하여 북러 정상회담을 갖고 이어 9월초에는 중국의 장쩌민 주석이 북한을 방문하여 북중 관계를 돈독히 하는 등 대외적으로 활발한 전방위 외교를 펼치고 있다. 북한이 활발히 진행되던 남북대화를 갑자기 중단한 채 대외관계개선에 적극적으로 나서게 된 데에는 새로 출범한 미국의 부시행정부의 대북정책이 의외로 강경한 데 주로 기인하지만 이에 따른 남북 관계의 전면적인 재검토에도 그 원인이 있다.

한반도 주변 정세의 변화와 북한의 새로운 대외관계 구상

북한은 새로 출범한 미국의 부시 행정부가 클린턴 행정부와는 달리 북한에 대해 강경 입장을 고수하고 있는 데 대해 불만과 동시에 우려 속에 대비책을 강구하고 있다. 미국이 MD를 추진하는 이유가 궁극적으로는 중국을 겨냥하고 있음을 알고 있고 북한이 그러한 미중 갈등의 희생양이 될 수도 있다는 판단을 하고 있으면서도 미국과의 회담이 본격적으로 재개되기까지는 미국에 대한 비난의 수위를 늦추지 않을 것이다. 제네바합의에 따른 경수로건설이나 페리프로세스에 따른 포용정책이 결과적으로 북한에게 명분과 실리 양면에 걸쳐 도움을 주었던 상황에서 그 같은 미국의 대북정책의 기조가 유지되기를 희망하고 있으나 최악의 경우 중국과 러시아의 후원 하에 미국과의 신냉전에도 대비할 각오를 다지고 있다.

북한은 남북대화를 통해 남한으로부터 얻을 수 있는 실리가 지난 6.15공동선언 채택 당시 기대했던 것에 훨씬 못 미치고 있다고 평가하고 있다. 김대중 대통령의 베를린 선언이나 정상회담 등에서 제시했던 전력지원 등 각종 경제협력사업들이 빠른 시일 내에 그리고 대규모로 추진될 가능성이 그리 높지 않은 동시에 시간도 별로 없다고 판단하면서 이에 대한 대응책 검토 차원에서 각종 대화 및 각종 사업의 추진을 정체시켰다.

물론 북한의 체제생존과 경제발전을 위해 북미 관계의 개선이 무엇보다도 시급한 상황에서 남한과의 관계를 더욱 진전시켜 미국의 대북정책 및 대한반도정책에 영향을 줄 수 있는 기회를 모색하려고도 했으나 지난 3월 한미정상회담에서 한미 간의 긴밀한 대북정책 공조방침이 재확인되면서 한편으로는 남한 정부가 보다 적극적으로 대미 설득에 나서도록 압력을 가하기 위한 방편으로 남북 대화 중단이라는 극단적인 방식을 취했던 것으로 보인다. 또한 미국과의 본격적인 회담이 재개되기 전까지는 남북대화를 통한 실질적인 소득이 별로 없을 것이라고 판단하고 있으며 동시에 한국 정부가 지난 수개월 동안 북한의 기대와는 달리 부시 행정부의 대북 정책기조에 상당히 영향을 받고 있다고 평가함으로써 남북 당국 간 대화 거부 등 간접적인 방식으로 불만을 표출하였다고 볼 수 있다.

일본은 기본적으로 미국의 대북정책의 구상에 따라 대북정책을 추진할 것이다. 따라서 현재로서는 획기적인 북일 관계 개선을 기대할 수 없는 상황이며 북미간의 대화가 진전되는 상황에 따라 구체적인 북일 관계의 청사진이 제시될 것이다. 더구나 새로 출범한 고이즈미 내각은 기본적으로 우경화의 성향을 띄고 있어 한국 및 중국과도 불편한 관계를 형성하고 있기 때문에 북한과의 수교협상은 순탄치 않을 것이며 따라서 고이즈미 내각 출범 이후 북한은 대일 비난의 수준을 좀처럼 누그러트리지 않고 있다. 일본은 미국이 중국을 견제하는 MD 정책의 추진에 대해 어떤 우방국들보다 협조적일 것이며 특히 북한의 대량살상무기개발 억제와 미사일 문제에 있어서는 미국보다 오히려 더 민감하게 반응할 가능성이 있으므로 북한은 당분간 일본과의 관계 개선에 적극적으로 나오지 않을 것이다.

탈냉전시대 중국의 대한반도 정책은 남북한 균형외교와 한반도의 현상유지였다. 그러나 작년 6.15 정상회담을 전후하여 중국은 한반도에 대한 자국의 영향력을 확대하는 적극적인 정책으로 선회하고 있다. 동북아지역에서의 새로운 미일동맹체제의 강화에 대한 대응책을 강구하면서 동시에 미국의 중국에 대한 견제에 효과적으로 맞서기 위해 남북한을 동시에 아우르는 장기적인 전략을 추진하고 있는 것이다. 남북 간 화해 및 자주적인 통일노력은 중국의 이해를 가장 잘 뒷받침할 수 있기 때문에 남북 정상회담이 성사되는 데 있어 나름대로의 역할을 충실히 하였다. 금년도 김정일 위원장의 상해 및 북경방문에서 남북 관계진전뿐만 아니라 미국의 부시 행정부의 MD정책 및 대북 강경책에 대해 공동으로 대응하려는 모습 또한 같은 맥락이라고 할 수 있다. 기본적으로 미국에 대하여, 그리고 미일동맹을 축으로 하는 일본에 대하여 견제하려는 중국에 대해 북한은 양국 사이의 관계를 한 단계 격상시켜 냉전시기의 특수 관계로의 복원을 다각도로 모색할 것이다.

러시아는 지난 10년 동안 한반도정책에 관한한 친한국적인 입장을 견지했었다. 남한과의 긴밀한 경제협력관계뿐만 아니라 정치 군사 외교적으로도 비록 기복은 있었지만 적어도 북한에 대해서는 서먹한 관계를 유지하였다. 비록 의회 내 공산당의 약진과 이를 통한 북한과의 우호관계는 지속되었으나 국가 차원에서 북한은 관심의 직접적인 대상이 되지 못하였다. 그러나 강력한 러시아 재건을 표방하고 있는 푸틴 행정부의 출범과 더불어 남북한에 대해 등거리 외교로 전환하는 모습을 보이고 있다. 특히 지난 6.15 정상회담 이후 남한에 대한 영향력을 강화하는 차원에서 북한 카드를 적극적으로 사용하기 시작한 것으로 보인다. 푸틴 대통령의 북한 방문과 새로운 조약의 체결, 그리고 김정일 위원장을 모스크바로 초청함으로써 한반도에 대한 미중의 영향력 확대를 견제하는 한편 국제관계에서의 새로운 미러 관계의 구축을 위해서도 부시 행정부의 MD 구축에 반대하고, 그 효과를 극대화시키기 위해 북한과의 군사적 관계를 복원하는 시도를 하고 있다. 이러한 러시아의 입장과 맞물려 북한은 보다 적극적인 대러시아 외교를 전개함으로써 중국에 이어 강력한 북방의 협력자를 확보하려는 외교 전략을 지속적으로 전개할 것으로 보인다.

김정일 위원장의 신사고와 북중 관계

금년 초 북한은 중국과의 관계 강화를 최우선적인 외교과제의 하나로 선정하였으며 그 배경의 하나로서 '21세기는 거창한 전변의 세기,

창조의 세기이다'라는 제목의 김정일 위원장의 발언을 1월 4일자 로동신문에 게재하였다. 새로운 시대에 새로운 관점에서 국가를 경영하겠다는 김 위원장의 신사고 메시지는 김 위원장이 1월 15일 개혁, 개방에 성공한 중국을 전격 방문함으로써 그 의미에 대해 관심과 비중을 한층 높여주었다.

김 위원장이 신사고를 제기한 배경은 복합적 요인에 기인한 것으로 볼 수 있으나 위기에 처한 북한체제를 회생시키기 위해서는 중국의 정치, 경제적 도움을 최대한 확보하려는데 있다. 우선 북한이 처한 경제적 낙후성과 체제의 비효율성으로 인해 기존의 경제운용방식으로는 도저히 안 되겠다는 평가를 내렸을 것이다. 식량난은 남한을 비롯한 외부의 지원으로 극복이 가능했지만 경제발전은 외부 지원만을 통해서 달성될 수 없다. 주민들에 대한 경제적 동기유발을 허용하지 않고 급속한 과학기술시대에 적응하지 않고서는 경제 강국 건설은 공염불에 그칠 뿐이다. 따라서 '사회주의 건설의 역사적 교훈'에서 체득한 진리인 사상교양사업을 끊임없이 강화시켜나가면서도 이 같은 현실적 상황에 부응하기 위해서 신사고라는 새로운 명제를 제시하였다.

지난 20여 년 동안 개혁, 개방을 추진해온 중국의 사회주의식 발전모델에 대한 새로운 기대감이 커졌을 것이다. 중국식 모델은 기존의 공산당 중심의 정치체제는 유지하면서 시장경제기재를 전면적으로 도입하여 경제발전을 도모하는 동시에 통일문제에 대해서는 일국양제 방식을 적용하는 것인데 이에 대한 북한의 최종 평가가 긍정적으로 나타난 것이다. 과거 사회주의권의 개혁 추진과정에서 기존의 정치질서가 붕괴된 것과 달리 중국의 정치체제는 건재하며 '제국주의자들의 음모'와 '내부의 배신자들의 준동'에도 불구하고 상당기간 유지될 것이라는 전망과 함께 중국이 남한과의 관계개선에도 불구하고 변함없이 북한을 지지하는데 대한 확신이 섰기 때문에 자신 있게 신사고를 제창하였다.

물론 김 위원장의 신사고 제창에 따라 북한이 주민들의 삶의 질을 고양시킴으로써 체제의 안전을 도모하는 중국식 모델을 그대로 따를 것이라고는 볼 수는 없으나 김 위원장의 상해방문에 주요 핵심 측근들을 대동하였으며 이러한 방문 일정들을 북한 내 언론매체들을 통해 전 주민들에게 상세히 보도했던 점은 북한의 의도가 어디에 있었는지를 보여주었다. 또한 베이징을 방문하여 장쩌민 주석을 비롯한 중국의 지도자들과 회동하여 양국의 주요 관심사들을 폭넓게 논의한 것은 북중 관계를 과거의 혈맹수준으로 끌어올리기 위한 김 위원장의 특별한 계산이 있었음을 보여주는 것이다. 동시에 이처럼 신사고제창과 적극적인 중국 견학방문을 통해 중국과 더욱 밀접해지고 있는 북한은 한반도에 대해 영향력을 확대하고자 하는 중국의 이해에도 부합됨으로써 새로운 미중 관계에 따른 동북아정세에 변화를 조성하고 있다.

김 위원장의 연이은 중국 방문으로 다져진 북중 관계는 장쩌민 중국공산당 총서기 겸 국가주석이 9월초 북한을 방문하여 김 위원장과 회담을 갖게 됨으로써 더욱 긴밀해지고 있다. 중국은 북한을 비롯하여 한반도 정세에 대해 적지 않은 영향력을 갖고 있음을 과시함으로써 미국과의 정상회담에서 유리한 입장을 확보하고 하였으며 북한 역시 가장 든든한 후원자인 중국과의 제반 관계를 돈독히 함으로써 남한 및 미국과의 본격적인 대화 재개 시보다 많은 양보를 얻어낼 수 있는 토대를 마련하였다. 장쩌민 주석의 방문과 관련하여 양국이 발표한 보도문을 보면 중국의 대북지원 내역이 상세히 공개되었는가 하면 양국의 전통적인 우호 친선의 관계가 10년 만에 완전히 복원되었음을 과시하고 있음을 알 수 있다. 특히 양국 간의 긴밀한 유대관계를 토대로 북한이 미국과 남한과의 대화에 나설 준비가 되어있음을 천명하고 있다. 북한이 장주석의 방북 전날 남한과의 대화 재개를 요청한 것이나 남한의 장관급회담 개최 요구에 즉각 응답한 것은 이 같은 북중 관계의 진전에 따른 결과라고 할 수 있다.

북·러 모스크바 선언과 새로운 북러 관계

김정일 위원장은 지난 7월 26일부터 시베리아횡단 열차를 타고 러시아 방문길에 올라 8월 4일 모스크바에서 푸틴 대통령과 정상회담을 갖고 북러 공동선언을 발표하였다. 작년 7월 푸틴 대통령의 평양 방문에 대한 답방 형식으로 이루어진 정상회담은 지난 1월 김 위원장의 상해 방문과 북경에서의 북중 정상회담에 이은 또 다른 정상외교의 성과라고 할 수 있다. 남북 관계가 소강상태를 벗어나지 못하고 있으며 북미 관계 역시 부시 행정부 출범 이후 양국이 대화재개에 착수하였으나 실질적인 진전은 아직 이루어지지 않고 있는 반면 중국과의 관계는 과거 수준으로 긴밀해진 상황에서 김 위원장의 모스크바 방문을 계기로 북러가 새로운 공동선언을 채택하는 등 동반자관계를 재확인한 것은 북한의 대외관계에서 새로운 활력소라고 할 수 있다. 즉 김 위원장의 러시아 방문과 북러 정상회담의 성사는 6.15 정상회담이후 가속화되고 있는 북한의 국제사회 진출 노력을 재확인하는 동시에 북한이 전통적인 우방인 중국과 러시아와의 특수 관계를 완전히 복원했음을 의미한다. 특히 러시아와의 관계 강화를 통해 북한으로서는 정치외교 및 군사적인 측면과 아울러 경제적인 측면에서도 커다란 실리가 보장되는 만큼 대단히 중요한 의미가 있기 때문이다.

러시아는 개혁·개방 이후 친서방적 노선을 견지하고 있으나 의회 내에서 공산당이 여전히 강력한 세력을 구축하고 있어 북러 관계의 복원은 북한으로서는 체제유지와 관련하여 우호적인 분위기를 보장받는 한편 지난 10년간 유일한 후원국인 중국에 대해서도 보다 유리한 입장에서 지속적인 지원을 획득할 수 있는 기반을 다지게 되었다고 할 수 있다. 동시에 미국의 미사일방어망구축에 대항하여 러시아의 입장을 공개적으로 지지하는 한편 북한의 미사일문제와 관련하여 러시아의 지지를 확인하고 북한의 주한미군 철수 주장을 러시아가 이해한다는 내용의 공동선언은 향후 전개될 북미협상에서 북한 측이 미국을 압박할 수 있는 강력한 카드를 확보한 것으로 평가할 수 있다.

또한 북한은 김 위원장의 러시아 방문을 통해 군사력을 한층 강화할 수 있는 계기를 마련하였다. 김 위원장은 열차 여행을 통해 러시아 군사력의 핵심 지역을 직접 방문함으로써 북한이 그동안 취약했던 신형 무기들을 도입할 수 있는 통로를 확보한 것으로 보인다. 옴스크의 탱크 공장, 모스크바의 우주항공센터 방문 등은 이러한 김 위원장의 의도를 반영한 것으로 북한이 강력한 군사력을 앞으로도 계속 유지할 것임을 대내외에 천명한 것이다.

김 위원장의 러시아 방문의 또 다른 성과로서 북한의 경제 발전과 관련하여 러시아의 새로운 지원을 확보한 것이다. 지난 10년간 북한 경제 침체의 주요 원인이었던 구소련의 붕괴와 이에 따른 대북경제지원 중단문제가 이번 방문을 통해 해소되는 계기가 마련되었다. 러시아에 대한 채무문제가 해결되고 중단되었던 전력을 비롯한 기간산업에 대한 지원을 재개하기로 한 것은 북한 경제의 재건을 위해 커다란 활력소가 될 것이다. 더구나 시베리아횡단 철도를 한반도에 연결하기로 한 공동선언의 내용은 러시아와 북한 모두에게 적지 않은 경제적 이익을 가져다 줄 것이다. 이처럼 북한경제재건에 대해 러시아의 지원을 확보한 것은 향후 북한이 안정적으로 중장기 경제발전계획을 수립하는데 결정적인 역할을 할 것이다.

남북문제에 대해서 외부세력의 방해를 저지하고자 하는 북한 측 주장이 공동선언에 채택됨으로써 남북철도의 연결과 더불어 한반도에서의 러시아가 보다 적극적으로 개입할 수 있는 여지가 확보되었으며 반면 미·일과의 공조체제는 견제되는 효과를 가져왔다. 다소 시대착오적인 기나긴 열차여행을 통해 러시아를 방문한 김 위원장의 행적이나 모스크바에서의 정상회담 및 북러 공동선언 내용을 보면 그의 방문 여정이 치밀한 계산과 전략 하에 이루어지고 있음을 알 수 있고 동시에 러시아 역시 개혁·개방이후 실추된 역량을 추스르면서 동북아 및 한반도에서의 전략적 이해와 경제적 실리를 최대한 확보하였다고 할 수 있다.

북한의 EU 및 대서방외교

연초 북한은 신년 「공동사설」을 통해 금년도 정책목표와 과제를 제시하면서 대외부문에 있어 "자주권을 존중하는 나라들이라면 그 어떤 나라든지 관계를 개선해 나갈 것"이라고 천명함으로써 활발한 대외수교정책을 전개할 것임을 밝힌 바 있다. 북한은 1980년대 말 사회주의권이 붕괴되고 1990년대 초 러시아와 중국이 남한과 외교관계를 수립하는 등 국제정세가 급변하는 상황에서 「우리식 사회주의」를 고집하면서 상당 기간 폐쇄적 외교 행태를 지속하였다. 그러나 1990년대 말 김정일 체제가 안정 국면에 접어들고 특히 작년 역사적인 남북정상회담을 계기로 적극적인 대외정책, 특히 미수교국이던 서방국가들과의 수교정책을 활발하게 추진하고 있다.

작년에 이어 북한은 올해에도 적극적인 대외수교정책을 추진하고 있다. 북한의 대외수교정책은 특히 유럽연합에 속한 국가들에 집중되고 있는데 작년 초 이탈리아와의 수교(1.4)에 이어 영국(12.12), 그리고 올해 들어 네덜란드(1.15), 벨기에(1.24), 스페인(2.7), 독일(3.1), 룩셈부르크(3.5), 그리스(3.8) 등과 각각 정식 외교관계를 수립함으로써 70년대부터 외교관계를 수립했던 덴마크(73.5.21), 스웨덴(73.5.25), 핀란드(73.6.1), 스위스(74.12.17), 포르투갈(75.4.15) 등을 포함하여 유럽연합 전체 15개 국가들 중 프랑스와 아일랜드만을 제외하고 모두 외교관계를 수립한 셈이 되었다. 또한 EU국가들 외에도 작년 호주와의 외교관계를 재차 복원(5.8)한 이후 필리핀과 수교하였으며(7.12) 금년에는 캐나다(2.6), 브라질(3.9), 뉴질랜드(3.23) 그리고 쿠웨이트와도 외교관계를 수립(4.4)하였다. 더구나 5월초 유럽연합의 의장국인 스웨덴의 페르손 총리가 EU 고위급 대표단을 인솔하여 북한을 방문한 이후 EU차원에서 북한과의 외교관계 정상화를 발표함으로써 개별 국가 차원을 넘어 공동외교안보정책을 추진하는 유럽연합이 북한과의 관계개선 및 협력을 강화하는 계기가 마련되었다는 점에서 북한의 대외수교정책에 있어 또 다른 성과를 거두었다.

이처럼 북한의 활발한 대외수교정책은 우선 북한 내부 정세의 변화와 밀접한 관계가 있다. 북한은 21세기의 급변하는 국제정세의 흐름을 더 이상 외면할 수 없음을 스스로 깨닫게 되면서 오랜 고립과 폐쇄의 빗장을 풀고 국제사회로 나오게 된 것이다. 사회주의 블록이 붕괴된 탈냉전의 시대에 폐쇄 정책을 고집할 경우 시간이 지나면 지날수록 더욱더 만회할 수 없는 수렁에 빠질 것이라는 위기의식이 김정일 위원장을 비롯한 북한 지도층 사이에 형성되었다고 볼 수 있다. 지재룡 부부장이 이끄는 노동당 대표단이 영국, 벨기에, 프랑스 등을 방문(1.27-2.13)하였고 김춘국 외무성 구주국장 등 일행이 독일, 룩셈부르크, 그리스 등을 방문(2.27-3.8)한데 이어 최수헌 외무성 부상이 인솔하는 대표단은 핀란드, 스웨덴, 체코, 폴란드, 독일, 프랑스 등 유럽 6개국을 잇달아 순방(3.19-4.4)한 것도 '여러 나라들과 외교관계가 이루어지고 우리와 선린우호 관계를 맺고 발전시켜 나가려는 것이 막을 수 없는 시대적 추세'라는 북한 측 인식을 뒷받침하는 구체적 실천이라고 할 수 있다.

또한 북한이 적극적인 대서방외교정책을 추진하는 배경은 현재 북한이 처한 경제난과 기술적 후진성을 감안할 때 기존의 자력갱생에만 의존하는 폐쇄적 경제체제를 더 이상 고집해서는 안 되겠다는 평가를 내렸기 때문이다. 자연재해 등 불가항력적인 원인으로 인한 극심한 식량난은 남한을 비롯한 외국 구호단체들의 지원으로 극복이 가능했지만 본격적인 경제발전을 위해서는 서방 선진 국가들의 자본과 기술을 도입하지 않고는 불가능하다. 지난 4월 5일 개최된 최고인민회의 제10기제4차 회의에서 홍성남 총리는 내각의 2000년 사업정형과 2001년의 과업을 보고하면서 새 시대의 요구에 맞는 강력한 국가경제력 건설을 위해 상품수출 확대 등 대외무역을 발전시켜 경제를 활성화하고 세계 모든 나라들과 관계를 발전시키면서 국제기구사업에도 적극 협력할 것을 재차 강조하였던 것도 이를 반영한 결과이다.

이처럼 북한의 활발한 대외수교정책이 성과를 거두고 있는 또 다른 배경은 북한의 정책 변화 못지않게 서방국가들의 대북인식과 정책이 변화했기 때문이기도 하다. 남한의 대북포용정책과 남북 간 화해협력 등 한반도의 정세 변화는 냉전의 잔재가 남아있는 동북아지역의 질서를 평화체제로 전환시킬 수 있는 가능성과 북한의 개방을 통한 이 지역의 새로운 경제 성장 및 시장 형성의 경제적 효용 가치를 높여주었다. 이러한 상황에서 북한을 고립시키기 보다는 국제사회에 적극적으로 동참케 유도하는 것이 동북아 지역질서의 안정뿐만 아니라 북한 내의 인권 및 민주화에도 기여할 수 있을 것이라는 판단을 내렸기 때문이다.

아울러 2차 대전 이후 반세기동안 미·소 초강대국에 의해 좌우되던 냉전체제가 붕괴된 이후 새로운 질서가 모색되는 가운데 유럽 국가들은 새로운 시장 개척과 더불어 국제사회에서의 정치외교적 영향력을 확대하기 위해 아시아로 눈을 돌리고 있다. 그 일환으로 1990년대 중반에 조직된 ASEM 정상회담이 작년 서울에서 개최되었고 여기에서 과거 50년 동안 북한과의 적대적 관계를 지속하던 남한이 정상회담을 통해 북한과 화해의 물꼬를 열었을 뿐만 아니라 나아가 여타 국가들에 대해 북한과의 관계 개선을 적극 권고하는 '서울선언' 채택에 앞장섬에 따라 유럽 국가들이 북한과의 수교에 주저할 이유가 없게 된 것이다.

그러나 유럽연합을 비롯한 서방국가들이 북한과의 수교에 응한 조건들은 아직 북한의 현실에서 구체적인 검증이 이루어진 것들은 아니다. 이들 국가들이 새로운 동아시아의 시장으로서의 북한과의 교역 및 투자를 통해 이익을 얻기까지는 상당 기간이 소요될 것이다. 물론 북한의 경제규모나 현재의 경제난 등을 감안할 때 단기적인 경제 이득을 기대하지는 않고 있다 하더라도 과거 70년대 북한이 서방세계로부터 차관을 도입하여 경제발전을 꾀하였으나 결국 경제운영에 실패하여 많은 부채를 지고 파산선고를 당한 바 있음을 기억해야 할 것이다. 북한이 현재 국제금융기구로부터의 외자유치 능력이 전무하고 자체 인프라 시설이 워낙 열악할 뿐만 아니라 경제정책 역시 개혁과는 거리가 먼 것이 현실이기 때문에 이러한 상황이 근본적으로 개선되지 않고서는 서방국가들의 기대와는 달리 교역이나 경협 부문에서 소규모에 그칠 가능성이 높다. 또한 북한이 서방국가들과의 수교를 성사시키기 위해 약속했던 조건들 역시 약속대로 이행될 수 있을 것인지는 좀 더 시간을 두고 지켜봐야 할 사항들이다. 특히 독일과의 수교 시 독일이 조건으로 제시했던 4가지 사항들은(북한 내 독일 외교관과 원조기관의 자유로운 활동 보장, 원조기관이 원조사업의 진행상황을 직접 지켜볼 자유 보장, 북한 내 독일 기자의 활동 편의 제공 및 원칙적으로 독일 기자의 입국 허용, 북한 측과 인권, 지역안보, 군비축소, 대량살상무기 및 미사일 기술 비확산 문제를 망라한 군비관리 논의 등)비단 독일에만 국한되지 않고 여타 유럽연합에 속한 국가들에게도 적용된다고 할 때 과연 북한이 어떻게 나올 것인지 아직은 불분명한 상황이기 때문이다.

북한의 대외관계 확대와 북미 관계의 개선 전망

정상회담을 통해 남한으로부터 지지를 확보한 북한은 클린턴 행정부하에서 대미관계 개선의 극적인 돌파구를 마련하려 했으나 미국의 정권교체로 인해 새로운 전략을 모색하지 않을 수 없게 되었다. 클린턴행정부 8년 동안 북한은 미국과의 극도의 위기상황을 겪으면서 제네바 기본합의문을 체결하고 페리프로세스에 입각하여 단계적으로 관계개선을 이룩하였다. 북한으로서는 미국으로부터 체제 보장을 받아내는 동시에 미사일과 핵문제 등에 있어 보상을 통한 해결, 대규모 식량지원 및 대북경제제재완화 등 경제적 지원을 얻어내는 성과를 거두었으며 역사상 최초로 미 국무장관이 평양을 방문하여 김 위원장과 회담을 하고 클린턴 대통령의 방북도 거의 성사 직전까지 진전되는 등 적지 않은 성과도 거두었다.

그러나 클린턴 행정부와의 미사일 문제를 포함한 전반적인 관계 개선문제가 마지막 단계에서 좌초된 이후 새로 출범한 부시 행정부는 북한과의 모든 협상 의제들을 원점에서 재검토하는 동시에 이미 합의한 사항들에 대해서도 엄격한 상호주의와 검증의 필요성을 제기하고 있어 북미 관계의 개선은 계속 난항을 겪고 있다. 동시에 힘을 바탕으로 한 외교정책을 강조하는 미국이 더 이상 북한에 끌려 다니지 않을 것임을 천명하는 등 강경기조를 유지함으로써 부시 대통령의 대화재개 선언에도 불구하고 뉴욕에서의 실무접촉은 가시적인 성과를 도출하지 못하고 있다.

이러한 미국의 입장과 대북정책 방향에 대응하여 북한으로서는 제네바 기본합의는 유지하면서 북미회담을 재개하여 클린턴 정부와 논의되었던 미사일문제를 해결하고 점차 북미 관계 전반적인 정상화를 위해 노력하되 전력 보상 문제 우선 협의를 제기하는 등 협상에서의 유리한 입장을 확보하기 위한 노력을 지속하고 있다. 또한 MD정책을 고수하고 있는 부시 행정부가 표적으로서의 북한에 대한 강경정책을 포기하지 않고 있는 상황에서 중국, 러시아 등과 항미 전선을 구축하려는 노력과 함께 페라손 총리와의 회담 및 러시아 푸틴 대통령과의 회담 등에서 일정 기간 미사일발사 유예 등을 언급함으로써 미국에 대한 대화 제스처도 병행하여 전개하는 등 협상 재개에도 강한 의지를 표명하고 있다.

남북 관계의 실질적 개선과 향후 과제

북한이 남북정상회담에 응한 가장 큰 이유는 심각한 경제난을 타개하기 위해 남한의 지원과 협력이 유일한 돌파구라는 점과 김대중 정부의 일관된 포용정책에 신뢰가 생겼기 때문이다. 인도적 차원의 대북지원을 제외하고 현실적으로 북한에 대해 경제적 지원을 해줄 수 있는 국가가 남한뿐이며 비록 중국이 지원해 줄 수도 있으나 한국과 비교할 때 덜 매력적인 조건에서 가능할 뿐임을 북한도 잘 알고 있다. 김대중 정부가 역대 한국 정부 중에서 북한에 대해 가장 우호적인 정책을 추진하고 있다는 점도 고려되었을 것이다. 남한으로부터 북한이 처한 에너지난, 식량난, 외화난 등 3대 경제난을 해결할 수 있는 경제적 지원을 최대한 획득하면서 공세적 차원에서 체제 유지를 달성할 수 있다고 판단하였던 것이다.

동시에 북한은 남한과의 협상 의제 및 그 수준에 대해 사전에 분명한 한계를 설정하였으며 또 그것이 가능하다는 판단을 하였기에 정상회담을 통한 남북 관계 개선 방식에 응하였다. 정상회담에서 남북 관계의 개선 분위기를 과시함으로써 단기적으로 대미관계 개선의 돌파구를 마련함과 동시에 유리한 위치에서 미국과의 미사일문제를 비롯한 전반적인 관계정상화를 위한 협상을 진행하고 장기적으로는 주한미군 철수를 도모하고자 했을 수도 있다. 특히 클린턴 행정부와의 협상을 통해 이룩한 제네바 북미기본합의문과 페리프로세스 등의 성과를 기정사실화할 수 있는 남북정상회담은 추후 미사일협상이나 북미 관계개선협상에서 경제적 실리를 획득하는 동시에 체제보장을 통해 북한체제의 복구를 위한 시간을 벌 수 있으며 궁극적으로 이러한 분위기 속에서 주한미군 철수가 이루어질 경우 북한의 오랜 꿈을 현실화할 수 있기 때문이기도 하다.

남북정상회담 이후 김정일 위원장은 중국 장쩌민 주석과의 일련의 정상회담을 통해 북중 관계를 강화하였고 푸틴 러시아 대통령과 2차 정상회담을 성사시킴으로써 북중 관계에 이어 북러 간 긴밀한 관계를 재확인하였다. 그러나 현재 미국의 대외정책이 국가미사일방어망 구축에 큰 비중을 두고 있기 때문에 자칫 국제관계의 새로운 경색과 군비경쟁이 촉발될 위험성도 있다. 이러한 상황에서 미국의 MD 구축의 가장 큰 배경과 대상이 되는 북한이 기존의 입장을 변경하지 않은 채 중국과 러시아와 관계강화를 통해 항미 전선을 구축에만 관심을 둔다면 이는 남북 관계개선 및 한반도 평화체제 건설에 심각한 장애 요인이 될 것이다. 제2차 남북정상회담이 성사될 경우 이는 김정일 위원장의 역사적 한국 방문이라는 의의 못지않게 미, 중, 일, 러의 복잡한 이해관계가 걸려 있는 중요한 사안으로서 북한은 대미관계 등 대외정책을 융통성 있게 조절해나가는 것이 필요하다. 그렇지 않을 경우 점증하는 주변국의 영향력 경쟁 속에 오히려 신냉전 체제 형성의 가능성도 배제할 수 없다.

북한으로서는 신냉전 구조의 형성이 단기적으로 북한체제의 생존, 특히 수령 유일체제의 보존에는 도움이 될 수 있지만 중장기적으로 북한체제의 진정한 발전을 위해서는 역효과를 초래할 것이며 궁극적으로는 중국, 러시아와의 관계 진전에도 도움이 되지 못할 것이란 점을 인식해야 한다. 현재 미·중, 미·러 관계가 새로운 부시 행정부의 출범 이후 양자 간 상호 의지와 역량을 탐색한 이후 미국의 입장이 정리되면서 거시적 차원에서 상호 이익을 제고하기 위해 평화와 협력을 추구하는 정책을 추구할 가능성이 높다. 중국의 새로운 지도층의 등장과 WTO체제 가입 등으로 국제 규범과 질서를 존중할 가능성이 높으며 러시아 역시 푸틴 대통령의 지도력이 안정될 경우 자유민주주의와 시장경제체제가 탄력을 얻게 될 것이므로 미·중, 미·러 간의 갈등 국면에서 조성되었던 북한의 대외정책의 이점은 효력을 상실하게 될 것이다. 따라서 북한은 보다 장기적인 안목에서 내부 개혁과 남북 및 북미 간 실질적 관계 개선을 위한 진정한 정책 변화를 이룩해야 할 것이다. 그럴 경우 남북 간

협력 및 한반도 평화의 굳건한 토대가 구축되고 북한체제의 생존과 성장발전에도 도움이 될 수 있을 것이다.

북한이 오랜 고립을 벗어나 서방국가들과 적극적인 외교관계를 수립하고 국제사회의 책임 있는 구성원으로서 참여의 폭을 넓혀나가는 것은 북한 자체를 위해서도, 또 한반도 및 동북아지역의 평화와 번영을 위해서도 대단히 긍정적인 일이다. 남북한이 오랜 불신과 반목을 청산하고 서로 화해와 협력을 위해 노력하는 것과 마찬가지로 북한이 서방국가들을 비롯하여 전 세계 모든 국가들과 우호적인 관계를 유지하는 것은 북한이 체제 위협의 공포를 털어버리고 낙후된 경제를 재건하는데 많은 도움을 얻을 수 있는 기회가 될 것이다. 북한이 국제사회의 규범과 질서를 존중하고 이에 적응하려는 노력은 과거 북한이 국제사회에 보여주었던 위협적이고 예측 불가능한 국가라는 이미지를 씻어버림으로써 그만큼 더욱 많은 지원과 협력을 끌어낼 수 있을 것이다. 따라서 북한은 냉전시대의 대립적, 전술적 차원에서의 국제관계 운영방식을 탈피하여 실질적이고 보다 중·장기적인 차원에서 구체적인 정책 변화를 추구해야 할 것이며 약속한 사항에 대해 성의 있는 실천을 통해 국제사회에서 꾸준히 신뢰를 쌓아가는 노력을 보여줄 때 북한이 적극적으로 추진하고 있는 대외수교정책의 진정한 결실을 거둘 수 있을 것이다.

우리 정부가 당면한 과제는 6.15 정상회담 이후 조성된 남북 간 화해와 교류의 분위기를 지속적으로 발전시켜 나가기 위해 곧 재개될 남북당국 간 대화가 각 분야별로 순조롭게 진행하면서 합의된 각종 남북 협력사업이 실질적인 성과를 도출해 내도록 노력하여야 한다. 김정일 위원장의 서울 답방이 성사되고 이산가족문제가 면회소 설치를 비롯해 보다 확대되고 제도화되어야 할 뿐만 아니라 남북경협문제도 상호 이익이란 보다 합리적인 방식에 따라 추진될 수 있도록 북측에 대한 설득작업과 동시에 우리 측도 충분한 사전 조사와 조정이 뒷받침되어야 한다. 특히 우리의 대북정책을 수행함에 있어 우리 내부의 다양한 견해를 정책에 적극 반영하는 노력을 기울이는 동시에 국회에서 여야 간 심도 있는 논의가 이루어질 수 있도록 투명성을 제고하고 동시에 언론을 통한 여론수렴에 보다 전향적인 자세를 보여주어야 할 것이다.

남북문제를 원활히 진행시키면서 동시에 한반도의 평화체제를 구축하기 위해서 한미일 3국간 공조체제를 적극적으로 활용하여 북한의 핵과 미사일문제 그리고 북한경제 재건을 위한 국제사회의 지원을 획득할 수 있어야 한다. 이러한 점에서 새로 개편된 통일외교안보팀은 보다 유기적인 협조와 균형 있는 역할 분담을 통해 우리의 대북협상력을 제고하고 중국, 러시아와의 협조 강화 및 우방국, 특히 부시 행정부와의 이해의 폭을 넓혀나가는데 적극적인 노력을 기울여야 할 것이다.

미국의 대북정책 변화와 미북 관계

2007년 북핵문제를 둘러싼 동북아 정세가 급변하고 있다. 지난 해 12월 22일 베이징에서의 6자회담이 BDA 문제에 걸려 아무 성과 없이 중단되었으나 금년 1월 16일 6자회담 미국 대표인 크리스토퍼 힐 차관보와 북한 6자회담 대표인 김계관 부상이 베를린에서 전격 회동하면서 북핵문제 해결은 급물살을 타기 시작했다. 크리스토퍼 힐-김계관 회담에서 북핵문제 해결을 위한 양국 간 입장이 조율된 후 2월 8일 베이징 6자회담이 재개되었고 13일 회담을 종료하면서 북한을 포함한 6개국은 2.13 합의를 도출하는데 성공하였다.

2.13 합의는 2005년 9.19 공동성명 이행을 위한 1단계 조치에 대한 합의로서 북한의 핵시설을 60일 이내에 폐쇄, 봉인하고 향후 불능화조치를 거쳐 궁극적으로 북한 핵을 폐기하자는 약속이다. 북한이 핵폐기 1단계 조치를 이행하는데 대해 나머지 6자회담 참가국들은 최초 5만톤의 중유를 북한에 제공하고, 북한이 핵시설을 불능화 시킬 경우 중유 95만 톤에 해당하는 대가를 추가 제공하기로 하였다. 북한은 IAEA의 감시를 수용하며 HEU를 비롯한 모든 핵프로그램을 신고하게 되어 있다. 북핵 불능화 및 폐기에 상응하는 경제적 지원문제를 비롯하여 한반도 비핵화, 북미 관계정상화, 북일 관계 정상화 및 동북아 평화체제 구축 등에 관해서는 5개 실무그룹회의를 구성하여 구체적으로 논의하기로 하였다. 1단계 초기이행조치가 완료되면 2단계 불능화조치에 진입하면서 6개국 외무장관 회담을 개최하는 등 관련국 간의 정치적 신뢰관계를 공고히 하면서 북핵문제 해결뿐만 아니라 보다 근본적인 동북아 정세변화의 기틀을 마련하기로 하였다.

2.13 합의는 북핵문제의 평화적 해결을 위한 첫 단계 조치이다. 북한

은 2002년 10월 제2차 북핵 위기가 발생한 이후 영변의 핵시설을 재가동하여 지속적으로 플루토늄을 생산해 왔으며 2005년 9.19 공동성명에도 불구하고 2006년 10월 9일 핵실험을 강행함으로써 한반도의 긴장을 지속적으로 고조시켜왔다. 북핵실험은 국제사회의 평화와 안전을 심각히 훼손하는 도발적 행위로서 국제사회의 규탄과 제재를 불러왔음에도 문제 해결을 위한 돌파구가 쉽사리 마련되지 못했음을 감안한다면 2.13 합의는 분명 국제사회 특히 6자회담 참가국들의 외교적 성과이다.

2.13 합의는 북핵문제의 평화적 해결을 위한 주요 전기를 마련하였다. 그런데 앞으로 2.13합의에 따라 북핵문제가 해결되고 한반도에 평화체제가 구축되기 위해서는 몇 가지 문제에 대해 살펴 볼 필요가 있다. 2.13 합의가 도출되는 과정에서의 미국 부시 행정부의 대북정책, 또는 대북정책의 변화에 대한 이해는 향후 북핵문제 해결뿐만 아니라 북핵문제 해결 이후 더 크고, 보다 근본적인 문제의 해결에 대한 이해의 수준을 제고해 줄 것이기 때문이다. 향후 2.13 합의는 근본적으로 북미관계 개선과 맞물려 추진될 수밖에 없을 것인데 이에 따른 문제점을 살펴보고 과제들을 사전에 검토해 봄으로써 정책 개발을 위한 공론화 작업에 기여하고자 한다.

미국 부시 행정부의 대북정책 변화

2.13 합의는 북한 김정일 정권의 정책적 결단에 기인한 측면도 있으나 미국 부시 행정부의 정책 변화가 무엇보다도 중요했다. 첫째, 부시 행정부는 북핵문제 해결을 위해 기존의 6자회담뿐만 아니라 미북 양자회담을 병행 추진하기로 정책을 변경하였다. 제2차 북핵문제가 제기된 이후 북한은 미국과의 양자회담을 줄기차게 요구하였으나 부시 행정부

는 일관되게 다자회담을 고집하였다. 부시 행정부가 북미 양자회담을 거부한 이유는 제1차 북핵 위기 시 클린턴 행정부가 취했던 북미 양자 협상 방식에 대해 비판적이었기 때문이다.[1] 북미 양자회담을 통해 제네바합의를 도출하였음에도 불구하고 북한이 합의 사항을 준수하지 않고 비밀리에 핵개발을 추진한 것은 전적으로 양자회담에서의 합의가 북한에 대해 충분히 구속력을 발휘할 수 없었기 때문이라고 판단했기 때문이다. 양자 간 합의 내용이 애매한 측면도 있었지만 합의문을 북한이 자의적으로 해석해 추후 재해석 논란이 불가피했던 점도 부시 행정부가 양자회담을 기피한 이유이기도 하였다.

부시 행정부가 북한과의 양자 간 직접 협상을 반대한 또 다른 이유는 북한이 농축우라늄계획을 통해 핵을 개발하였는데 이러한 북한을 상대로 또다시 양자회담을 한다는 것은 그 자체가 북한에 대한 보상 행위로 간주하였기 때문이다. 같은 물건을 두 번씩 중첩되게 거래한다는 것 자체가 있을 수 없다는 인식을 부시 행정부는 매우 강하게 갖고 있었다. 만약 북한과의 핵문제 해결을 위한 담판에 미국만 홀로 나설 경우 모든 책임과 부담을 떠안을 수밖에 없다는 현실 인식도 양자회담을 거부한 이유이기도 하다. 9.11 테러 이후 대테러 전을 수행하는 과정에서 관련 국가들과의 공조를 통해 역할과 부담을 나눠 갖는 편이 훨씬 효과적이고 합리적이라는 판단 하에 북핵문제 해결에 있어 다자회담을 고집했으며 결국 9.19 공동성명을 도출해 내는 데까지 성공했던 것이다.

그러나 막상 9.19 공동성명을 이끌어내는 데에는 성공했으나 실질적으로 북핵문제 해결을 위한 실질적 이행과정에 진입하는 데는 다자협상 만으로서는 역부족이었다. 미국 부시 행정부는 6자회담의 틀 속에서 북한과의 대화나 접촉을 시도하기는 하였으나 결국 금년 초 베를린회담에서 최초의 의미 있는 양자회담을 통해 2.13 합의라는 북핵문제 해

1) 박영호, 『한미 안보관계의 변화와 북미 관계의 전망』 (서울: 통일연구원, 2006), p.112.

결의 돌파구를 마련하였으며 미북 관계정상화를 위한 실무그룹회의를 수용하여 3월 초 미국 뉴욕에서 북미 양자회담을 개최하게 되었다.

둘째, 부시 행정부는 2.13 합의를 통해 북핵문제 해법에 있어 단계적이고 점진적으로 해결하는 방식을 수용하였다. 부시 행정부는 제2차 북핵문제가 제기되자 북한의 책임을 물어 제네바 합의의 원천 무효를 선언하였다. 따라서 부시 행정부는 북한에 대한 근본적인 불신과 함께 핵문제의 민감성을 고려하여 북핵문제의 완벽한 해결을 목표로 설정하였다. 북한의 핵개발 계획이 완전히 폐기되어야 함은 물론 그 같은 계획이 다시는 추진될 수 없도록 철저한 재발 방지책을 마련하고자 하였다. 이 같은 맥락에서 부시 행정부는 북핵문제 해법의 목표는 완전하고 검증가능하며 돌이길 수 없는 폐기(CVID, Complete, Verifiable and Irreversible Dismantlement)라야 한다고 주장했었다.

그러나 부시 행정부는 북한의 핵문제를 해결함에 있어 CVID에 입각한 완벽한 핵폐기를 목표로 설정하더라도 현실적으로 이 같은 목표를 달성하는데 단계를 설정해 점진적으로 추진하지 않으면 안 될 상황임을 받아들이게 되었다. 2.13 합의가 9.19 공동성명에 명시된 모든 북핵 프로그램과 핵무기를 폐기하는데 1단계 초기이행조치임을 명시하게 된 것도 이 같은 부시 행정부의 대북 핵정책 변화의 산물이었다.

2005년 4차 6자회담에서 합의된 9.19 공동성명이 합의 발표 직후 교착상태에 빠졌던 것은 북핵폐기 수순에 관한 북미 간 이견 때문이었다. 협상 타결 직후 새로운 난관을 조성함으로써 이득을 극대화하려는 북한의 고질적 협상행태도 문제였으나 CVID 원칙을 고수하려는 부시 행정부의 경직성도 북핵문제의 타결에 도움이 되지 못하였다. 부시 행정부는 제2차 북핵문제가 발생한 직후 북한의 불법 행위는 용납할 수 없는 배신행위이며 따라서 북한이 불법 행위를 중지하고 한반도 비핵화 원칙과 제네바 합의에 따라 핵을 폐기해야만 상응하는 보상을 해줄 수 있다는 입장을 CVID 원칙과 함께 고수하였다. 그러나 결국 부시 행정부가 CVID를 고수하면서도 북핵문제를 단계별로 구분하여 쉬운 것부터 해결하기로 정책을 선회함으로써 돌파구가 마련될 수 있었다. 2.13 합의는 향후 북한의 핵폐기 수순에 따라 상응하는 조치들을 담고 있는데 소위 행동 대 행동의 원칙에 따라 북핵 시설의 폐쇄, 불능화, 핵프로그램의 신고와 검증 그리고 모든 핵프로그램의 폐기 단계로 나아가게 될 것이다.

셋째, 부시 행정부는 북미 베를린 회담을 통해 북한에 대한 적대시 정책 대신에 북한 정권을 인정하는 전향적인 정책 전환을 단행함으로써 5차 6자회담에서 2.13 합의를 성사시켰다. 9.19 공동성명 직후 단행된 미국의 대북금융제재조치인 소위 BDA 문제는 북핵문제를 급속히 악화시키는 원인이 되었다. 미국의 주장대로 BDA 문제는 법적인 문제이며 북한의 불법 금융거래는 북핵문제와 별개로 해결될 사항이지만 북한은 BDA 문제를 북한에 대한 적대시 정책의 산물이자 북핵문제 해결의 시발점으로 간주하였다. 따라서 BDA 문제 해결 없이는 9.19 공동성명에서 합의된 북핵 해결을 위한 조치들을 추진할 수 없다는 것이 북한의 입장이었다. 이에 대한 부시 행정부의 입장 역시 매우 원칙적이고 완고하여 결국 북핵문제는 18개월 동안 공전되었고 그동안 북한은 미사일 시험발사와 핵실험 등 일련의 강경책을 구사하면서 핵 위기를 심화시켰다. 베를린 회담에서 부시 행정부는 BDA 문제를 정치적으로 일괄 타결함으로써 북핵문제의 장애 요인을 제거할 것을 약속함으로써 2.13 합의를 성사시켰다.

미국이 BDA 문제를 정치적으로 해결하기로 한 것은 북한 정권을 더 이상 타도하거나 교체의 대상으로 간주하지 않겠다는 정책 변화의 산물이다. 부시 행정부는 출범 직후 북한에 대한 전면적인 검토 과정에서 북한 정권을 최악의 독재 정권으로 규정하였다. 특히 부시 대통령으로서는 수백만의 주민들이 굶어 죽는 상황에서 김정일과 같은 독재자는 (호의호식하며) 외부와 단절된 채 폐쇄 정권 유지에만 혈안이 되어 있는 것을 용납할 수 없었다.[2] 9.11 테러가 발생하자 북한을 이란, 이라크와 함께 '악의 축'으로 매도하면서 극도의 증오와 불신감을 갖게 되었다. 이 같은 상황에서 북한이 비밀리에 핵을 개발하고 급기야 제2차 북핵문제가 발생하자 궁극적인 해결책은 북한 정권의 교체를 통해서만 가능할 것이란 인식을 굳히게 되었던 것이다.

북한이 핵을 온갖 위험을 무릅쓰고 개발하고 6자회담에서 비타협적 자세를 굽히지 않은 것은 미국에 대한 불신과 적대감의 소산인 측면을 간과할 수 없다. 북한으로서는 한반도에서의 군사적 대치 상황뿐만 아니라 부시 행정부 하에서 추진된 선제공격의 주된 타깃으로서의 위기의식도 크게 작용하였다. 미국과의 근본적인 신뢰관계가 조성되지 않는 한 미국의 공격으로부터 자신을 방어할 수 있는 최상의 무기는 핵무기뿐이라는 인식을 지울 수 없는 것도 현실이었다. 북한이 핵개발을 추진하는 과정에서 미국에 의한 불가침 확약과 북미 관계정상화를 줄기차게 요구한 배경이기도 하다.

부시 행정부는 북한 정권에 대한 부정적 인식을 근본적으로 바꾸지는 않았다. 그러나 북한 핵문제 해결이라는 보다 긴급한 과제를 해결하기 위해서라도 북한 정권에 대한 입장을 수정하지 않을 수 없었다. 김정일 정권을 타도하거나 교체하는 것이 현실적으로 매우 어려운 과제이기도 하면서 동시에 북핵문제 해결을 위해 반드시 필요한 과제가 아닐 수도 있다는 인식을 하게 된 것이다. 북한 핵문제를 해결하기 위하여 김정일 정권과의 대화와 협상은 불가피하며 동시에 북핵문제를 해결하는 과정에서 북한 정권의 성격이 보다 덜 위험한 정권으로 변화할 수도 있다는 입장으로 선회하게 되었다. 정권 교체 보다는 정책의 변화를 모색하기로 한 것이다.[3]

---

2) 박영호, 『미국의 한반도 정책과 통일문제』 (서울: 통일연구원, 2004).

3) Victor D.Cha and David C. Kang, Nuclear North Korea: A Debate on Engagement Strategies(New York: Columbia University Press, 2003), p. 161.

넷째, 부시 행정부의 대북정책 변화는 미국의 전반적인 외교정책의 변화와 연관되어 있다. 탈냉전이후 유일 초강대국이면서 9.11 이후 대테러전쟁을 수행 중인 미국은 외교정책의 주요 목표는 핵 확산의 방지와 테러집단에 의한 미국 본토 공격 가능성을 차단하는데 있다. 부시 행정부가 북한에 대한 강경 정책을 고수한 이유는 북한의 핵 무장을 우려하는 동시에 그들이 개발한 핵물질을 비롯한 대량살상무기를 테러집단에 넘겨줄 위험성이 높은 국가로 판단했기 때문이다. 북한은 외화를 획득하기 위해 무슨 짓이든 할 수 있는 정권으로 간주하여 북한에 대한 압박을 늦추지 않았다.

부시 행정부는 미국의 국익을 위해서나 지구화의 도전을 미국 혼자의 힘만으로 해결할 수 있다고 믿었거나 필요하면 무력을 비롯한 모든 수단을 동원해야 된다고 믿었다.[4] 힘이 있을 때 힘을 사용하지 않는 것은 더 큰 위험을 자초할 수도 있다는 네오콘의 주장이 설득력을 발휘하였다. 더구나 이 같은 주장은 '악의 축'에 대한 일방주의적 입장을 정당화하였다. 민주주의와 시장경제의 확산을 통해 평화를 보장할 수 있다는 주장은 이라크 전쟁을 통해 더욱 확산되었으며 적어도 이라크 문제가 수렁에 빠지기 전까지는 부시 행정부의 변함없는 대외정책의 근간이 되었다. 테러와의 전쟁을 통해 구축된 미국식 이상주의는 북한에 대한 정책에서도 그대로 적용되었다.

부시 행정부 제2기를 맞아 대외정책이 변화하면서 북한에 대한 정책도 변화하기 시작하였다. 일방주의적인 외교정책에서 강대국과의 전략적 협력을 중시하는 현실주의적 외교정책으로 선회하면서 부시 행정부는 중국과의 협력에 더욱 무게 중심을 두게 되었다. 중국과의 긴밀한 협력은 북핵문제 해결에서의 중국의 위상과 역할이 강화되는 계기가 되었으며 이와 동시에 부시 행정부는 북한에 대한 대담한 접근 방안을

4) 리처드 하스, 장성민 역, 『미국 외교정책의 대반격』 (서울: 김영사, 2005).

본격적으로 검토하게 되었다. 9.19 공동성명은 중국의 적극적인 중재 역할에 기인한 것이며 북한 핵실험 이후 북중미 3국 간 비밀 회동도 결국 중국의 주선으로 가능했던 것이다. 미국의 대외정책의 변화는 북한에 대한 미국의 정책 변화를 가능케 하였으며 2.13 합의로써 그 결실을 보게 되었다.

미국의 대북정책 변화 배경

미국 부시 행정부의 대북정책이 변화하면서 2.13 합의라는 북핵문제의 평화적 해결을 위한 돌파구가 마련되었다. 부시 행정부의 대북정책이 변화된 가장 현실적인 이유는 부시 행정부 2기의 출범과 함께 미국 대외정책의 기조와 리더십의 변화에 기인한다. 부시 행정부 1기와 비교할 때 부시 행정부 2기는 대외정책에 있어 공화당의 전통적인 현실주의적 입장으로 재조정되었다. 현실주의는 대외정책의 목표를 국가 이익의 관점에서 설정하고 추진 방식으로 외교적 해법에 중심을 두고 있다. 악의 축이나 독재정권의 물리적 교체보다는 국가 이익을 실현하기 위하여 현실을 관리하는데 초점을 두고 있다. 일방주의적 방식보다는 세력균형을 선호하고 강대국 간의 관계를 중시함으로써 지엽적인 문제를 해결하고자 한다.

부시 행정부 2기에서 미국 대외정책 사령탑은 콘돌리사 라이스 국무장관을 중심으로 급속히 재편되었다.[5] 부시 대통령의 신임을 바탕으로 외교와 협상을 중시하는 현실주의자인 라이스 국무장관은 대외정책 전반을 대테러전쟁 수행 과정에서 추진되던 네오콘 식의 일방주의적 접근 방식을 배제해 나갔다. 라이스 국무장관은 로버트 졸릭 부장관과 니

5) 김국신, 『부시 행정부의 대북 핵정책 추진 현황과 전망』 (서울: 통일연구원, 2005), p.61.

콜라스 번스 정무차관, 필립 젤리코 자문관 등 현실주의자들의 자문을 받아 대외정책의 기조를 수정해 나갈 수 있었다.

부시 행정부의 대외정책, 특히 대북정책이 급속히 현실주의적 접근 방식으로 변화할 수 있었던 것은 2006년 11월 미국 중간선거에서 공화당이 패배하고 민주당이 상하 양원을 지배하게 되었기 때문이다. 미국 중간선거에서 민주당의 압승은 2개 차원에서 부시 행정부의 대북정책에 영향을 주었다. 첫째, 미국 내 여론이 부시 행정부의 이라크 전 수행 방식이 잘못되었음을 지적하는 동시에 부시 대통령 자신의 지도력에 결정적인 타격을 주었다. 임기를 2년 남겨두고 있는 부시 대통령으로서는 남은 임기를 효과적으로 마무리하기 위해서 이라크 전 수행의 핵심 인물인 럼즈펠트 국방장관을 즉각 경질하지 않을 수 없었으며 럼즈펠트의 퇴진은 북한에 대한 강경 입장을 주도하던 리더십의 퇴장을 불가피하게 하였다. 부시 행정부 내에서는 체니 부통령이 북핵문제를 주도하는 최고위층 인물이지만 럼즈펠트가 물러난 상황에서 체니 부통령의 영향력은 상대적으로 제한될 수밖에 없고 결국 라이스 국무장관이 대북정책의 리더십을 발휘할 수 있는 발판이 마련된 것이다.[6] 둘째, 미국 중간선거 이후 부시 대통령은 북핵문제 해결에 있어 북미 양자협상을 비롯하여 과거 제네바 합의와 같은 대북 포용정책을 요구하는 민주당 주도의 의회를 상대하지 않을 수 없게 되었다. 이라크 문제를 비롯한 대내외 정책 전반에 걸쳐 민주당의 협력을 모색할 수밖에 없는 부시 대통령으로서는 기존의 대북 강경책 대신에 협상을 통한 북핵문제 해결에 임하게 된 것이다.

북핵문제 해결을 비롯한 대북정책에 변화를 초래한 또 다른 이유는 부시 행정부가 직면한 대외관계의 암울한 현실에서 찾을 수 있다. 이라크 문제에서 헤어나지 못하고 있는 부시 행정부는 이란 문제와 중동 문

6) "The Weight of the World," TIME, February 19, 2007.

제 등 시급히 해결해야 할 난제들을 안고 있으며 이들 문제 해결에 집중하기 위해서도 북핵문제의 안정적 관리가 무엇보다도 중요해졌다. 지난 4년 반 동안 북핵문제는 부시 행정부를 괴롭혀 온 난제인 동시에 부시 행정부로서도 전력을 기울일만한 주요 현안이 되지는 못했다. 반면에 이라크, 이란 및 중동 문제와 같이 복잡하고 어려운 현안들에 비하면 북핵문제 해결은 정책 전환이 이루어지면 비교적 손쉽게 업적으로 부각될 수 있는 사안일 수도 있다. 북한이 비록 이란 등과 연계되어 있기 하지만 전략적 측면에서 고립된 국가이며 관련 국가들인 중국과 한국이 북핵문제 해결에 적극적으로 나서고 있는 점도 부시 행정부의 대북정책 변화를 촉진하는 요인이 된다.

부시 행정부가 북핵문제 해법에 있어 정책 전환을 감행한 이유는 북한이 핵실험을 단행하였다는 사실이다. 핵실험을 단행함으로써 부시 행정부는 클린턴 행정부의 대북정책과 제네바합의 체제를 비판하였지만 결과적으로 자신은 핵 확산도 막지 못했고 북한의 핵 무장력만 증강시켜주었다는 비판을 피할 수 없게 되었다. 반면 핵실험으로 북한은 미국 등 국제사회의 제재에 직면하였지만 그만큼 국제사회의 주목을 받았다. 핵실험이라는 고강도 압박에 부시 행정부가 굴복했다고 볼 수는 없지만 북핵문제 해결의 절박성을 그만큼 더 절실히 인식하게 되었다는 점에서 북핵실험은 부시 행정부의 정책 변화를 이끌어낼 수 있었다. 북핵실험 이후 개최된 5차 6자회담에서 미국 측 대표인 힐 차관보가 회담 기간 내내 미국의 협상안이 부시 대통령의 의지를 담은 것임을 강조하였고 회담 종료 후 북한 대표단이 평양 최고지도부의 결심을 받아 협상 재개가 가능할 것임을 시사하곤 하였다. 2007년 1월의 베를린회담은 북한 지도부가 이 같은 미국 대통령의 의지를 확인한 결과 성사될 수 있었다.

2.13 합의 이행과 북미 관계

2.13 합의에 따라 3월 7일 김계관 북한 외무성 부상 일행이 뉴욕을 방문하여 1차 북미 관계 정상화 실무그룹회의가 개최되었다. 이 자리에서 북미 양국은 2.13 합의 이행 의지를 재확인하는 한편 6.25 전쟁 이후 지속된 양국 간 적대관계를 종식하고 향후 북미 관계 정상화를 위한 중장기 로드맵에 대한 폭넓은 의견 교환을 하였다. 북미 양국의 국교 수립까지 해결되어야 할 과제들이 적지 않으나 북핵 위기를 극복하고 한반도 안정과 항구적 평화를 정착시킬 수 있는 첫걸음을 내딛었다는데 큰 의미가 있다. 2002년 10월 북한의 우라늄농축을 통한 핵개발 문제가 제기된 후 북미제네바합의가 파기되고 급기야 2006년 10월 북한이 핵실험을 강행함으로써 한반도에 긴장이 고조되고 북미 관계가 파국으로 치닫던 위기 상황을 상기하면 북미 관계가 신뢰관계를 바탕으로 선순환의 과정에 진입한 것으로 해석할 수 있다.

북핵문제가 해결 국면에 접어들고 아울러 북한과 미국이 오랜 적대관계를 청산하고 관계 정상화를 위한 발판이 마련된 배후에는 미국 부시 행정부가 현실주의 외교 노선으로 선회하고 있음을 감지한 중국과 남한 정부의 적극적인 중재 노력을 빼놓을 수는 없다. 중국과 한국 정부는 부시 행정부의 정책 변화가 진정성을 갖고 있음을 북한 당국에 적극적으로 설득하였고 북한은 핵문제 해결을 통해 북미 관계를 개선함으로써 체제 안전을 보장받고 필요한 경제적 지원을 받을 수 있다고 판단한 것 같다. 핵실험을 통해 오랜 숙원이던 핵무기를 보유하게 된 북한으로서는 한층 유리한 입장에서 북미 평화협정체결과 함께 북미 관계정상화를 이룩할 수 있는 동시에 핵폐기 과정에서 엄청난 경제적 보상을 받아낼 수 있기 때문이다. 현실주의 외교노선으로 선회하면서 획기적 업적이 필요한 부시 행정부의 유화적 입장이 변하기 전에 일단 협상에 임하는 것이 유리할 것이란 전술적 판단도 했을 것이다.

그러나 북한과 미국이 북핵문제 해결을 전제로 관계정상화 협의에 착수하였으나 그 과정에서 해결되어야 할 난제들이 숱하게 가로놓여 있다. 향후 모든 문제의 관건은 북한 핵의 완전한 폐기와 한반도 비핵화에 달려 있다. 2.13 합의 이후 60일간의 초기조치 이행을 통해 영변 원자로 등 핵시설이 폐쇄, 봉인되고 국제원자력기구의 감시단의 감시와 검증 절차가 이루어지면 북한은 5만 톤의 중유를 공급받게 된다. BDA에 묶여 있던 불법 자금 전액을 해제했음에도 불구하고 동결되었던 2500만 불 전액이 자국의 계좌로 이체되기 전까지 어떠한 대화나 협상에도 응하지 않겠다는 버티는 북한의 아직은 완고한 태도에서 초기이행조치의 완전한 성사 여부조차 자신할 수 없는 것이 현실이다. 폐쇄된 핵시설에 대한 국제원자력기구의 감시가 이루어지더라도 폐쇄 여부를 적극적으로 확인하는 검증 작업에 대해서는 추가 협상이 필요하게 될 것이다. 2단계에서 북한은 중유 95만 톤 상당의 경제, 에너지, 인도적 지원을 받는 대신 모든 핵프로그램의 내용을 신고해야 하고, 동결된 핵시설을 불능화 하여야 한다. 신고는 전적으로 북한의 판단과 양해 아래 이루어질 것이어서 협상과정에서 논란이 예상되고 모든 핵시설과 프로그램의 블능화 조치도 불능화조치에 대한 구체적 합의가 없는 한 매우 불완전한 상태에서 핵폐기 작업에 착수할 수밖에 없다. 궁극적으로 북한은 2005년 9.19 공동성명에서 합의된 핵무기를 포함한 기 추출된 50여 킬로그램 상당의 플루토늄 핵물질과 농축우라늄개발계획 등 모든 핵프로그램을 폐기해야 한다. 그러나 이 단계에서 해결되어야 할 사항들은 앞서 쉬운 문제들과는 질적으로 달리 협상과정에서 많은 난항이 예상되고 있다. 농축우라늄개발계획에 대해 북한이 미국이 제시하는 증거들에 대해서만 소극적으로 답변할 경우 결국 문제가 장기화되거나 미국의 북핵 해결의 목표 여하에 따라 앞서 BDA 문제 해결에서와 같이 양국 간 퇴로를 열어주는 방식으로 해결될 가능성이 있다.[7]

북한은 핵폐기 과정에서 북미 관계정상화와 함께 경수로 건설을 비롯한 대규모 경제지원 등을 조건으로 협상에 임할 것으로 보인다. 현재까지 북한의 협상 태도나 대표단의 언급으로 미루어 볼 때 북한은 핵무기와 여타 핵프로그램을 분리해서 접근하고 있다. 북한이 김일성의 유훈임을 내세워 한반도 비핵화 의지가 있음을 강조하고는 있으나 과연 힘들게 온 국가 역량을 경주하여 개발한 핵무기를 실제로 폐기할 의지나 실행 정책이 수립되어 있는지 확실치 않다. 만약 북한이 핵폐기를 향한 일련의 단계들을 성실하게 밟아나갈 경우 북핵문제 해결은 물론 북미 관계정상화를 위한 협상 역시 순조롭게 진행될 것이지만 그렇지 않을 경우 심각한 난관에 봉착하게 될 것이다.

북핵문제 해결과 함께 북미 관계정상화에 임하는 북한과 미국의 입장 차이 역시 양국 간 수교에 있어 걸림돌이 될 수도 있다. 6.25 전쟁 이후 적대관계를 유지해 온 북한과 미국이 관계를 정상화하기 위해서는 양국 간 신뢰 구축과 상호 이해관계가 선행되어야 한다. 불과 얼마 전까지 '악의 축'이나 '철천지 원쑤'로 적대시하던 양국이 2.13 합의를 전후하여 급속히 관계를 개선한다고 해서 그간의 앙금을 말끔히 씻어내고 진정으로 화해하고 신뢰관계를 구축할 수 있을지 아직은 미지수이다. 북미 양국이 신뢰를 바탕으로 수교 협상에 착수하더라도 북핵 폐기는 물론 테러지원국 지정 철회나 대량살상무기 개발 중단 등 선결되어야 할 사항들이 적지 않다. 지난 3월 초 1차 북미 관계정상화 실무그룹회의에서 테러지원국 지정 철회나 적성국 교역금지법 해제 등에 대해 법적, 제도적 문제들을 논의하긴 했으나 실제 테러지원국 지정이 철회되기 위해서는 최소한 일본인 납치문제가 해결되어야 하는 등 어려움이 많다. 아울러 미국은 북한의 인권문제 개선을 북한과의 관계정상화 논의 과정에서 반드시 제기할 것이다.

미국이 북한을 테러지원국 명단에서 삭제하고 북한이 인권문제 개선

---

7) 이종석, "2.13 합의 이후 한반도 정세," 제38차 통일전략포럼 발제문(2007.3.28).

에 진전을 보이더라도 북미 관계가 즉각 정상화되는 것은 아니다. 북미 간 수교과정에서 한반도 정전체제를 종전체제로 바꾸는 문제가 해결되어야 한다. 북핵문제가 북미 간 평화협정 체결이전에 해결될 가능성은 있지만 한반도 비핵화가 선행되지 않고 북미 관계정상화는 이루어지지 못할 것이다. 일부에서 제기되는 것처럼 북한이 인도나 파키스탄처럼 핵무기를 보유한 채 미국과의 관계정상화를 기대하기는 남북 관계나 한반도에 대한 미국의 정책을 고려할 때 실현되기 어려울 것이다.[8] 다만, 북핵문제의 완전한 해결과 북미 관계정상화는 북미 간 동시 행동 원칙에 입각하여 일괄 타결될 가능성도 있으나 북한은 이 과정에서 한미동맹 해체나 주한미군 철수문제 등을 놓고 미국을 상대로 적극적인 외교 공세를 펼 가능성이 높아 향후 난항이 예상된다. 미국과 전쟁을 치렀던 중국과 베트남이 미국과 국교를 수립하는 과정에서 오랜 협상 기간이 소요되었던 점도 북미 간 수교협상이 단기간에 종료되기 어려울 것이란 예상을 뒷받침하고 있다. 더구나 중국과 베트남의 경우 등소평의 개혁개방이나 도이모이정책 등 실질적인 체제 및 정책 변화가 가시화된 시점에서 미국과의 관계정상화가 이루어졌다는 점을 감안할 때 북미수교에 이르는 과정이 결코 순탄하지 만은 않을 것이다. 따라서 북한의 전격적인 체제 개혁이 단행되지 않는 한 부시 행정부 임기 내 북미 관계정상화가 완료되거나 부시-김정일 단독 정상회담 개최 가능성은 상대적으로 낮다.

실제 1994년 제네바 합의에서 미국과 북한은 관계정상화를 위한 협상에 착수했었으나 양국의 수도에 연락사무소를 설치하는 문제에서 북한의 소극적 입장으로 관계정상화 논의가 중단된 적이 있다. 북미 관계정상화를 위한 실무회담 대표인 김계관은 관계정상화 논의에서 북한은 국교 수립 이전에 연락사무소를 설치하는 등 단계적인 관계 정상화 수

---

8) 「연합뉴스」(2007.3.31).

순에 부정적인 입장을 보였다고 한다. 관계정상화 이전에 평양에 미국 연락사무소가 개설되는 것이 부담스럽기도 하였지만 관계정상화를 위한 협상에서 핵문제에 집중하면서 핵카드를 최대한 활용하고자 하는 전략적 의도도 포함된 것으로 보인다.

2.13합의 30일이 경과한 3월 15일을 전후하여 BDA의 북한계좌에 대한 전면 해제가 이루어졌다. 2.13합의에 따라 구성된 5개 실무그룹회의도 예정대로 베이징에서 연쇄적으로 개최되어 2단계 조치를 포함한 북핵문제 해결을 위한 실무 현안들에 대한 논의가 이루어졌다. 그러나 정작 6차 6자회담은 북한의 BDA 계좌 동결자금이 북한은행계좌로 송금되는 문제가 지체됨으로써 파행 끝에 결국 3월 22일 중단되었다. 2.13 합의에 따른 초기이행조치가 순조롭게 이행될 경우, 4월 14일 이후 개최될 6자회담 외무장관회담을 전후해 라이스 미 국무장관의 북한 방문이 실현되어 북미 관계정상화를 향한 협상이 탄력을 받을 수도 있을 것으로 예상되었으나 북한의 완고한 협상태도로 보아 라이스 장관의 방북도 순탄하지만은 않을 것으로 보인다.

북한으로서는 북미 관계정상화를 핵무기 못지않은 강력한 체제보장책으로 간주하고 있다.[9] 미국과 국교를 수립할 경우 미국의 군사적 위협으로부터 벗어날 수 있을 뿐만 아니라 남한을 비롯한 중국, 일본 등 주변 강대국들의 간섭 역시 벗어날 수 있기 때문이다. 동시에 미국과 관계정상화를 통해 국제사회로부터 경제지원을 안정적으로 제공받을 수 있기 때문에 북한으로서는 향후 미국과의 협상에 총력을 기울일 것이다. 이에 비해 북한과의 관계정상화 문제에 있어 핵문제 이외에 뚜렷한 이해관계가 부족한 미국으로서는 관계정상화를 단순히 북한에 대한 시혜나 보상으로만 간주하여 수교협상에 전력을 기울이지 않을 가능성

9) "미북 접촉 막후 비화: 김계관-핵 전면 폐기한다, 미국은 뭘 줄래?" 「월간 조선」 (2007년 4월호).

도 있다.

북미 관계 정상화를 통해 얻을 것이 많은 북한으로서는 협상력을 극대화하기 위한 모든 수단과 방법을 동원하여 미국을 압박할 것이다. 일단 초기이행조치를 완료한 후 2단계 불능화조치에서 최대한 실리를 확보한 연후에 플루토늄, 농축우라늄개발계획, 그리고 핵무기 폐기 등 각 현안별 협상 단계에서 매우 강경한 자세로 미국을 몰아세울 것이다. 북한문제의 조기 해결과 북미 관계정상화에 대한 안이한 접근은 북핵문제의 완전한 해결도, 북미 관계의 건전한 정상화도 어렵게 만들 것이다.

이제까지 북미 관계를 돌아보면 미국의 섣부른 기대와 낙관, 그리고 조급증은 북한의 대미협상의 최적의 환경과 조건이 되어왔다. 부시 행정부가 북한체제의 조기 붕괴에 대한 기대나 김정일 정권의 교체를 포기하고 북미 수교에 진지하게 접근한다면 이는 북핵문제 해결 못지않게 한반도 및 동북아에 새로운 질서를 구축하는 중대한 현상 변화가 될 것이다. 북핵문제를 다루는 과정에서 부시 행정부의 대북정책 변화 배경과 내용을 종합할 때 북한과 같이 절대 권력자가 중장기 전략 목표를 모든 가용한 자원을 자유자재로 동원하는 체제와 대등한 입장에서 협상하기는 쉽지 않을 것이다. 무엇보다 국내 외 여론을 의식하고 국내제 권력집단과 타협하면서 정책 목표를 달성해야 하는 미국적 환경에서 이미 레임덕 시기에 접어든 부시 대통령은 더욱 어려움을 겪게 될 것이다. 따라서 부시 행정부로서는 임기 내 북핵 완전 해결이나 북미 관계정상화 등을 외교적 업적 달성을 위한 목표로 설정하기 보다는 기대치를 한층 낮추고 보다 신중한 자세로 북핵문제 해결과 북미 관계정상화 문제를 전략적으로 다루어야 할 것이다.

변화하는 해외동포사회와 북한의 정책

기본원칙

북한은 해외동포들에 대해 일찍부터 관심을 갖고 그들을 위한 법적, 제도적 장치를 마련하고 있다. 정권수립 이후 북한이 가장 관심을 갖는 해외동포는 주로 일본에 거주하는 재일동포들을 지칭한 것이지만 60년대 초 연방제 통일방안을 제시하면서 통일전선구축을 위하여 이들 해외동포들에 대한 정책을 적극적으로 추진하였다. 다만 현실적으로 냉전시기 재일동포사회를 제외하고 북한이 해외동포들에 대해 접근할 수 있는 길이 극히 제한되어 있었을 뿐만 아니라 미주나 유럽 등의 해외동포들은 대부분 분단 이후 남한에서 살다가 이주한 사람들이었기 때문에 적극적인 관심 표명에도 불구하고 실질적인 성과는 별로 없었다. 또한 같은 사회주의권 국가인 중국과 구소련에 250만 동포가 거주하고 있었으나 오히려 사회주의 형제국에 거주하고 있는 까닭에 이들 동포들에게 북한은 최근까지 큰 관심을 기울이지 않았다. 다만 냉전체제가 급속히 해체되고 남한의 적극적인 북방정책이 추진되자 이에 대한 대응 차원에서 해외동포정책을 재정립하였으며 최근 들어 남북한의 화해분위기가 조성되면서 해외동포사회에도 변화가 확산되자 이에 편승하여 새로운 차원에서의 해외동포정책 추진을 모색하고 있다.

북한체제의 정통성 확보

북한은 사회주의 헌법 제1장 정치편 제15조에 "조선민주주의인민공화국은 해외에 있는 조선 동포들의 민주주의적 민족권리와 국제 법에서 공인된 합법적 권리와 리익을 옹호한다."로 규정함으로써 해외 동포들에 대한 정치적 입장을 선언하고 있다. 또한 헌법 제5장 공민의 기본 권리와 의무의 첫 번째 조항인 공민의 자격과 조건에 대한 규정을 담은 제62조에 "조선민주주의인민공화국 공민이 되는 조건은 국적에 관한 법으로 규정한다. 공민은 거주지에 관계없이 조선민주주의인민공화국의 보호를 받는다."로 규정하여 국적법에 따라 북한의 공민으로 인정된 자에 대해서 해외에 살고 있더라도 법적으로 내국인과 동등한 권리와 의무가 있음을 명시하고 있다. 이는 북한이 해외에 있는 모든 조선공민들의 권리를 옹호하고 북한 공민으로서의 그들의 권리와 이익을 보호하기 위한 것이라는 데 의의가 있음과 동시에 해외 공민들은 북한에 대하여 혁명투쟁과 건설사업을 위하여 적극 지지할 것을 유도하고 있는 규정이라고 할 수 있다.[1)]

북한은 1963년 채택·공포한 국적법에 따르면 '인민공화국 창건 이전에 조선의 국적을 소유하였던 조선인과 그의 자녀로서 본법 공포일까지 그 국적을 포기하지 않은 자'는 모두 국한 공민으로 인정한다고 규정하였다. 이는 해외동포가 거주국의 국적을 가지고 있더라도 조선 국적을 포기하지 않았거나 북한 정권수립 이전의 국적을 소유했던 자 모두를 북한의 공민으로 인정하는 포괄적 성격의 규정으로서 북한이 해외동포에 대해 적극적인 포용의 의지를 가지고 있음을 나타낸 것이라 할 수 있다.[2)] 아울러 1995년 개정된 국적법에서는 무국적자에 대해 배려하고 있는 국제적 추세에 따라 이들이 국적을 취득하고 공민으로 인정하는 내용을 법률적으로 명확히 규정하였으며 외국에 일시 체류하는 공민에 대해서도 거주하는 공민과 같이 국가의 보호를 받을 수 있는 조항을 신설하기도 하였다.[3)]

1) 「〈조선민주주의인민공화국 사회주의헌법〉 해설」(평양: 인민과학사, 1973), p. 76, 재인용, 최종고 외, 「북한의 법과 법이론」(서울: 경남대극동문제연구소, 1988), p. 99
2) 김용찬, "북한의 민족정책," 「민족연구」 제2호(1999.3.1), p. 32.

항일 민족주의와 통일전선 구축

북한이 일찍부터 해외동포, 특히 재일동포들에게 관심을 갖고 적극적인 지원정책을 추진한 이유는 항일무장투쟁 경력이 있는 김일성 주석의 개인적 관심과 의지가 많이 작용하였다. 조총련의 문헌에 따르면 김일성은 정권 수립 이전인 1946년 12월 이미 재일동포들에게 서신을 보내 재일동포들을 격려하고 그들에게 임무가 주어져 있음을 일깨워 주었다고 한다.[4] 재일동포들은 북한 정권 수립 직후인 1948년 12월 정권 수립을 축하하기 위해 '재일조선인경축단'을 구성하여 평양을 방문하여 김일성과 첫 대면을 하였다. 이 자리에서 김일성은 대표단들에게 '재일동포들은 영광스러운 조국-조선민주주의인민공화국의 해외 공민으로서 공화국정부주위에 굳게 단결하여 신흥자주국가 국민으로서의 높은 기개와 자랑을 가지고 살아나가야 할 것'이라고 결연한 감회를 표시하면서 재일동포들에게 북한의 해외공민 지위를 부여 하였다.[5] 이후 김일성은 교시를 통해 '조선민주주의인민공화국 정부는 60만 재일동포들을 포함하여 해외에 있는 모든 조선공민들을 보호하며 그들의 민족적 권리를 옹호하는 것을 자기의 신성한 의무로 간주하고 있다'고 지적함으로써 해외동포들의 합법적인 민족적 권리와 이익을 옹호하기 위해 북한 당국이 적극적인 대책들을 추진하도록 독려하였다.[6]

북한이 해외동포들에게 관심을 갖고 적극적인 정책을 추진하고 있는 것이 순수한 민족주의적 동포애 차원에서 동포들이 거주지에서 민주주의적 권리와 이익을 보장받도록 지원하는데 그치는 것은 아니다. 북한은 초창기부터 해외동포들을 북한정권 주위에 결집시켜 통일전선을 구축함으로써 한반도 통일에 유리한 여건을 조성하는데 더욱 많은 노력

---

3) 김용찬, "남북한의 재외동포 정책," 「민족연구」 제5호(2000.9.1), pp. 73-74.
4) 「수령님과 해외동포」(동경: 조국사, 1992), pp. 3-5.
5) 「수령님과 해외동포」, p.7.
6) 「김일성저작 집」 21권, p. 540.

을 기울였다. 대남적화통일을 달성하기 위해 3대혁명역량을 강화하는 데 해외동포가 교량적 수단으로서 활용도가 높고 가치가 크다는 점을 일찍부터 간파하였기 때문이다. 따라서 북한의 해외동포정책의 핵심적 목표는 분산되어 있는 해외동포들을 조직화하여 이들이 남한 내 혁명역량 강화와 북한의 통일방안 등을 실현하기 위한 투쟁에 앞장서게 함으로써 통일의 기반을 구축하고 각 동포들의 거주국에서의 정치활동을 통해 이들 국가들이 북한에 대해 적대정책을 추진하지 못하도록 하는 동시에 국제사회에서 북한의 외교활동이 유리한 여건 하에 전개될 수 있도록 하는데 있으며 이를 위해 적극적이고 조직적인 동포정책을 추진해온 것이다.[7] 실제 1955년 결성된 조총련은 그 조직 강령 제1조에 '우리는 재일 전체동포를 조선민주주의 인민공화국 정부 주위에 총집결시킨다.' 로 규정하고 있으며 김일성도 '외국에 가서 살더라도 조선 사람은 조선혁명을 위하여 투쟁해야 한다'고 주장함으로써 재일동포들이 조선의 혁명위업실현에 이바지해야 한다는 점을 우선적으로 강조하였다.[8] 동시에 김일성은 '재일동포들은 외국에 살고 있으니만큼 더욱이나 민족대단결을 위하여 노력...광범위한 통일전선을 이룩하여...조국의 통일독립과 자신들의 민주주의적 민족권리를 위하여 싸워야 한다'는 지적을 통해 북한 중심의 통일국가 건설을 위해 국내에서와 같이 해외동포사회 내에서의 민족대단결의 기치 하에 통일전선을 구축할 것도 지시하였다.[9]

연방제 통일방안과 대서방접근

북한은 연방제 통일방안을 제안하고 진영외교를 탈피하여 비동맹 및

---

7) 백영옥, "민족공동체 구성과 한민족의 미래," 「남북화해와 민족통일」(서울: 을유문화사, 2001), p.265.

8) 「수령님과 해외동포」, p.10.

9) 「수령님과 해외동포」, p.11.

서방국가들과의 관계를 적극 모색하던 70년대에 들어와 재일동포뿐만 아니라 미주 및 유럽에 거주하는 해외동포들에 대한 포섭정책을 본격화 하였다. 1972년 7.4 공동성명에서 통일의 3대원칙으로서 자주, 평화, 민족대단결을 관철시키면서 민족대단결의 주요 구성 집단으로서의 해외동포를 적극 활용하기 시작하였으며 1973년 6월 23일 조국통일5대강령을 발표하고 해외동포들을 포함하는 대민족회의를 개최할 것을 제안하기도 하였다. 1973년 박정희 대통령의 6.23선언으로 남한은 할슈타인원칙을 폐기하였고 이어 북한은 1973년 9월 사상 처음으로 유엔에 상주대표부를 개설하여 대유엔외교와 대동포정책에서 일대 전기를 마련하였다.[10] 북한은 유엔에서의 지위 향상과 대서방외교의 강화는 뉴욕에 주재한 상주대표부를 중심으로 미주 지역의 한인동포사회에 대한 진출을 촉진하는 계기가 되었으며 이후 유럽지역의 한인동포사회에까지 확대되었다.

북한의 미주 및 유럽지역의 동포사회에 대한 접근은 현지의 친북교포단체들을 조직하여 북한체제 및 김일성·김정일에 대한 찬양 등 선전과 포섭 작업을 시작으로 점차 거주국의 국적을 가진 동포들의 북한 방문을 주선하는 등 사업 영역을 확대해 나갔다. 김일성은 1980년 10월 제6차 당 대회에서 고려연방제 통일방안을 제안하였는데 동 방안대로 연방공화국을 창립하고 조국통일을 실현하기 위해서 '북과 남, 해외에 있는 모든 조선동포들이 사상과 제도, 당파와 정견의 차이를 가리지 말고 조국통일의 기치 아래 하나의 민족 대통일전선에 굳게 뭉쳐 투쟁하여야 한다'고 주장함으로써 통일사업에서의 해외동포들의 역할과 지위를 비중 있게 제기하였다.[11] 이러한 연방제 통일방안 제안의 후속조치로 북한은 고려연방제 창립준비위원회 구성을 위해 북·해외동포 간 예

---

10) 정규섭, 「북한외교의 어제와 오늘」(서울: 일신사, 1999), p.136.

11) 「김일성 저작집」 제35권, pp.355-356.

비회담 소집을 제의하는 등 해외동포를 통일의 주요 세력으로 끌어들이는 작업을 본격화하였다. 이후 북한은 연방제 통일방안을 내세워 새로 조직된 친북단체들 뿐만 아니라 기존의 친남한교포 단체들까지 포섭을 확대하여 대남전략 및 혁명역량 강화를 위한 정책을 지속적으로 추진하였다.

사회주의 형제애와 생존전략

그러나 북한의 해외동포정책은 80년대 말 사회주의권이 붕괴되고 남한의 북방정책이 성공적으로 추진되면서 새로운 시련과 도전에 직면하게 되었다. 과거 우리 동포 인구 중 2/5 정도가 거주하는 중국 및 구소련 등 사회주의 국가들이 탈사회주의화하고 남한과의 유대를 급속히 강화해나가자 북한의 해외동포정책은 과거 어느 때보다 위축되고 수세적인 입장으로 바뀌게 되었다. 이 같은 상황에서 북한은 1991년 남한과 유엔에 동시 가입하고 1992년에는 남북한 평화공존을 지향하는 「기본합의서」를 채택하였다. 이어 1993년 최고인민회의 제9기 5차 회의에서 김일성 주석이 직접 구술했다는 「민족대단결 10대강령」을 채택하여 제9항에서 남북한과 해외동포들이 조국통일을 위하여 서로 연합할 것을 제안함으로써 한소 및 한중 수교에 따른 국제사회에서의 외교적 고립과 남한으로의 흡수통일을 저지하고 해외친북단체들을 동원하여 통일전선을 구축함으로써 체제를 유지하는 데 총력을 기울였다.[12] 더구나 국제사회에서의 남한의 위상이 급속히 높아지는 것과는 정반대로 북한은 김일성 주석의 사망과 유례없는 식량난 등 경제위기를 겪게 됨으로써 중소 등에 새로 친북조직을 결성하면서 동포들이 이탈을 막기 위한 노력을 경주하였으나 북한의 해외동포정책은 최대의 위기를 맞게

12) 김태일·전상인, 「'조국통일을 위한 전민족대단결 10대강령'과 북한의 대남정책」 민족통일연구원 통일정세분석 93-04(1993.7), p.21.

되었다. 2000년 6.15 공동선언 이후 민족대단결과 연방제 통일이라는 통일 의제를 중심으로 해외동포정책을 지속하고 있으나 과거와 같은 활력은 회복하지 못한 채 체제생존을 위한 수세적인 입장에서 새로운 변화를 모색하고 있다.

추진기구 및 조직[13)]

당 통일전선부와 외곽 단체

북한의 해외동포정책을 담당하는 기구는 해외동포들의 권리와 이익을 보호하기 위해서 외무성과 해외공관이 일상적인 업무를 수행하고 있으나 실제로는 노동당과 내각 산하의 전문 부서에서 담당하고 있다. 노동당 중앙위원회에서 해외동포사업과 관련한 원칙과 방침을 정하지만 구체적인 정책을 결정하고 집행하는 것은 담당 전문부서에서 시행하고 있다. 가장 핵심적인 부서는 해외동포사회가 북한의 통일전선의 주요한 축을 형성함으로써 이를 총괄하는 대남사업담당비서 산하 통일전선부(통전부)를 꼽을 수 있다. 통전부는 1978년에 설치되어 남북대화 및 각종 통일전선공작을 주로 담당하고 있으며 해외동포들은 하부 조직인 해외담당 과에서 주로 담당하고 있다.

아울러 통전부 산하 외곽단체인 조국평화통일위원회(조평통), 조국통일연구원, 조선아세아태평양평화위원회(아태평화위)가 중심이 되어 해외동포사회를 대상으로 통일전선을 구축하는 사업을 추진하고 있다.

---

13) 북한의 해외동포정책의 가장 성공적인 사례인 조총련사업은 김일성이 직접 주요 정책 방향에 대한 지침을 하달하고 이후 권력을 승계한 김정일도 직접 지시하는 체제로 운영되고 있어 여타 지역의 해외동포사업과는 그 성격과 비중이 다르므로 재일동포정책 추진 기구와 조직에 대해서는 다음 장에서 보다 상세히 다루고자 한다.

1961년에 조직된 조평통은 당의 노선관철과 통일전선전략 업무를 수행하기 위하여 북한의 정당·사회단체와 각계 인사들이 망라된 기구로서 남한 및 해외동포사회를 대상으로 통일전선 형성과 친북여론 조성을 위한 선전사업 등을 수행하고 있다. 1978년 통전부 산하기관으로 흡수된 남조선연구소는 1992년 조국통일연구원으로 개칭하면서 남한 및 미·일 등 한반도 주변국에 대한 정세분석 등 연구업무를 수행하면서 해외동포들을 대상으로 한 격주간지 「남조선문제 연구」를 발간하고 있다. 아태평화위는 1994년 5월에 설립되어 주로 미·일 등 아태지역 미수교국가들과 각종 교류협력 확대 및 관계개선을 위한 창구 역할을 하고 있으며 유력한 남한 및 해외동포 인사들을 초청하거나 해외 학술회의 등에 참가함으로써 민간교류의 대외창구 역할을 수행하고 있다.

당 국제부와 해외동포원호위원회

북한의 대외정책에서 김일성·김정일, 주체사상과 북한체제 및 연방제 통일 등에 대한 선전은 매우 큰 비중을 차지하고 있으며 해외동포는 북한의 이러한 대외선전활동의 중요한 대상이자 활동요원으로 활용되고 있다. 선전활동은 정부차원의 공식 외교업무인 동시에 국제적 혁명역량과의 연대성을 강화하는 차원에서 당을 중심으로 한 민간외교로서 수행된다. 따라서 비정부차원(당과 민간)의 대외선전 활동은 당 선전선동부가 총체적인 계획과 집행 방향을 수립하면 당 국제부가 지휘·감독하며 현지에서의 선전활동은 해당 지역의 친북단체들이 주로 동원되고 있다.[14]

대외선전활동에 통전부 산하의 아-태평화위도 미·일 등 서방권을 대상으로 참여하고 있으나 대부분의 활동은 국제부의 지도하에 당 외곽

14) 통일부, 「북한개요 2000」, pp.245-248.

기구인 대외문화연락위원회가 주로 담당하고 있다. 이외에도 세계인민들과의 연대성위원회, 조선아세아아프리카단결위원회 등이 있으며 직총, 청년동맹, 여맹 등의 당 외곽 사회단체들도 대외선전활동에 참여하고 있다.

해외에서 북한의 선전활동에 참여하는 조직은 친선협회, 주체사상(김일성)연구소조, 연대성위원회 등이 있다. 1951년부터 조직되기 시작한 친선협회는 상대국의 좌익 또는 친북인사들로 구성된 민간외교기구로서 북한체제선전 및 친북여론조성 등을 목적으로 활동하고 있으며 최전성기인 1990년대 초에는 400여 개에 달하기도 하였다. 1969년부터 결성되기 시작한 주체사상(김일성)연구소조는 일본 및 비동맹권 국가에 주로 조직되어 김일성노작에 대한 학습과 토론회를 개최하는 등 김일성선전과 주체사상의 보급 활동을 담당하고 있으며 1990년대 총 900여 개에 이르고 있다. 1971년부터 조직되기 시작한 연대성위원회는 아시아, 미주 및 유럽 등에 중점적으로 조직되어 북한의 통일방안선전과 반한활동을 주로 시행하고 있으며 1990년대 430여 개에 이르고 있다.

북한은 해외동포들에 대한 선전활동의 일환으로 각 조직들을 통해 선전물 배포, 각종 명목의 기념행사, 문화행사, 학술세미나 등을 개최하고 있는데 그 중에서도 가장 역점을 두고 시행해온 사업은 북한지역에서 출생했거나 본적이 북한지역인 해외동포 중 가족이나 친지가 북한에 거주하고 있는 사람들을 방북 초청하는 사업이다. 방북초청사업 역시 가족상봉과 고향방문과 같이 가족사랑·민족애를 앞세우면서 해외동포들의 북한 방문을 주선해주지만 통일전선사업이나 대외선전활동과 같이 이들을 북한에 우호적인 세력으로 포섭하는 것을 주목적으로 하고 있다. 최근 들어 북한의 경제 사정이 극도로 악화되면서 해외동포들의 고향방문이나 가족상봉사업이 외화벌이의 주요 수단이 되기도 하였다. 북한은 이 같은 해외동포들의 방북사업을 효율적으로 추진하기 위해 내각 산하에 해외동포원호위원회와 해외동포 영접총국 들을 설치해 운영하고 있다.

범민련 북측본부

북한의 해외동포정책 중 특히 통일전선구축을 주목적으로 사업을 시행하는 기구는 남북한의 각 통일단체와 해외 친북 통일단체들의 연대기구인 조국통일 범민족연합(범민련)이다. 범민련은 1990년 8월 15일 판문점에서 제1차 범민족대회가 개최된 이후 남한의 「전민련」과 북한의 조평통 간에 협의를 통해 대회의 상설기구로 설치하기로 합의된 기구이다. 1990년 11월 베를린에서 남·북·해외동포 3자회담에서 범민련의 중앙기구 및 남·북·해외에 각각 본부를 구성하기로 합의하였으며 이에 따라 남북한과 해외에서 공동의장 각 1명씩 그리고 부의장과 중앙위원들을 선출하기로 하였다. 해외본부는 1990년 12월 베를린에서 결성(초대의장에 재독 음악가 윤이상)되었고 1991년 1월 남·북의 추진본부가 각각 결성되었다.[15]

범민련은 결성 배경과 조직구성, 그리고 활동 내용으로 볼 때 민간차원의 전민족적 통일운동기구로서 남북한과 해외동포들이 동등하게 참여하고 있다는 주장에도 불구하고 연방제 통일실현과 통일전선구축을 담당하는 기구라고 할 수 있다. 김일성 주석은 생전에 범민련대회의 성격과 활동방향에 대해 자신의 항일빨치산의 전통을 이어 받는 통일조직으로서의 중요성을 강조하고 범민족대회는 민족대단결을 위해 반드시 계속되어야 한다는 점을 강조하였던 점을 보더라도 이 기구의 비중을 가늠할 수 있다.[16]

---

15) 백영옥, 「'한민족공동체'형성과정에서의 교포정책」 민족통일연구원 연구보고서 93-25(1993.12), pp.144-146.

16) 김일성, "제3차 범민족대회 참가한 해외동포들과 한 담화,"(1992.8.19).

범민련 북측본부의 초대 의장은 당시 당비서 겸 조평통 부위원장인 윤기복이었으며 2대 의장은 문예총위원장인 백인준, 그리고 백인준이 사망하자 2000년 11월 후임 의장에 선출된 안경호 부의장은 통전부 부부장이며 조평통 서기국장을 겸임하고 있다. 범민련 북측본부의 부의장 및 중앙위원들도 대부분 조평통, 조국전선 등 통일전선사업을 담당하는 당의 외곽단체에서 활동하고 있다. 범민련은 유럽, 북미주, 일본 등에 해외 본부를 설치하여 운영하고 있으나 이들 해외본부의 활동은 북측본부에서 결정된 사항을 충실히 이행할 뿐 독립적인 역할을 수행하지 못하고 있다.

지역별 해외동포사회의 변화와 북한의 정책

중국조선족사회

1990년에 실시된 중국의 제3차 전국인구조사에 따르면 중국조선족(중국에 있는 해외동포들은 대부분 중국공민으로서 자신들은 중국조선족으로 부르고 있음)은 192만 3361 명의 조선족이 살고 있다.[17] 물론 이 수에는 조선이나 한국의 국적을 가진 사람은 포함되어 있지 않다. 이들 가운데 적지 않은 사람들이 중국영주권을 가지고 있고 90년대 중국조선족의 인구성장률이 1.07%임을 감안할 때 현재 중국에 거주하는 우리 동포들은 204-5만에 이를 것으로 추정된다.[18] 중국에 살고 있는 해외동포들은 대다수가 동북3성과 내몽골자치구 그리고 하북성에 살고 있으며 기타 전국 기타 성, 시, 자치구에 광범하게 분포되어 살고 있다. 조선족이 가장 많이 살고 있는 길림성에 118만 명(연변조선족자치주에

17) 권태환, “중국”, 「세계의 한민족」세계한민족총서 2(서울: 통일원, 1996), p.81.
18) 외교통상부, 「해외동포현황」(1999).

82만 명 포함), 흑룡강성에 45만 명, 료녕성에 23만 명, 내몽골자치구에 2만여 명 살고 있으며 기타 지역에 3만여 명이 흩어져 살고 있다. 중국조선족의 대다수는 동북3성 등에 집중된 민족 집단거주지(집거지)에 살고 있는데 이들 집거지들 중에는 자치주가 1개, 자치현이 1개, 자치향이 21개가 있어 중국내에서 조선족에 의한 구역자치를 실시하고 있다.

1980년대 중반부터 조선족사회에 급속한 변화의 바람이 일어나게 되었다. 중국의 개혁개방과 지방 활성화, 탈냉전의 국제질서의 변화, 남한의 급속한 경제성장과 국력신장, 한중수교 등 일련의 변화에 따라 가속화되고 있는 이러한 현상은 조선족사회 내부의 변화를 가져왔을 뿐만 아니라 이들에 대한 북한의 정책에도 변화를 가져왔다. 조선족은 중국 정권수립 후에 민족 집거지에 집단으로 거주하면서 자치적으로 민족의 문화와 전통을 보존하기 위해 많은 노력을 기울였는데 특히 우리언어를 통한 교육에 많은 심혈을 기울였다. 결과적으로 조선족은 중국내 어느 민족보다 높은 교육열과 근검한 생활태도로 높은 생활수준을 누리고 살았다.

그러나 개방정책이 본격화되면서 유능한 인적자원이 농촌에서 도시로, 동북3성에서 북경 등 대도시로 이전하는 현상이 발생하였다. 연변을 비롯한 동북3성의 경제는 상대적으로 쇠퇴하고 실업자들이 늘어나게 되었으며 똑똑한 젊은이들이 북경이나 상해 등 대도시 고등교육기관으로 진학하고, 진학 후 대도시에서 직장을 구하는 경우가 늘어나고, 교육받은 고급지식인들도 보다 좋은 직장을 찾아 도시로 이동하는 추세가 가속화되고 있다. 조선족의 민족대학인 연변대학 졸업생이 상해 등지의 한국, 일본 업체에서 일하는 수가 이미 7-8천 명을 헤아리는 수준이라고 한다.[19] 조선족사회의 인재유출과 경제적 침체, 그에 따른 인

19) 강은국, "중국 한민족사회의 변동과 공동체형성," 제2회 세계한민족포럼 발표논문

구의 이동은 그동안 유지되던 민족교육의 부실화를 초래하였다. 민족교육의 부실화는 한족으로의 동화현상이 심화되는 현상을 낳고 있다.

동시에 남한의 급속한 국력신장과 한중수교는 조선족에게 희망을 주는 동시에 우려의 대상이 되기도 한다. 국제사회 및 중국 내에서의 남한의 부상은 남한과의 교류왕래가 철저히 차단되던 시기에 형성되었던 왜곡된 인식을 털어버리고 급속한 교류왕래를 가능하게 하였다. 더구나 남한은 조선족에게는 새로운 기회의 땅이 되는 동시에 수많은 남한 사람들의 조선족사회의 방문과 사업은 조선족사회에 많은 변화를 가져왔다. 남한과의 교류협력을 통해 경제적으로 활력을 얻기도 하고 남한에서의 취업을 통해 소득의 증대를 가져왔지만 조선족사회에 남한에 대한 의존적인 풍조가 조성됨으로써 조선족사회의 새로운 분열과 정체성의 혼란을 초래하기도 하였다. 조선족사회에 한족의 특성인 '만만디'풍조가 조성되는 한편 치열한 경쟁을 전제로 한 시장경제에 적응하지 못함으로 해서 야기되는 갈등은 새로운 문제로 등장하고 있다.[20] 조선족이 남한 동포들에게 당한 사기, 착취, 차별 등 각종 갈등들은 남한사회에 대한 동경과 자부심이 실망과 원망, 혐오의 감정으로 바뀌게 하는 계기도 되었다.

대부분의 중국조선족들은 중국을 시집온 시댁으로, 그리고 남북한을 친정집으로 생각하고 있다. 시집온 출가외인으로서 시댁에 충실해야 한다는 생각과 동시에 분단된 남북한은 친정집 부모들이 서로 편을 갈라 싸우는 모습으로 인식하고 있다. 따라서 친정 부모들이 서로 사이좋게 지내기를 바라되 간섭하거나 말려들지 않으려는 게 보편적인 생각이다. 개방이후 십 수 년이 지나면서 남북한을 동시에 왕래할 수 있는 특수한 조건에서, 적어도 50년 이상을 중국 공민으로 살아온 조선족은 남과 북

(2001.5.24-26, 일본 히로시마대학), p.93.

20) 윤운걸, "중국조선족과 한국인의 갈등," 「월간해외동포」(2001.7), pp.20-25.

에 의해 갈라지고 싶어 하지 않는다. 남북 관계나 남과 북에 대해 조선족들 개개인이 가지고 있는 인식과 의견은 있으나 통일문제는 어디까지나 남북한에 사는 사람들이 주로 해야 할 일이라고 생각하면서 조직적으로 편을 갈라 친북단체나 친남 단체들을 결성하지는 않으려 한다.[21)]

그러나 중국의 개방과 조선족사회의 변화에 따라 북한은 재중동포사회에 대해 새로운 관심을 갖게 되었다. 한중수교 등 남한과 중국의 교류가 확대되고 남한 사람들과 조선족간의 유대가 강화되고 교류가 빈번해지자 중국에서도 북한 정권을 지지하고 북한의 정책을 수행하는 친북단체가 결성되었다. 1991년 요녕성 심양에서 500여 명의 친북인사들을 주축으로 재중조선공민연합회가 조직되어 조선족이 집중 거주하고 있는 동북3성을 중심으로 북한노선과 정권을 지지하는 전위대 역할을 시작하였다. 재중조선공민연합회는 1998년 8월 19일 조총련과 같은 성격의 조직(재중 총련)으로 확대·개편하면서 명칭도 재중조선인총연합회로 개칭하였다. 의장은 재중조선공민연합회 의장이던 양영동이 계속 맡으면서 이 조직을 김정일의 영도를 충성으로 받드는 해외거점조직으로 강화해 나갈 것임을 천명하였다. 당시 김정일 명의로 평양 만수대예술극장에서 개최된 연회에서 양영동은 재중조선인총연합회를 주체의 해외교포조직으로 강화시켜 김정일의 영도를 충성으로 받들어 조국통일을 하루 속히 실현하고 주체혁명위업을 완성하는 데 적극 나설 것을 다짐하기도 하였다. 재중 총련의 주도 하에 북한 국적을 보유하고 있는 재중동포들을 중심으로 재중조선경제인연합회, 재중조선인청년연합회 등 분야별 조직들이 결성되어 지역, 지부 등 산하 조직들을 갖추어 각종 행사에 참여하고 있다.[22)]

---

21) 정판룡, 「세계속의 우리 민족」, p.291.
22) 조선중앙통신사, 「조선중앙년감」(2000), p.114.

현재 회원 수가 4000명에 이르는 재중 총련은 지난 4월 조직 결성 10돌 기념보고 대회를 개최하고 김정일 총비서의 영도아래 통일애국운동을 적극 전개할 것을 다짐하기도 하였다.[23] 동 대회에는 심양 주재 북한 총영사, 재일총련 대표단을 비롯하여 각지에서 대표들이 참가하여 각종 행사들을 진행하는 등 제2의 총련을 중국 조선족사회에 뿌리내리기 위한 노력을 경주하고 있다. 재중 총련의 경우 중국조선족사회의 특성상 북한의 주요 기념일에 맞춰 축하 집회를 하거나 북한의 연방제 통일방안 등 일반적인 정책노선을 선전하는 정도에 불과한 형편이나 향후 탈북자문제 및 남한사회의 조선인사회에 대한 영향력 확대를 조직적으로 저지하고 조선인들의 남한 방문, 취업, 교류 등 각종 유대 강화에 대한 대항 세력으로서 재중 총련을 활용할 것이며 중국의 개방과 지방 활성화로 인한 급변하는 조선족사회에 김정일 영도체제의 확산과 연방제 통일 등 민족주의적 요소를 동원하면서 접근을 심화시켜 나갈 것으로 보인다.

재러고려인사회

북한은 중국조선족에 대한 정책과 마찬가지로 고려인들에 대한 정책도 일정한 한계 속에 추진되어왔다. 2차 대전 후 북한에 진주한 소련군은 북한에 소련식 사회주의 정권을 수립하기 위하여 고려인들로 구성된 고문관 400여 명을 파견하였는데 이들은 각 분야에서 북한이 신속하고 체계적인 국가체제를 갖추는데 많은 도움을 주었다. 이들이 1945년에서 1949년에 이르기까지 북한에 파견될 당시 이들은 이미 소련 공민으로서의 국적을 갖고 있었기 때문에 북한에서는 이들의 북한 내 활동을 합법화하기 위해 이들의 이중국적을 잠정적으로 인정하였다. 그러

23) 「중앙일보」 2001년 4월 11일자.

나 북한 내에서 종파투쟁이 가열되고 소련파에 대한 숙청이 이루어지면서 이들 이중국적의 고려인에 대한 법적인 조치가 불가피하게 되었다. 1957년 북한은 소련과 '조선 이중국적 자에 관한 협약'을 체결하여 북한 내 고려인들이 1년 내에 그들의 국적을 선택하도록 하였다. 이 조약은 45년 해방이후 소련으로 유학생, 파견노무자 중에서 북한으로의 귀환을 포기하고 소련 공민이 된 사람(1955년 소련은 이들에게 소련국적 취득을 허용)들을 소련 국적자로 인정하기로 함으로써 소련파 숙청을 둘러싼 양측 간의 정치적 문제들을 해결하였다.[24)]

6.25전쟁 이후 소련과 북한은 정치군사적으로, 그리고 경제적으로 밀접한 관계를 유지하였으나 북한의 유일지도체제의 강화나 중소분쟁에 대한 북한의 등거리외교로 1957년 협약 체결이후 고려인사회에 대한 북한의 관심은 상대적으로 적을 수밖에 없었다. 고려인사회에서는 냉전시기 이데올로기적 편향성과 진영 내 폐쇄적인 교류로 인해 북한을 조국으로 생각한 반면 남한에 대한 정보와 교류가 전혀 없는 상태에서 왜곡된 인식을 가지고 있었다. 그러나 소련의 개혁개방이 본격화되고 남한사회에 대한 정보와 인적교류가 활성화되면서 고려인들은 스스로에 대한 명칭을 고려인이라고 변경할 정도로 급격한 변화를 보였다. 이들 고려인들은 남북한을 모두 조국으로 생각하며 남북한에 대한 동등한 입장에서 문화적 교류를 중심으로 인적교류를 추진하고 있다.

소연방의 해체는 중앙아시아에 소수민족을 중심으로 개별 국가의 수립을 가져왔고 따라서 가뜩이나 약화되던 고려인사회를 더욱 위축되게 하고 있다. 고려인들이 개척했던 많은 집단농장들이 현지 다수민족들의 손에 넘어가고, 새로운 현지 언어와 문화를 습득해야 하는 어려움은 고려인사회가 겪는 또 다른 위기의 모습이다. 1989년 소연방 해체 직전 각 지역에 거주하는 고려인들의 분포를 보면 소련 전체에 46만 명이 거

24) 김용찬, "북한의 민족정책," pp.32-33.

주하고 있는데 우즈베키스탄에 22만 명, 카자흐스탄 10만 명, 키르키즈에 1만 8천, 타지크에 1만 3천, 그리고 러시아연방에 10만 7천 명이 각각 살고 있다.[25] 소연방해체 후 중앙아시아에 살고 있는 고려인들은 이 지역의 잦은 민족분규와 종교적 갈등 등으로 차별을 받고 동시에 경제적으로도 낙후하여 점차 생활기반이 불안해짐에 따라 러시아 정부의 허가를 얻어 과거 선조들이 이주해 살던 연해주 등 러시아연방의 극동지역으로의 이주가 활발해지고 있다.

한소수교 이후 소련체제가 붕괴되고 한러 간 관계가 급진전되자 북한은 러시아의 행태에 대해 격렬히 비난하면서도 고려인사회에 대한 북한의 인식과 정책도 바뀔 수밖에 없었다. 중국조선족사회에서 친북단체인 '재중총련'을 조직한 것과 같이 독립국가연합(구소련)에 거주하는 조선인들을 중심으로 재러시아 조선공민중앙협회가 조직되고 이 지역 거주 고려인들이 주축이 된 조선통일촉진위원회를 발족시켰다. 김일성은 소연방이 해체된 후 독립국가연합이 수립되자 이 지역에 살고 있는 동포들이 이 위원회를 중심으로 결속하는 동시에 구체적 사업으로 신문발행을 비롯하여 예술축전 등 각종 행사들을 조직하며 독립국가연합 내 공산당과 공청조직을 비롯한 진보적인 정당, 사회단체들과 연대하여 공동투쟁을 벌일 것을 지시하는 등 큰 관심과 격려를 보내주었다.[26]

1993년 9월에는 조선통일촉진위원회는 명칭을 국제고려인통일연합회(고통련)로 개칭하고 우즈베키스탄을 중심으로, 러시아, 모스크바, 우크라이나, 카자흐스탄 등에 고려인통일연합회를 결성하여 북한의 기념일에 맞춰 축하행사를 하거나 북한의 정책노선에 대한 지지활동을 펼치고 있다. 현재 우즈베키스탄 고통련에는 회원이 5만 4천에 이르는 것으로 알려졌고 고통련은 '김정일 노동당 총비서의 영도를 충성으로

25) 권희영, 「세계의 한민족: 독립국가연합」 세계한민족총서 5(서울: 통일원, 1996), p.157.
26) 김일성, "독립국가협동체 조선통일촉진위원회 위원장일행과 한 담화," (1993.6.6).

받들고 조국통일 위업에 한몸 바칠 의지를 더욱 굳게 가다듬고 있다'고 주장함으로써' 조직의 로선과 성격을 재확인하였다.[27]

재미한인사회

해방 이후 미군의 군정시기와 6.25전쟁을 겪으면서 미국은 한국과 특별한 관계를 형성하면서 미국인과 국제결혼한 사람, 미국가정에 입양된 고아, 유학생들이 미국에 정착하면서 재미한인사회는 성장하였는데 본격적인 한인들이 미국에 이주한 것은 1965년 새로운 이민법인 하트-셀러법이 제정되어 한국에서 연간 2만 명이 합법적으로 미국에 이민하게 되면서이다.[28] 우리 외무부의 통계에 따르면 1999년 재미·재캐나다 한인은 216만 명에 이르고 있다.[29]

재미한인사회의 인구 구성을 보면 전체의 65%가 이민 1세들로 구성되어 있으며 1세들 대부분은 1965년 이후에 남한으로부터 이민 온 사람들이다. 이들 이민자들은 절반가량이 자영업에 종사하고 있으나 성실과 근면을 바탕으로 짧은 이민 역사 속에서 대부분 생활의 안정을 누리고 있다. 미국 이민자들의 대부분이 한국에서 비교적 높은 교육을 받았고 또한 미국에서 2세들의 교육에 열성적이어서 전문직종에도 많이 진출하고 있다. 따라서 200만 재미한인사회는 이민의 역사도 짧고 한국에서 교육을 받은 사람들이어서 조국이나 분단된 남북한체제에 대한 인식이 중국조선족이나 러시아 고려인에 비해 훨씬 뚜렷하다고 할 수 있다. 특히 냉전시기 북한에 대해 적대적이던 미국에 살고 있던 관계로 재미한인사회는 군부권위주의정권에 대한 반정부 인사들이 있긴 하였으나 철저한 반공교육을 받았던 이민 1세대 내부에서 친북세력이 형성

27) 「연합뉴스」 2001년 6월 14일.
28) 이광규, 「세계속의 한민족」, p.128.
29) 외교통상부 「해외동포현황」(1999).

되지는 못하였다. 따라서 남한 정부로서도 미주한인동포들에 대해 특별한 관심과 배려를 하지 않았으며 오히려 반정부인사나 친북성향의 동포들을 상대로 감시와 제재를 하는 데 그치는 정도였다.

북한이 재미한인사회에 관심을 기울이게 된 것은 북한이 70년대 서방과의 관계 개선을 모색하고 유엔에 상주대표부를 설치하면서부터이다. 초기에는 미북 친선공보센터 등 일부 친북조직을 중심으로 반한·반정부 여론을 형성하는 등 비교적 소극적인 활동을 하였으나 70년대 후반 미국이 대공산권 여행제한을 해제하자 재미동포들의 북한방문초청사업을 중심으로 적극적인 동포정책을 추진하기 시작하여 현재까지 대략 7-8천명의 재북미동포들이 북한을 방문하였다. 북한이 미국 국적을 취득한 재미동포들을 중심으로 북한방문사업을 본격적으로 추진하자 남한 정부 역시 재미한인동포사회에 대해서 각별한 관심을 갖기 시작했으며 1981년 민주평화통일자문회의가 구성된 이후 미국에서만 15개의 평통자문회의 협의회가 구성되어 활동하고 있다.

미국에 있는 동포들 중에는 북한지역이 고향이 사람들이 다수 있기 때문에 북한의 재미동포사회에 대한 정책은 이들을 초청하여 친북적으로 교화하거나 이들의 방문 경비 중 일부를 외화벌이의 수단으로 활용하는데 있었다. 그러나 이들 미국 내 친북인사들 중에서 비록 북한지역 출신이라고 하더라도 북한을 조국으로 생각하거나 김일성 주체사상 및 김정일 체제에 동조하는 사람들은 그리 많지 않다. 대부분 북한에 친척을 두고 있는 까닭에 북한을 방문하고 또 같은 동포로서 북한에 고향과 친척이 있는 사람들의 방북을 주선하는데 그치는 경우가 많았다. 다만 이들은 남북한 사회를 다같이 모국으로 생각하고 오히려 남한의 군사권위정권이나 김일성 유일체제 모두를 비판하는 동시에 미국의 군사적 패권주의와 주한미군의 주둔 등을 비판하는 입장을 가지고 있다. 따라서 소위 친북인사들은 '친북'인사라기보다는 민족주의자들이라고 해야 한다는 주장도 있다.[30)]

1990년대 들어 냉전체제가 붕괴되고 미국의 대북정책도 대화를 통한 해결을 시도하는 쪽으로 변함에 따라 재미동포사회에서의 친북단체들의 활동도 활기를 띄기 시작하였다. 북한 역시 미국 주도로 세계질서가 개편되는 시점에서 한중, 한소수교가 이루어지는 등 체제존립을 위해 미국과의 관계개선이 절실해 짐에 따라 미국 및 동포사회 내 친북여론형성이 주요 과제로 제기되고 따라서 이들 친북단체의 조직화에 적극적인 지원과 참여를 하기 시작하였다. 1994년 10월 미국 내 친북인사 20여 명이 중심이 되어 재미동포전국협회가 결성되고 60대 이상의 실향민이 중심이 되어 한통협을 조직하였다. 또한 1994년 10월 북미제네바합의에 따라 미국의 대북경제제재가 완화되자 1995년 4월 재미경제인연합회도 결성되었다. 북한은 재미경제인연합회를 재일총련과 같은 조직으로 육성하기 위하여 총련 조직 전문가들을 미국에 파견하여 조직 결정을 지원하기도 하였다. 그러나 일본의 총련과 재미동포사회는 그 성립 배경과 활동 무대가 현격히 다른 까닭에 성공할 가능성이 희박하며 오히려 미국의 대북제재완화와 북미수교를 예상하고 북한에 대한 투자와 교역을 위한 재미동포 사업가들이 모임이 현실적이라고 할 수 있다. 1999년 6월 뉴욕, 로스앤젤레스, 시카고 지역의 재미동포 사업가들이 재미실업인협회를 조직하여 대북 투자에 관한 정보와 채널을 확보하고 있는데 향후 북미 관계가 정상화되면 대북무역관계의 창구로서의 역할을 하게 될 것으로 보인다.

재미동포사회에서 대표적인 친북단체는 재미동포전국협회를 중심으로 미국 내에 여러 단체로 흩어져 친북활동을 해오던 재미동포단체들을 규합하여 1997년 1월 뉴욕에서 결성된 재미동포전국연합회이다. 의장은 미국에서 활동 중인 함성국 목사가 맡고 있으며 중앙회와 3개 지

30) 민병갑, "신남북시대의 개막과 해외 한민족 사회의 변동," 제2회 세계한민족포럼 발표논문(2001.5.24-6), pp.80-81.

역위원회를 두고 있다. 북한의 유엔대표부가 동포사회와 연락하기 위해 공식 채널로 인정하는 유일한 단체이기 때문에 북한이 고향이거나 북한에 가족이 있는 재미동포들은 이 단체를 통해 북한 정부 및 유엔주재 북한대표부에 가족의 생사, 주소확인이나 방북주선 등의 도움을 받고 있다. 이 연합회의 주선으로 매년 200-300명의 재미한인동포들이 북한의 친척을 상봉하기 위해 북한을 방문하고 있으며 식량지원과 같은 대북 인도적 지원사업도 병행 추진하고 있다. 또한 미국 정부나 의회를 상대로 대북경제제재의 완화와 같은 로비활동과 여론조성 사업도 추진하고 있다. 연합회는 단체의 목표를 재미동포의 권익 보호, 재미동포의 문화, 음악, 언어보존(2세 교육), 미국의 다른 민족과의 유대강화, 통일의식을 고취시키기 위해 음악, 예술, 운동교류를 통해 반공사상을 민족의식으로 바꾸는 것 등을 들고 있는데 이는 공산주의를 배격하는 미국의 풍토와 대다수 재미한인동포사회의 특성을 감안한 우회적 접근 전략이라고 할 수 있다.[31]

6.15 공동선언 이후 재미동포전국연합회 뉴욕협의회는 평통 뉴욕협의회와 공동으로 9월 5일 맨하탄 링컨센터에서 북한 측 지휘자의 지휘로 북한 작곡가의 작품들 여러 곡이 연주된 통일 대 음악회를 개최하였다. 원래 이 통일음악회는 평통 측이 6.15 남북정상회담을 기념하고 유엔 밀레니엄총회에 김대중 대통령과 김영남 최고인민회의 상임위원장이 참석할 것을 예상하여(실제 김영남은 프랑크푸르트공항에서의 검색을 이유로 불참) 재미동포사회의 화합과 재미동포사회·북한과의 교류협력을 활성화하기 위해 제안한 것이었는데 6.15 공동선언이후 태도를 바꾼 연합회 측이 동의하여 성사된 것으로서 이 음악회에 연합회 측에서 200여 명의 회원이 참석하였다. 2001년 2월 연합회는 북한의 정상급 음악인 8명을 초청해 '통일의 문을 여는 조선음악 대공연'을 주최하

31) 민병갑, "신 남북시대의 개막과 해외 한민족 사회의 변동," p.85.

였으며(미 감리교단의 초청 형식을 통해 미국무부로부터 정식 공연 비자를 발급 받았음) 초청된 북한 예술단은 뉴욕, 시카고, 로스엔젤레스, 휴스턴, 워싱턴 등 5개 도시에서 순회공연을 하였다. 북한예술단의 첫 미국 순회공연에는 북한 해외동포원호위원회의 전경남 부위원장이 단장이었고 유엔주재 북한대표부가 지원하였다.[32)]

북한은 미국의 대북관계개선과 남북화해분위기에 따라 재미동포사회에 조직되고 있는 친북단체들을 적극 끌어들이려고 하고 있다. 북한은 재미동포전국연합회 대표단이 김일성 주석의 89회 생일을 맞아 지난 4월 10일부터 21일까지 평양을 방문하는 기간에 만수대의사당에서 연합회의 고문인 홍동근 목사에게 사회정치학 박사학위를 수여하기도 하였다.[33)] 80년대부터 북한을 방문하고 94년 김주석이 사망했을 때 북한을 방문해 김정일 위원장을 직접 만나기도 한 홍목사는 김일성과 김정일의 위대성과 혁명업적을 해외동포들에게 널리 선전하는데 크게 이바지한 공로로 학위를 받은 것이다. 이밖에도 범민련 미주지역본부, 자주민주통일 미주연합 등 단체들도 6.15 선언 1주년을 기념하여 금강산에서 개최된 통일토론회에 참석하고 김일성 주석 사망 7주기, 7.27 정전협정, 8.15 광복절 등 각종 통일행사에 참석할 예정 등 한반도와 미국에서 조국통일 3대헌장과 미국의 대북대화 등을 촉구하는 등 북한 측 입장을 적극 대변할 수 있는 여건을 조성하고 있다.

재일동포사회

일본에 거주하는 우리 동포들은 대략 1백만 명 정도에 이르는 것으로 추산된다. 이 통계에는 남·북한의 국적을 보유하고 있는 오리지널 재일동포 67만 명 정도, 일본 국적을 취득한 귀화인 동포가 16만, 그리고

---

32) 「조선일보」 2001년 2월 6일자.

33) 「연합뉴스」 2001년 5월 16일자.

소위 뉴 카머(new comer, 재일한국인)나 외국인 등록자들이 모두 포함되었다. 현재 재일동포 중 한국 국적을 소유한 동포들이 전체의 80%, 그리고 조선(북한) 국적을 보유한 동포는 전체의 20% 수준인 것으로 나타나고 있는데 이는 최근 매년 5-6000명이 북한 국적을 포기하고 한국 국적을 취득하고 있기 때문이다.[34] 실제 1991년 통계에는 북한 국적자인 조총련계 동포가 24만 7천 명이었으나 1997년에는 19만 8천 명으로 줄어들었으며 최근에는 13-4만 명에 불과한 것으로 나타나고 있다. 조총련이 결성될 당시 일본의 통계에 따르면 조총련계 동포는 46만 7천 명이고 민단계는 7만 7천 명이었던 사실을 보면 양 단체에 속하는 단체원의 구성비가 엄청나게 변화했음을 알 수 있다.[35] 또한 재일동포 사회는 중국조선족과 러시아고려인들이 중국과 독립국가연합내의 특정 지역에 집단으로 거주하고 있는 것과는 달리 재미한인동포사회와 같이 일본 전역에 걸쳐 주로 대도시를 중심으로 흩어져 분산 거주하고 있다. 오오사카(쿄도와 고베 포함)지역에 가장 많은 30여만 명, 도쿄에 8만 명, 효고겐 7만 명, 나고야에 5만 명, 가나가와, 후쿠오카, 히로시마 등에 각 2만 명의 동포들이 살고 있다.

1954년 8월 20일 북한 외상 남일이 재일조선인은 북한의 해외공민이며 이에 대한 모든 책임을 북한이 질 것임을 발표함으로써 이러한 민전내부의 투쟁이 민족파의 승리로 종식되는데 결정적인 역할을 하였다. 해체되었던 조련의 중앙 공동의장이었던 한덕수는 민전에서의 민족파를 대표하며 일본공산당 추종세력과의 투쟁에서 승리함으로써 1955년 3월 민전의 노선을 북한의 전위기구로 전환시키는데 성공하였다. 한덕수는 1955년 5월 민족파는 민전을 해산한 후 재일조선인총연합회(조총련)를 결성하고 그 의장이 되어 2001년 2월 21일 사망하기까지 조총

34) 최길성, "변화하는 재일동포 사회," 제2차 세계한민족포럼 발표논문(2001.5.24-26, 일본 히로시마대학), p.88.

35) 정판룡, 「세계속의 우리 민족」, p.143.

련을 이끌어왔다.

재일동포사회에서의 변화는 첫째, 재일동포 1세대에서 2-3세대로 세대교체가 이루어진 상황에서 과거 1세대들이 민단과 조총련으로 갈려 반목과 경쟁을 하던 동포사회의 대립구도가 약화되고 있다는 것이다. 이러한 변화는 첫째 한반도의 상황이 화해와 협력의 방향으로 조심스럽게 진전되고 있기 때문이다. 1990년대 초 남북 고위급회담의 개최와 남북 기본합의서의 채택은 남북한이 과거와 같은 대립과 반목을 청산하고 당국 간 상호 실체를 인정한 토대 위에서 서로 협력을 모색하자는 남북 관계사에서의 대전환을 의미하였다. 재일동포사회는 이러한 변화를 수용하여 민단과 조총련이 상호 교류하면서 공동으로 각종 행사를 개최하기 시작하였다. 2000년 역사적인 남북 정상회담이 개최되자 재일동포사회에서도 즉각적인 반응을 보였다. 정상회담이 개최되던 작년 6월 민단에서 조총련과 적극적인 교류를 한다는 방침을 발표하였고 조총련도 이에 적극 호응하는 모습을 보였다. 한민족으로서 「원코리아」를 주장하며 양 단체는 6.15 공동선언을 지지하고 일본에서의 민족적 권리 옹호에 공동으로 참여하며 동시에 민족성 계승을 공동으로 논의하기로 합의하였다.

둘째 재일동포사회에서의 구성원들이 더욱 다양해짐에 따른 변화이다. 특별 영주권자들 이외에 법적으로 일복 국적을 취득한 귀화자들이 늘어나고 있으며 체재 외국인 등 뉴커머들도 해마다 증가하고 있는 추세이다. 이들 재일동포 구성원들의 다양성이 새로운 정치적 이슈들을 중심으로 분열될 가능성도 없지는 않으나 기존 민단과 조총련 등의 단체가 조직의 운영을 보다 융통성 있게 살려 나간다면 다양성에 의한 갈등의 해결 가능성이 더 높아질 수도 있다. 일본 사회로의 동화 여부도 1세대와 2-3세대 간에 인식의 차이가 있으므로 민족의 정체성에 대한 새로운 의식 고양과 함께 재일동포들이 느끼던 피해의식 등 부정적 요인들을 창조적으로 극복하는 새로운 활력소로 작용할 수 있을 것이다.

뉴커머들을 중심으로 제3의 단체인 재일한국인 연합회의 조직 결성은 재일동포사회의 다양성의 반영이자 제3의 대안으로서 역할과 기능을 수행할 것으로 기대를 모으고 있다.[36]

셋째, 재일동포사회의 변화에 대해 북한 지도부도 과거의 이념적 경직성을 탈피하고 융통성 있는 접근 방식을 보이고 있다. 특히 김정일 위원장은 조총련의 사업 방식과 과제에 대해 신축적인 입장을 갖고 있으며 이에 따라 조총련 지도부는 새로운 변화를 모색하고 있다. 김 위원장은 조총련이 과거와 같은 관료주의, 중앙본부 중심의 조직 활동에서 벗어나 동포사회의 구성원들의 실질적 이익을 도모할 것을 강조하고 필요하다면 과감한 정책 변화를 구상할 것을 지시하기도 하였다.[37] 이에 따라 최근 조총련은 일본 전역에서 지부와 분회를 적극 활성화하면서 정치적 사업보다는 민생을 살피면서, 같은 동포로서 민단, 또는 남한 정부와의 사업에서도 탄력 있게 적응하고자 하고 있다. 조총련 조직 내부에서는 최근 한덕수 의장의 후임으로 제2대 조총련 의장에 선출된 서만술 제1부위원장의 원만한 성품과 세대 간, 조직 간 포용하는 자세가 이러한 변화에 일조할 것으로 기대하고 있다.

21세기 동북아는 새로운 변화의 시기를 맞고 있다. 반면 미국은 8년간의 클린턴 시대를 마감하고 새로이 부시 행정부의 출범을 맞아 현실주의적 세계관과 힘의 논리에 바탕을 둔 신동북아 전략을 모색하고 있다. 일본 역시 지난 10년간 지속된 경제 침체와 전반적인 정치 지도력의 부재로 방어적, 수세적 대외정책을 추진해 왔으나 2001년 고이즈미 내각의 출범과 함께 미국과의 동맹관계를 강화하면서 동북아에서의 역할 증대를 위한 변화를 모색하고 있다. 북한은 미·중, 미·일 대 중·러 등 주변 강대국들 간의 미묘한 입장 차이와 갈등 요소를 간파하고 있으며

36) 「월간 해외동포」 (2001.7), pp. 52-53.

37) 김정일, "총련지부사업을 강화할데 대하여," 「김정일: 재일본조선인운동과 총련의 임무」, pp.222-223.

과거 중·소간 분쟁에서 최대한의 명분과 실리를 획득했던 경험을 살려 탈냉전시대 확대된 이슈영역에서 이들 주변국 모두를 상대로 효과적인 대외정책을 추진할 수 있는 구도를 개척하는 데 역량을 집중하고 있다.

이러한 상황에서 북일관계 개선이 이루어진다면 이는 북한의 재일동포에 대한 정책에도 상당한 변화가 수반될 것이다. 이제까지 조총련계 동포들은 특별 영주권을 가진 외국인이었으나 '조선'을 공식 국적이 아닌 지역적으로 한반도 출신임을 증명하는 지명으로서 인정하고 있는 일본 정부로부터 모든 부분에서 규제와 차별을 받아왔다. 이러한 상황이 변화한다면 이는 조총련계 동포들의 정치적 지위의 향상은 물론 경제적으로도 적지 않은 반사이익이 수반될 것이다. 북한에 대한 일본의 경제적 보상과 북한에 대한 투자재개와 신용제공은 조총련의 침체된 경제활동에도 활력을 불어넣을 수 있을 것으로 기대된다. "조총련은 변화한 세계정세와 사업 환경, 총련의 실정에 맞도록 사업방법을 개선해야 하며 이 과정에서 자본주의화 한다는 비난이 일더라도 좋다"[38]라고 한 김정일 위원장의 특별 지시는 여러 각도에서 해석할 여지를 남겨놓고 있으나 조총련에 대한 북한 정책의 변화를 함축하고 있다.

남북화해와 북한 해외동포정책

북한의 해외동포정책은 1980년대까지는 재일동포에 대한 관심과 지원이 거의 대부분이었다. 그러나 80년대 말 사회주의권의 붕괴와 한국의 적극적인 북방정책으로 중국조선족사회와 러시아고려인사회가 크게 흔들리면서 이 지역에 새롭게 관심을 갖게 되었고 탈냉전 이후 미국과

---

38) 「현대 코리아」(2001. 1-2 합병호), p.32, 허동찬, "한덕수 사망과 조총련의 운명,"에서 재인용, pp.78-79.

유럽 등 서방국가들이 북한과의 대화를 시작하면서 재미한인사회나 캐나다 및 유럽, 호주 등에 거주하는 동포사회에도 적극적인 진출을 모색하고 있다. 현재 미국이외에 「카나다조선인련합회」, 「조국통일범민족련합 유럽지역본부」, 「재오스트랄리아동포전국련합회」 등이 조직되어 활동 중에 있다.[39]

북한의 해외동포정책은 북한체제의 정통성 확보와 혁명역량의 강화를 위한 통일전선의 구축이란 전통적인 목표를 달성하기 위해 지속적으로 추진되고 있으며 동시에 국제사회의 변화에 대응하고 북한사회의 약화된 역량을 만회하기 위한 생존전략 차원에서 추진되고 있다. 한편으로는 대남전략을 성공적으로 수행하는 보조수단으로서, 그리고 또 다른 한편으로 대남전략을 통해 해외역량을 강화하기 위한 방편으로 해외동포정책을 활용하고 있다. 따라서 민족주의적 감정과 명분을 기반으로 이데올로기적 동질성은 최대한 살려나가면서 동시에 교류협력의 확대를 통한 실리를 동시에 확보하는 정책을 집중적으로 구상하여 전개하고 있다.

남한의 해외동포정책은 재일동포를 제외하고 주로 정부 수립 이후 남한 사회에서 살다가 자신들의 행복을 위해 미국이나 유럽 등 선진국으로 떠난 사람들로 인식한 토대 위에 작성되고 추진되었다. 따라서 이들에 대한 배려나 지원보다는 이들이 하루 속히 현지에 적응하여 현지인들과 같은 수준의 생활을 영위하기를 바랄 뿐이란 생각을 갖고 있었고 선진국에 이민 간 동포들이 자리를 잡고 성공할 경우 조국을 위해 헌신하기만을 바라는 입장이었다. 동시에 남북이 대결하는 상황에서 이들 남한 출신의 동포들이 해외에서도 반공과 반북자세를 견지하고 북한의 통일전선에 포섭되지 않도록, 그리고 이들이 친북화 하여 남한 내에 침투하지 못하도록 감시와 경계를 하는데 더 많은 노력을 기울였다.

---

39) 「조선중앙년감」(2000), p.113.

그러나 이 같은 남한의 배타적이고 수세적인 정책은 일부 해외동포들의 반발을 초래하고 북한이 오히려 적극적이고 공세적인 해외동포정책을 펼칠 수 있는 요인이 되었다.

중국조선족이나 러시아고려인에 대해 이들 사회가 개방되기 전까지 남한 정부나 대부분의 사회민간단체들은 이들을 해외동포로 규정하지도 않았다. 그러나 개방 후 교류가 급진전된 상황에서도 이들 동포사회에 대한 무지와 오해로 인해 이들 동포사회에 효과적으로 접근하지 못했다. 비록 경제적 혜택을 매개로 이들 구사회주의권 동포사회에 진출하였다고 하여도 남한 사회를 찾은 이들 동포들에 대한 무관심과 차별, 사기와 착취 등의 불법적이고 비인간적인 접근과 처우 등에 관한 소식은 곧바로 현지 동포사회전체로 확산되어 모처럼 조성된 우호적인 대남인식을 급속히 냉각시키기도 하였다. 이처럼 급속히 변화되는 국제환경과 해외동포사회의 현실을 직시한 남한 정부가 1990년대 중반 이후 해외동포에 대한 법 규정을 개정하고 이들에 대한 정책을 조직적으로 재정비하는 등 적극적인 포용정책을 추진하기 시작하였으나 그 사이 북한은 전통적으로 북한에 가까웠던 동포사회에 새로운 기반을 재구축할 수 있었다.

현재로서 북한의 새로운 해외동포정책이 기대한 만큼의 효과를 거둘 수 있을지는 미지수이다. 재일동포사회의 특수성을 감안할 때 중국, 러시아, 미주 및 유럽을 비롯한 서방국가에 재일동포사회에서 구축한 총련과 같은 조직을 결성하여 해외동포사회 전체를 북한 정권 주위로 결집시킬 수 있기란 쉬운 일이 아니다. 그러나 북한의 해외동포정책은 위로는 김정일 국방위원장의 직접적인 관심과 배려 속에 당과 정부의 조직적인 정책 집행 기구를 통해 추진되고 있는 만큼 열악한 조건에도 불구하고 소기의 성과를 거두곤 하였다. 6.15 공동선언이후 조성된 남북화해 분위기는 국내에서보다 해외동포사회에 더욱 큰 반향을 불러일으키고 있다. 과거와 같은 친남한, 친북한 세력의 구분이 모호해지고 통일을 향한 열기가 체제와 이념을 덮어버리는 해외동포사회의 특성은 북한의 해외동포정책의 추진을 위해서 가장 유리한 조건을 형성하고 있다. 북한이 진정으로 남북 간 평화공존과 화해협력으로 나선다면 남북한에 살고 있는 모든 사람들뿐만 아니라 해외동포들도 더 이상 바랄 것이 없을 것이다. 그러나 북한이 근본적인 변화는 외면한 채 당장 눈앞에 닥친 체제위기만 모면하는 데 고심한다거나 북한 주도의 통일을 위한 전통적인 통일전선구축에 집착한다면 이는 결국 해외동포사회의 분열을 조장하고 동족간의 반목만을 부추기는 결과를 초래하게 될 것이다.

저자 소개

유호열 교수

- 1955년 11월 21일 서울 출생
- 1978 고려대 정외과 졸업
- 1981 고려대 대학원 정치학 석사(국제정치학)
- 1990 미국 오하이오주립대 정치학 박사(비교정치학)
- 1991.4-1999.2 통일연구원 연구위원(연구조정실장, 기획조정실장, 통일정책실장 역임)
- 1999.3-현재 고려대학교 공공정책대학 통일외교학부 교수
- 2006.2-2010.1 고려대학교 행정대학원장
- 2008 북한연구학회 회장
- 2008-2016.1 통일부 정책자문위원
- 2009-2017 민주평통 제14-17기 상임위원(분과위원장겸 운영위원(14-16기)
- 2010.11-2014.11 국무총리 소속 6.25전쟁납북진상규명위원회 위원
- 2011-2015.7 통일부 남북관계발전위원회 위원
- 2012-2015.2 전국대학통일문제연구소협의회 상임대표
- 2012-2016.1 바른사회시민회의 공동대표
- 2013 한국정치학회장

- 2013.2-2017.2 고려대학교 공공정책연구소 소장
- 2013.12 국민훈장 모란장 수훈
- 2014.7-2016.1 대통령직속 통일준비위원회 민간위원(정치법제도분과위원장)
- 2014.11-2016.1 정부업무평가위원회 위원(외교국방통일보훈분야)
- 2016. 1-2017.6 민주평화통일자문회의 수석부의장